Kohlhammer

Die Herausgeberin und der Herausgeber

Dr. Anke König ist Professorin für Allgemeine Pädagogik mit Schwerpunkt Frühpädagogik an der Universität Vechta.

Dr. Ulrich Heimlich ist Professor für Sonderpädagogik mit dem Schwerpunkt Lernbehindertenpädagogik an der Ludwig-Maximilian-Universität München.

Anke König/Ulrich Heimlich
(Hrsg.)

Inklusion in Kindertageseinrichtungen

Eine Frühpädagogik
der Vielfalt

Verlag W. Kohlhammer

Dieses Werk einschließlich aller seiner Teile ist urheberrechtlich geschützt. Jede Verwendung außerhalb der engen Grenzen des Urheberrechts ist ohne Zustimmung des Verlags unzulässig und strafbar. Das gilt insbesondere für Vervielfältigungen, Übersetzungen, Mikroverfilmungen und für die Einspeicherung und Verarbeitung in elektronischen Systemen.

Die Wiedergabe von Warenbezeichnungen, Handelsnamen und sonstigen Kennzeichen in diesem Buch berechtigt nicht zu der Annahme, dass diese von jedermann frei benutzt werden dürfen. Vielmehr kann es sich auch dann um eingetragene Warenzeichen oder sonstige geschützte Kennzeichen handeln, wenn sie nicht eigens als solche gekennzeichnet sind.

Es konnten nicht alle Rechtsinhaber von Abbildungen ermittelt werden. Sollte dem Verlag gegenüber der Nachweis der Rechtsinhaberschaft geführt werden, wird das branchenübliche Honorar nachträglich gezahlt.

Dieses Werk enthält Hinweise/Links zu externen Websites Dritter, auf deren Inhalt der Verlag keinen Einfluss hat und die der Haftung der jeweiligen Seitenanbieter oder -betreiber unterliegen. Zum Zeitpunkt der Verlinkung wurden die externen Websites auf mögliche Rechtsverstöße überprüft und dabei keine Rechtsverletzung festgestellt. Ohne konkrete Hinweise auf eine solche Rechtsverletzung ist eine permanente inhaltliche Kontrolle der verlinkten Seiten nicht zumutbar. Sollten jedoch Rechtsverletzungen bekannt werden, werden die betroffenen externen Links soweit möglich unverzüglich entfernt.

1. Auflage 2020

Alle Rechte vorbehalten
© W. Kohlhammer GmbH, Stuttgart
Gesamtherstellung: W. Kohlhammer GmbH, Heßbrühlstr. 69, 70565 Stuttgart
produktsicherheit@kohlhammer.de

Print:
ISBN 978-3-17-034713-7

E-Book-Formate:
pdf: ISBN 978-3-17-034714-4
epub: ISBN 978-3-17-034715-1
mobi: ISBN 978-3-17-034716-8

Vorwort der Reihenherausgeber

Vor dem Hintergrund der UN-Behindertenrechtskonvention, die seit 2009 für Deutschland verbindlich gilt, entwickelt sich die Idee der Inklusion zu einem neuen Leitbild in der Behindertenhilfe. Sowohl im Bildungssystem als auch in anderen gesellschaftlichen Bereichen sollen Menschen mit Behinderung von vornherein in selbstbestimmter Weise teilhaben können. Inklusion in Schule und Gesellschaft erfordert einen gesamtgesellschaftlichen Reformprozess, der sowohl auf die Umgestaltung des Schulsystems als auch auf weitreichende Entwicklungen im Gemeinwesen abzielt. Der Ausgangspunkt dieser Entwicklung wird in Deutschland durch ein differenziertes Bildungssystem und eine stark ausgeprägte spezialisierte sonderpädagogische Fachlichkeit bezogen auf unterschiedliche Förderschwerpunkte bestimmt. Vor diesem Hintergrund soll die Buchreihe »Inklusion in Schule und Gesellschaft« Wege zur selbstbestimmten Teilhabe von Menschen mit Behinderung in den verschiedenen pädagogischen Arbeitsfeldern von der Schule über den Beruf bis hinein in das Gemeinwesen und bezogen auf die unterschiedlichen sonderpädagogischen Förderschwerpunkte aufzeigen. Der Schwerpunkt liegt dabei im schulischen Bereich. Jeder Band enthält sowohl historische und empirische als auch organisatorische und didaktisch-methodische sowie praxisbezogene Aspekte bezogen auf das jeweilige spezifische Aufgabenfeld der Inklusion. Ein übergreifender Band wird Ansätze einer interdisziplinären Grundlegung des neuen bildungs- und sozialpolitischen Leitbildes der Inklusion umfassen. Die Buchreihe umfasst die folgenden Einzelbände:

Band 1: Inklusion in der Primarstufe
Band 2: Inklusion im Sekundarbereich
Band 3: Inklusion im Beruf
Band 4: Inklusion im Gemeinwesen
Band 5: Inklusion im Förderschwerpunkt emotionale und soziale Entwicklung
Band 6: Inklusion im Förderschwerpunkt geistige Entwicklung
Band 7: Inklusion im Förderschwerpunkt Hören
Band 8: Inklusion im Förderschwerpunkt körperliche und motorische Entwicklung
Band 9: Inklusion im Förderschwerpunkt Lernen

Vorwort der Reihenherausgeber

Band 10: Inklusion im Förderschwerpunkt Sehen
Band 11: Inklusion im Förderschwerpunkt Sprache
Band 12: Inklusive Bildung – interdisziplinäre Zugänge
Band 13: Inklusion in Kindertageseinrichtungen

Die Herausgeber

Erhard Fischer
Ulrich Heimlich
Joachim Kahlert
Reinhard Lelgemann

Inhaltsverzeichnis

Vorwort der Reihenherausgeber   5

Einleitung   11
Anke König & Ulrich Heimlich

Bedeutungswandel der Kindertageseinrichtung. Kulturelles Lernen als Basis für eine inklusive Frühpädagogik   16
Anke König
1	Struktureller Wandel der Kita	17
2	Empirische Grundlagen	19
3	Sozio-kulturelle Ansatzpunkte	21
4	Inklusion in der Frühpädagogik	24
5	Ausblick	26

Pädagogik der Vielfalt im Kindergarten. Ein Überblick   31
Annedore Prengel
1	Menschenrechtliche Grundlagen	32
2	Sozial- und bildungsphilosophische Grundlagen	34
3	Historische Voraussetzungen	36
4	Praxisbezogene Handlungsperspektiven	39

Kinder mit Behinderungen. Freies Spiel als genuiner Ort für Partizipation   48
Ulrich Heimlich
	Vorbemerkung	48
1	Spiel und Inklusion – eine Grundlegung	49
2	Spiel mit Gleichaltrigen in der Altersgruppe der 0–6-Jährigen	54

3	Rolle und Aufgaben frühpädagogischer Fachkräfte – Anforderungen an die Beobachtung und Begleitung inklusiver Spielprozesse	60
4	Fazit und Ausblick	69

Inklusion und Migration. Zur Konstruktion von und zum Umgang mit »migrationsbedingter Heterogenität« in Kindertageseinrichtungen und Schulen — 73

Argyro Panagiotopoulou

1	Einleitung	73
2	Wachsende »Leistungsheterogenität« in Kitas und Schulen – aufgrund von Migration und/oder Inklusion?	75
3	»Familien mit Migrationshintergrund« als Herausforderung?	77
4	Schlussfolgerungen: Umgang mit migrationsgesellschaftlicher Heterogenität in inklusiven Bildungsinstitutionen	85

Kinder in Armut und sozialer Benachteiligung. Konsequenzen für inklusive Kindertagesstätten — 90

Hans Weiß

1	Familien in Armutslagen und ›öffentliche Kleinkinderziehung‹ – ein komplexes Spannungsverhältnis	91
2	Inklusion und Bildungsgerechtigkeit – ein spannungsvolles Verhältnis im Kontext frühkindlicher Bildung	94
3	Armutslagen in Deutschland: Schlaglichter auf betroffene Familien und Kinder	95
4	Die Bedeutung inklusiver Kindertageseinrichtungen für den Abbau von Bildungsbenachteiligung	103
5	Handlungsorientierungen für die frühpädagogische Arbeit mit Kindern in Armut(sgefährdung) und deren Eltern/Familien	105
6	Ausblick: Konsequenzen und Forderungen	110

Intersektionalität reloaded. Ableismus und Rassismus in der Frühen Kindheit — 118

Donja Amirpur

	Einleitung	118
1	Daten und Fakten	120
2	Theoretische Zugänge	122
3	›Professionelle‹ Strategien	124
4	Institutionelle Praktiken	126
5	Die Perspektive der Eltern	129
6	Fazit	136

Inklusion und Übergang von der Kita in die Grundschule – Analyse aktueller Bedingungen und zukünftiger Entwicklungsaufgaben — 144

Michael Lichtblau & Timm Albers

1	Einleitung	144
2	Theoretische Perspektiven einer inklusiven Transition vom Elementar- zum Primarbereich	145
3	Hemmnisse und Barrieren einer inklusiven Transition	149
4	Forschungsergebnisse zur Transition Kita – Schule unter inklusiver Perspektive	151
5	Zukünftige Entwicklungsaufgaben unter inklusiver Perspektive	154
6	Diskussion	156

Bildungsteilhabe und Vorurteilsbewusste Bildung und Erziehung — 164

Petra Wagner

	Vorbemerkung	164
1	Inklusion als Ansatz für Bildungsgerechtigkeit	165
2	Der Ansatz »Vorurteilsbewusster Bildung und Erziehung«	168
3	Differenzbewusstsein und Diskriminierungskritik als zentrale fachliche Kompetenzen	171

| 4 | Vorurteilsbewusste Bildung und Erziehung: Verkürzungen, Lücken und Impulse | 175 |
| 5 | Hindernisse und Stolpersteine | 182 |

Von der Theorie zu guter pädagogischer Praxis. Der Leitfaden für inklusive Kindertageseinrichtungen – Bestandsaufnahme und Entwicklung — 187

Ulrich Heimlich & Claudia Ueffing

	Vorbemerkung	187
1	Inklusion als neues Leitbild der Frühpädagogik	188
2	Entwicklung inklusiver Kindertageseinrichtungen	192
3	Qualitätsstandards in inklusiven Kindertageseinrichtungen	197
4	Praxishilfen zur Implementierung des Leitfadens	204
5	Ausblick	205

»Inklusive Vernetzung«. Kindertageseinrichtungen im Sozialraum — 210

Daniela Kobelt Neuhaus

1	Einleitung	210
2	Ausgangslagen für Inklusion in der Kindertagesbetreuung	214
3	Sozialraumorientierung als Arbeitsprinzip	218
4	Kindertageseinrichtungen und inklusiver Sozialraum	220
5	Auf dem Weg zur Inklusiven Vernetzung	226

Die Autorinnen und Autoren — 235

Einleitung

Anke König & Ulrich Heimlich

In nur zwei Dekaden hat sich das System der Kindertagesbetreuung dynamisch gewandelt. Fast alle Kinder besuchen heute eine Kindertageseinrichtung (Autorengruppe Bildungsberichterstattung 2018). Gründe dafür waren und sind ein veränderter Blick auf die Bildungs- und Entwicklungsprozesse junger Kinder, Veränderungen in den Lebens- und Arbeitsformen in der Gesellschaft sowie die Rechtsansprüche auf einen Kindergarten- und Krippenplatz.

Damit haben sich in den letzten Jahren die Erwartungen an die Kindertagesbetreuung stark erhöht. Diese wird zunehmend als zentraler Bildungsort für junge Kinder gesehen und hat damit die Grundschule als ersten außerfamiliären Bildungsort abgelöst. Gemessen an dem Ausbau und den Erwartungen hinkt die Anbindung an die Stützsysteme wie u. a. die Wissenschaft und Forschung in diesem Bereich stark hinterher (König 2020, im Erscheinen). Denn die pädagogischen Fachkräfte in den frühpädagogischen Einrichtungen verdanken ihre Ausbildung überwiegend dem System der Berufsbildung. Das zentrale Handlungsfeld der Frühpädagogik – die Kindertageseinrichtungen – gilt damit als letzte Bastion (Rauschenbach 2013) der Pädagogik, die nicht akademisiert ist. Entsprechend schwach sind Forschung und Theorieentwicklung in diesem Feld aufgestellt. Geprüftes Wissen ist aber für die Qualitätsentwicklung der Einrichtungen bzw. für eine veränderte Praxis unabdingbar. Daher kommt dem Zusammenführen von Theorien, der Auseinandersetzung mit der Weltaneignung junger Kinder sowie dem Transfer von Forschungsbefunden eine herausgehobene Rolle zu. Der Inklusionsdiskurs in der Frühpädagogik ist davon stark beeinflusst. Über die Plattform der »Weiterbildungsinitiative Frühpädagogische Fachkräfte« (WiFF) wurde hier ein enger Austausch von Praxis, Wissenschaft, Politik und Ausbildung angeregt.

Unter der Leitung von Anke König sind zu diesem Themenschwerpunkt interdisziplinäre Expertengremien durchgeführt worden und zahlreiche Expertisen sowie zentrale Wegweiser für Weiterbildnerinnen und Weiterbildner entstanden. Der vorliegende Band vereint einige ausgewählte Beiträge aus der Arbeit der WiFF und ist insofern als Quintessenz dieser Prozesse zu verstehen.

Einleitung

Die »Weiterbildungsinitiative Frühpädagogischer Fachkräfte« (WiFF) – die Ende 2008 vom Bundesministerium für Bildung und Forschung (BMBF), der Robert Bosch Stiftung und dem Deutschen Jugendinstitut (DJI) e. V. gegründet wurde – leitet ihre Arbeitsweisen aus den Herausforderungen ab: Forschung und Wissenstransfer in der Frühpädagogik zu verstärken. Sie leistet mit konzeptionellen Arbeiten bis heute einen Beitrag zu mehr Qualität im System der Frühen Bildung, beobachtet Entwicklungen durch empirische Studien, regt als Plattform den Austausch zwischen den Akteurinnen und Akteuren an und setzt Impulse über die Dissemination von Projektergebnissen.

Die Gründung der Plattform fiel mit dem Inkrafttreten der UN-Konvention über die Rechte von Menschen mit Behinderungen (UN-BRK 2017) im Jahre 2009 zusammen. Darauf ist es zurückzuführen, dass die Plattform unmittelbar mit dieser Diskussion in der Frühpädagogik in Verbindung steht. Teilhabe und Partizipation werden als zentrale Strukturmerkmale für das Aufwachsen in heterogenen Gesellschaften gesehen. Kindertageseinrichtungen – als erste außerfamiliäre Institutionen – zeichnen sich durch altersübergreifende, offene Bildungsräume aus, die durch das Spielen und Lernen in sozialen Bezügen geprägt sind. Unterschiedliche Expertinnen und Experten sind sich heute einig, dass das Verständnis einer »Pädagogik der Vielfalt« (Prengel 2019) in der Frühpädagogik von hoher Bedeutung ist, um den unterschiedlichen Bedürfnissen der Kinder und derer Familien gerecht zu werden. In Kindertageseinrichtungen steht damit nicht nur die Heterogenitätsdimension Behinderung im Mittelpunkt, vielmehr spielt auch die Berücksichtigung der kulturellen, sozialen und sprachlichen Heterogenität von Kindern von Anfang an eine bedeutende Rolle. Insofern entwickelt sich in inklusiven Kindertageseinrichtungen derzeit ein breites Inklusionsverständnis, in dem die Unterschiedlichkeit der Kinder bewusst wahrgenommen und als Bereicherung für das pädagogische Konzept angesehen wird. Zum zentralen Prüfstein einer gelingenden inklusiven Arbeit in Kindertageseinrichtungen gerät dabei die Partizipation der Kinder. Auch für Kinder in den ersten Lebensjahren gilt der Grundsatz: »Nichts über uns, ohne uns!« Insofern stehen Kindertageseinrichtungen insgesamt vor der Aufgabe, Heterogenität als Ausgangspunkt des pädagogischen Handelns anzuerkennen und Partizipationsmöglichkeiten für Kinder in einer umfassenden Weise zu überdenken und weiterzuentwickeln. Erst auf diesem Weg kann aus Teilhabe auch wirklich Bildungsteilhabe werden.

Die Stärke des vorliegenden Herausgeberbandes liegt darin, dass auf der Basis eines gemeinsamen Grundverständnisses – Inklusion als »Pädagogik der Vielfalt« (Prengel 2019) – diskutiert wird. Mit den vertieften Analysen und Reflexionen der Autorinnen und Autoren werden unterschiedliche Facetten frühpädagogischer Praxis im Sinne einer inklusiven Pädagogik (vgl. Heimlich 2019) beleuchtet. Damit werden Anknüpfungspunkte offengelegt, um eine inklusive Frühpädagogik zu etablieren, aber auch um systemimmanente Strukturen und Handlungsmuster in der gegenwärtigen Praxis kritisch in Frage zu stellen. Die starke Verknüpfung von Inklusion mit den Aneignungsprozessen beziehungsweise den Interaktions- und Kommunikationsformen von jungen Kindern macht aus der vorliegenden Zusammenstellung eine *Frühpädagogik* der Vielfalt.

Mit dem ersten Beitrag »Bedeutungswandel der Kindertageseinrichtungen. Kulturelles Lernen als Basis für eine inklusive Frühpädagogik« ordnet Anke König zum einen den Stand zur Inklusion in der Frühpädagogik ein, zum anderen eröffnet sie mit dem Fokus auf das kulturelle Lernen eine bottom-up Perspektive. Sie stellt die Frage, wie Weltaneignung von und miteinander von Anfang an gelingt. Damit verbindet sie das Wissen über die frühen Beziehungs- und Interaktionsprozesse mit dem kulturellen Lernen und schreibt diesem klassische Bildungsmotive zu – im Sinne des Verhältnisses von ich und Welt.

Annedore Prengel legt in ihrem Beitrag »Pädagogik der Vielfalt – Ein Überblick« theoretische, historische und praktische Grundlagen inklusiven pädagogischen Handelns in der Frühpädagogik offen. Pädagogik der Vielfalt wird als gleichbedeutend mit Inklusiver Pädagogik gesehen bzw. international auch übereinstimmend mit *Diversity Education* und *Inclusive Education*.

Ulrich Heimlich stellt in seinen Beitrag »Kinder mit Behinderungen. Freies Spiel als genuiner Ort für Partizipation« die Bedeutung des Spiels für inklusive Settings in den Mittelpunkt. Er zeigt anhand unterschiedlicher Studien den Stand zum gemeinsamen Spiel von Kindern mit und ohne Behinderungen auf und unterstreicht das Potenzial kooperativer Peerbeziehungen. Der Beitrag verdeutlicht aber auch, dass Spiel nicht immer ein Selbstläufer ist, sondern mittels der sensiblen Unterstützung frühpädagogischer Fachkräfte inklusive Spielprozesse zum Teil erst ermöglicht werden.

Argyro Panagiotopoulou richtet ihr Augenmerk auf die migrationsbedingte Heterogenität in Kindergärten und Schulen. Ihr Beitrag »Inklusion und Migration. Zur Konstruktion von und zum Umgang mit ›migrationsbedingter Heterogenität‹ in Kindertageseinrichtungen und Schulen« hebt die Beteiligung von Politik, Kitas und Schulen bei der Herstellung von Differenz und Ungleichheit hervor. Kritisch beleuchtet werden die tiefgreifenden monolingualen Sprachpraxen in den Institutionen und die problematisierenden bildungspolitischen Debatten über Heterogenität, die der Idee einer inklusiven Pädagogik bzw. der Wertschätzung der Komplexität und Vielfalt individueller und familialer (u. a. migrationsbedingter) Lebensbedingungen entgegenstehen.

Mit dem Beitrag »Kinder in Armut und sozialer Benachteiligung. Konsequenzen für inklusive Kindertagesstätten« schließt Hans Weiß an die Diskussion an. Er verstärkt die Perspektive auf den gesellschaftlichen Diskurs zu Kindern in Armutslagen. Eindrücklich wird herausgearbeitet, wie stark Zuschreibungen der Lebenswirklichkeiten von sozial benachteiligten Kindern und Familien durch Verkürzungen geprägt sind. Er führt Ansätze auf, die zu einer veränderten Praxis führen.

Donja Amirpur stärkt mit ihrem Beitrag »Intersektionalität reloaded. Ableismus und Rassismus in der Frühen Kindheit« eine intersektionale Perspektive. Sie fokussiert auf den Ableismus und Rassismus, mit denen Eltern mit Migrationshintergrund konfrontiert werden. Anhand von Interviewdaten werden die Erfahrungen, die die Eltern mit dem Hilfesystem in Deutschland machen, problematisiert. Der Beitrag eröffnet eine kritische Diskussion zur gegenwärtigen Praxis des Fördersystems.

Michael Lichtblau und Timm Albers zeigen auf, dass inklusive Kindertageseinrichtungen keine Inseln sind. Der Beitrag »Inklusion und Übergang von der Kita in die Grundschule. Analyse aktueller Bedingungen und zukünftiger Entwicklungsaufgaben« schreibt dem Zusammenwirken im Netzwerk von Familie, Schule, Kita und Fördersystem hier eine besondere Rolle zu. Herausgestellt wird die Systemdifferenz zwischen Kindergarten und Schule, die eine Pädagogik der Vielfalt an der Schnittstelle erschwert. Forschungsbedarf wird in Bezug auf inklusive Transitionsprozesse markiert.

Petra Wagner setzt den Ansatz der Vorurteilsbewussten Bildung und Erziehung in Bezug zur Inklusion und eröffnet damit Ansatzpunkte für eine inklusive Handlungspraxis in den Kitas und einen Qualitätsentwicklungsprozess. Im Beitrag »Bildungsteilhabe und Vorurteilsbewusste Bildung und Erziehung« verweist sie auf Verkürzungen, die mit dem Begriff verbunden werden, und hebt das Differenzbewusstsein und die Diskriminierungskritik als zentrale fachliche Kompetenzen hervor. Mit dem Ansatz rücken sowohl institutionelle als auch individuelle Ausgrenzungserfahrungen in den Fokus und wird auf die Beendigung von Ungerechtigkeiten und Verletzungen hingearbeitet.

Auf die Umsetzung von Inklusion in der pädagogischen Praxis fokussiert auch der Praxisleitfaden von Ulrich Heimlich und Claudia Ueffing, der in ihrem Beitrag »Von der Theorie zu guter pädagogischer Praxis. Der Leitfaden für inklusive Kindertageseinrichtungen – Bestandsaufnahme und Entwicklung« vorgestellt wird. Das Instrument soll – in Ergänzung zu den Wegweisern der WiFF – den Praxistransfer zur Arbeit in inklusiven Kindertageseinrichtungen unterstützen.

Letztlich öffnet Daniela Kobelt Neuhaus mit ihrem Beitrag »Inklusive Vernetzung. Kindestageseinrichtungen im Sozialraum« den Fokus in das Gemeinwesen. Damit wird die Sozialraumorientierung im Sinne einer kooperativen regionalen Vernetzung in den Blick genommen. Hier sieht sie die Voraussetzung für inklusive Bildung. Dafür ist eine Kulturveränderung der Einrichtungen, aber auch der Kommunen notwendig. Beklagt wird der Projektstatus vieler Initiativen und der fehlende politische Wille, diese Transformationsprozesse nachhaltig anzugehen.

Wir wünschen allen Leser*innen eine anregende Lektüre und freuen uns, wenn wir damit einen Beitrag leisten, die Diskussion über Inklusion in unserer Gesellschaft lebendig zu halten.

Literatur

Autorengruppen Bildungsberichterstattung (2018): Bildung in Deutschland. Berlin.
Heimlich, Ulrich (2019): Inklusive Pädagogik. Eine Einführung. Stuttgart: Kohlhammer.
König, Anke (im Erscheinen): Wissenschaft für die Praxis? Entfaltung einer modernen Arbeitsfeldforschung. In: König, Anke (Hrsg.): Arbeitsfeldforschung in der Frühen Bildung. Weinheim.
Prengel, Annedore (2019): Pädagogik der Vielfalt. Verschiedenheit und Gleichberechtigung in Interkultureller, Feministischer und Integrativer Pädagogik. 4. Auflage. Wiesbaden.
Rauschenbach, Thomas (2013): Der Preis des Aufstiegs? Folgen und Nebenwirkungen einer frühpädagogischen Qualifizierungsoffensive. In: Felix Berth, Angelika Diller, Carola Nürnberg und Thomas Rauschenbach (Hrsg.): Gleich und doch nicht gleich. Der Deutsche Qualifikationsrahmen und seine Folgen für frühpädagogische Ausbildungen. München, S. 15–37.
UN-Behindertenrechtskonvention. Beauftragte der Bundesregierung für die Belange von Menschen mit Behinderungen (Hrsg.) (2017). Berlin.

Bedeutungswandel der Kindertageseinrichtung. Kulturelles Lernen als Basis für eine inklusive Frühpädagogik

Anke König

Zehn Jahre nach Einführung der UN-Behindertenrechtskonvention hat sich in der Frühpädagogik ein breiter Inklusionsbegriff auf der Basis einer Pädagogik der Vielfalt (Prengel 2019; in diesem Band: Lichtblau & Albers; Prengel) herauskristallisiert. Mit der Forderung nach Inklusion ist der Anspruch verbunden, das Bildungssystem neu auszurichten und sozial gerechter zu gestalten. Seit der zweiten Hälfte des 20. Jahrhunderts (ebd.) intensivieren sich diese Bestrebungen. Teilhabe und Partizipation gelten als Schlüsselkomponenten einer pluralen Gesellschaft. Eine Frühpädagogik der Vielfalt zu verwirklichen und Kindertageseinrichtungen zu inklusiven Bildungsorten weiterzuentwickeln, ist eine zentrale Aufgabe. Denn auch in diesem pädagogischen Handlungsfeld gehören systemimmanente, institutionelle, aber auch persönliche Ausgrenzungen zum Alltag von Kindern, Familien und Fachkräften (in diesem Band u. a.: Panagiotopoulou, Weiß, Armipur) bzw. erfahren Kinder Ablehnungen und Verletzungen durch die pädagogischen Fachkräfte (Prengel 2013; König 2009, S. 206). Noch werden die damit einhergehenden institutionellen Schwachstellen zu wenig reflektiert und werden Handlungspraxen kaum daraufhin überdacht und verändert (u. a. in diesem Band: Heimlich, Heimlich & Ueffing; Kobelt Neuhaus; Wagner).

Im Folgenden werden der Bedeutungswandel und die strukturelle Basis der Kindertageseinrichtungen anhand der amtlichen Statistik beschrieben sowie Problemfelder der Entwicklungen verdeutlicht. Nicht nur die quantitative Expansion, sondern vielmehr die späte Anerkennung, dass auch junge Kinder sich aktiv die Welt zu eigen machen, d. h. die Welt aus ihrer Perspektive ordnen und verstehen wollen, ist Anlass, die Bedeutung der Kindertageseinrichtungen als wichtige Bildungsorte für alle Kinder hervorzuheben (Maywald 2010).

1 Struktureller Wandel der Kita

In den letzten Jahrzehnten hat sich das Bild der Kita in unserer Gesellschaft rasant gewandelt. Trotz der starken Bildungsbestrebungen und des allgemeinen Anspruchs auf einen Kinder- bzw. Krippenplatz – seit den Jahren 1996 und 2013 – bleibt die Kita jedoch im Achten Sozialgesetzbuch (Kinder- und Jugendhilferecht) verankert und zählt in Deutschland damit formal *nicht* zum Bildungs-, sondern zum Sozialsystem. Zwar proklamiert die Kita einen eigenständigen Bildungsauftrag, dennoch bleibt Bildung hier bisher in weiten Teilen noch eine Leerformel. Denn die Funktion der Kita ergibt sich nach wie vor aus der familienbezogenen Sozialintegration und wird subsidiär, d. h. im Sinne einer Unterstützung, organisiert. Bildung *kann* also, *muss* aber nicht Mittel der »Hilfe« sein (Reyer 2015, S. 32). Kitas sind nicht nur Einrichtungen für junge Kinder, sondern immer auch für deren Familien. Sie werden in erster Linie – immer noch – als Institution gesehen, die die Vereinbarkeit von Familie und Beruf ermöglichen, und nicht als Bildungsorte junger Kinder.

Welchen massiven Veränderungsprozessen das Handlungsfeld in den letzten Jahren ausgesetzt ist, wird im Folgenden anhand der Zahlen der amtlichen Statistik deutlich.

Im Jahr 2018 besuchten 3,5 Millionen Kinder eine der ca. 56.000 Kindertageseinrichtungen (im Vergleich: Im Schuljahr 2017/18 gab es 15.000 Grundschulen) (Autorengruppe Fachkräftebarometer 2019, S. 16). Zwischen 2007 und 2018 haben sich die Beteiligungsquoten um 20 % erhöht. Trotz ihrer enormen Expansion in den letzten Jahren sind Kindertageseinrichtungen im Vergleich zum Schulsystem kleinräumige Organisationseinheiten. Diese Besonderheit bringt es mit sich, dass sich die sozio-ökonomischen Verhältnisse des sozialen Umfelds unmittelbar in der Kita widerspiegeln. Die Heterogenität der Lebensverhältnisse ist also in den Einrichtungen relativ (vgl. Weiß in diesem Band). Die Quoten der Inanspruchnahme haben sich in den letzten Jahren insbesondere in den westlichen Ländern stark verändert. Diese liegen in der Altersgruppe der Drei- bis Sechsjährigen bei neun von zehn Kindern. 97 % der Fünfjährigen sind heute in einer Kindertageseinrichtung angemeldet (Autorengruppe Bildungsberichterstattung 2018, S. 73). Verändert haben sich die Institutionen insbesondere durch die Umsetzung des seit 2013 gültigen Rechtsanspruchs auf einen Betreuungsplatz für Kinder unter drei Jahren. Damit haben die Kindertageseinrichtungen ihr frühpädagogisches Profil weiter ausgebaut. Darüber hinaus sind die Einrichtungen stetig größer geworden. Der Anteil an großen Einrichtungen – mit mehr als 15 Mitarbeiterinnen und Mitarbeitern – hat sich zwischen 2007 und 2018 von 7 % auf 25 % erhöht (ebd. S. 62). Diese Entwicklungen markieren einen Institutionenwandel, der auch auf das Aufwachsen von Kindern Einfluss hat – denn Kinder besuchen immer früher und immer länger die Kita.

Während sich die Inanspruchnahme von pädagogischen Institutionen im Altersbereich der Drei- bis Sechsjährigen bundesweit ausgeglichen darstellt und heute zur Biographie der in Deutschland aufwachsenden Kindern gehört, zeigen sich bei der Betreuung der unter Dreijährigen sehr viel deutlichere Unterschiede zwischen den einzelnen Ländern und in der Beanspruchung von Plätzen. So befinden sich in Ostdeutschland 2017 ca. 66 % der Einjährigen und ca. 85 % der Zweijährigen in einer außerfamiliären Betreuung, während das nur für ca. 29 % der Einjährigen und ca. 56 % der Zweijährigen in Westdeutschland zutrifft (Autorengruppe Bildungsberichterstattung 2018, S. 72). Aufgrund der begrenzten Kapazitäten an Betreuungsplätzen für Kinder ab dem zweiten Lebensjahr treten hier Segregationsmechanismen zutage. Insbesondere Kinder von Eltern mit mittleren (27 %) und hohen Bildungsabschlüssen (36 %) sind in den ersten Lebensjahren in einer Kindertageseinrichtung angemeldet (Rauschenbach & Meiner-Teubner 2019, S. 8).

Kinder mit Behinderungen und/oder Migrationshintergrund besuchen Kindertageseinrichtungen in der Regel seltener und später (Autorengruppe

Bildungsberichterstattung 2018, S. 74). In den letzten Jahren hat sich die Quote der Kinder mit Migrationshintergrund erhöht. Hervorgehoben wird im Zuge der Zuwanderung von Schutz- und Asylsuchenden der Anstieg an Kindern, die zuhause vorrangig nicht Deutsch sprechen (Panagiotopoulou in diesem Band). Zwischen 2007 und 2017 hat sich deren Anteil um 54 % von 366.000 auf 563.000 Kinder erhöht. Vielsprachigkeit ist heute in den Einrichtungen Realität. Auch der Anteil an Kindern mit Behinderung stieg in den letzten Jahren in tendenziell inklusiven Einrichtungen weiter an und lag zuletzt bei ca. 70 % (ebd. S. 75).

Um den unterschiedlichen Bedarfen in Bezug auf Bildungsteilhabe und Partizipation gerecht zu werden, ändern sich auch die Qualifikationen der pädagogischen Fachkräfte. Insbesondere in Kindertageseinrichtungen mit großen pädagogischen Teams und Kindern mit Eingliederungshilfe finden sich zunehmend Fachkräfte mit einer heilpädagogischen Qualifikation (Autorengruppe Fachkräftebarometer 2019). Auch andere Funktionsstellen beginnen sich in den Einrichtungen zu etablieren, insbesondere hat sich eine Zusatzqualifikation zur Sprachförderung durchgesetzt (Geiger 2019). Diese Differenzierungen von Funktionsstellen in der Kindertagesbetreuung bestehen nicht flächendeckend, sondern sind von der Größe der Einrichtung, von Träger und Region (ebd.) abhängig.

2 Empirische Grundlagen

Der Bedeutungswandel der Kita wird durch ihre Sichtbarkeit im Bildungssystem akzentuiert. Inzwischen hat die Kindertageseinrichtung die Grundschule als ersten außerfamiliären Bildungsort abgelöst (Autorengruppen Bildungsberichterstattung 2018, S. 73) und ist damit zu einem wichtigen Glied in der Bildungskette geworden. Die Zunahme an Projekten der Bildungsforschung im Handlungsfeld Kindertageseinrichtung steht hiermit in direktem Zusammenhang (König 2018). Dabei haben die Ergebnisse der Bildungsforschung und die veränderte Perspektive auf das Aufwachsen junger Kinder in den letzten Jahren gleichermaßen dazu beigetragen, den Bildungsort neu auszurichten.

Die Forschung zu den Effekten der Frühen Bildung war international zunächst vor allem darauf gerichtet zu klären, wie sich die außerfamiliäre Betreuung auf die Kinder auswirkt. Unterschiedliche Untersuchungen verweisen dabei auf den positiven Einfluss außerfamiliärer Bildung und Erziehung auf die akademischen Fähigkeiten der jungen Kinder (Melhuish 2015). Neuere Untersuchungen stellen den Zusammenhang zwischen der Qualität bzw. der Art der Erfahrung, die Kinder in der außerfamiliären Betreuung machen, und der positiven Entwicklung der Kinder heraus (u. a. Anders 2013; Sylva et al. 2014; Melhuish 2015; Siraj et al. 2016). Dabei wird hervorgehoben, dass nicht der Besuch der Einrichtung allein, sondern die Anregungen, die Kinder in den unmittelbaren Beziehungs- und Interaktionsprozessen erfahren, einen hohen Einfluss auf ihre Entwicklung haben (Siraj et al. 2016; Spieß 2004). Auch dem Zusammenspiel von häuslicher und außerfamiliärer Betreuung kommt in den Studien zur Entwicklung in der frühen Kindheit große Bedeutung zu. Entsprechende hohe Qualität wird mit Effekten für die gesamte kindliche Entwicklung verbunden. Einzelne Studien sehen dabei insbesondere bei Kindern mit sogenannten sozio-ökonomischen Risiken ein besonderes Potenzial. Längsschnittstudien, wie das »Effective Pre-school, Primary and Secondary Education Project« (EPPSE 3-16) zeigen heute Effekte der frühkindlichen Bildung und Erziehung bis in die Adoleszenz (Sylva et al. 2014; OECD 2011).

Iram Siraj (2016) fasst den Stand der Studien wie folgt zusammen:

> »Effective educators need to be able to engage young children in meaningful activities which promote their conceptual understanding of the world. To achieve this, however, they first must develop positive adult-child relationships (Howes et al. 2008; Pianta et al 2007).«

Sensible und responsive Interaktionserfahrungen gelten für die kindliche Entwicklung als Prämisse, um Kindern Weltaneigung zu ermöglichen. Insbesondere die Kategorie »Sustained Shared Thinking« (SST) hat in den letzten Jahren die Ausrichtung der Frühen Bildung beeinflusst (Siraj-Blatchford et al. 2002). SST als pädagogisches Handlungsformat wurde u. a. in das englische Curriculum »Early Years Foundation Stage« (EYFS) integriert. Dieses Interaktionsformat basiert auf empirischen Zusammenhängen im Rahmen der EPPSE-Studie. Grundlegend dafür waren die Kategorien: Zeigen (demonstrating), Erzählen (telling) und Dialog (dialogue) (Siraj-Blatchford 2009, S. 78) (König, im Erscheinen).

Diese empirischen Befunde haben das Anliegen verschärft, die informelle Lernwelt der Kindertageseinrichtungen in den letzten Jahren stärker zu differenzieren. Damit geriet auch der sozialpädagogische Ansatz in die Kritik. Denn international werden traditionell sozialpädagogische und schulorientierte Ansätze für die Frühpädagogik unterschieden. Diese Ausrichtungen stehen im Kontext historischer bildungspolitischer Entscheidungen in den einzelnen Ländern (Scheiwe 2009). Im Laufe der Nullerjahre entstanden zwar verschiedene Initiativen, um eine Handlungsdidaktik auch für die frühkindliche Bildung und Erziehung zu entwickeln (z. B. Kasüschke 2010; Deutsches Jugendinstitut/Weiterbildungsinitiative Frühpädagogische Fachkräfte 2011), letztlich konnte sich diese in Theorie und Praxis aber nicht etablieren, und das obwohl unterschiedliche Studien belegen, dass es an bewussten dialogisch-entwickelnden Interaktionsprozessen in den Einrichtungen mangelt (Tietze 1998; Siraj-Blatchford 2002; König 2009; Hopf 2012; Vermeer 2016; Cusati Müller et al. 2019).

3 Sozio-kulturelle Ansatzpunkte

Mit Fokus auf die sozio-kulturellen Theorien sollen die Ergebnisse der empirischen Bildungsforschung nochmals reflektiert und Ansatzpunkte für eine inklusive Frühpädagogik ausgelotet werden. Diese Theorien eröffnen ein Verständnis dafür, wie Kinder als Teil der Gesellschaft, unterschiedlicher Gruppen bzw. der Familie innerhalb der Generationenfolge lernen. Darüber hinaus zeichnen sich weitere grundsätzliche Annahmen zur Entwicklung junger Kinder ab, die in letzter Zeit den Blick auf das Aufwachsen verändern. So weisen heute die soziologische Kindheitsforschung, die sich seit den 1990er Jahren im Kontext der *New Childhood Studies* etabliert hat, und die historische Pädagogik hinsichtlich der Bedeutung der Individualität für den Entwicklungsprozess (Baader 2018) eine erstaunliche Ähnlichkeit auf. Damit verliert die Sicht auf Kinder ihre stark deterministischen Züge. Vielmehr wird das erkennende Subjekt hervorgehoben, wie es u. a. bereits Friedrich Fröbel mit der Selbsttätigkeit beschrieben hat.

Doch auch wenn der Anerkennung des Subjekts – zu Recht – eine zentrale Rolle für den pädagogischen Prozess zukommt, mag ein solches Verständnis auch einem »romantisierenden Kindheitsmythos« (Baader 2004) Vorschub leisten, wie ihn etwa das Schlagwort »Kinder als Akteurinnen und Akteure ihrer Entwicklung« zum Ausdruck bringt, wenn dieses Verständnis nicht in einen breiteren sozio-kulturellen Kontext eingebettet wird, welcher der Komplexität des Aufwachsens Rechnung trägt. Die *Agency* der Kinder bzw. ihre Wirkmacht erweist sich stets als Zusammenspiel der Möglichkeiten, die sich in sozialen Gruppen für den Einzelnen eröffnen (Beutin, Flämig & König 2018; Flämig & Beutin 2020). Hier liegt die entscheidende Schnittstelle, um Pluralität und Heterogenität in Kindheiten überhaupt erst zu erkennen und deren Mechanismen zu verstehen (Baader 2018, S. 25). Auch die neuere Entwicklungspsychologie, die an den dynamischen Interaktionismus anschließt, stellt Entwicklung als das Ergebnis eines Zusammenspiels der sozialen, psychischen und biologischen Systemebenen dar (Krettenauer 2014, S. 16). Sozio-kulturelle Theorien ermöglichen darüber hinaus, die Entwicklung des Individuums in Verbindung mit der Aneignung von Kultur zu betrachten und damit zu erklären, wie sich Kultur an die nachfolgende Generation vermittelt. Damit eröffnen sich zentrale Ansatzpunkte für die Pädagogik – nämlich vor dem Hintergrund der Bildsamkeit des Menschen (Tenorth 2011), d. h. zu lernen und eine eigene Persönlichkeit zu entfalten. Das Aufwachsen in einer bestehenden sozialen Welt, in von Menschen etablierten kulturell organisierten Umwelten, ist ein komplexer Prozess (Ahnert & Haßelbeck 2014, S. 29). Daher besteht eine der zentralen Leistungen junger Kinder darin, sich diese vorstrukturierte Welt zu eigen zu machen. Die älteren sozio-kulturellen Theorien – u. a. von Vygotskij – gehen noch davon aus, dass sich die evolutionären und kulturellen Entwicklungslinien erst im Laufe der Zeit einander anpassen. Insbesondere Michael Tomasello (2006) hat mit seiner Forschung zur evolutionären Anthropologie in den letzten Jahren hier neue Impulse gesetzt, indem er auf ein Zusammenspiel von evolutionären und kulturellen Dynamiken von Anfang an hinweist. Junge Kinder unterstellen ihrer Mitwelt von Anfang an Intentionalität. Dies erzeugt eine ungewöhnliche Schubkraft – die Michael Tomasello als sogenannten Wagenheber-Effekt der menschlichen Kultur bezeichnet (Nungesser 2011, S. 673). Für das frühpädagogische Handeln sind diese Erkenntnisse von zentraler Bedeutung, denn das kulturelle Lernen eröffnet jungen Kindern unmittelbar Möglichkeiten, von und mit anderen Menschen zu lernen. Das zeigt aber auch, wie eng Kinder mit den sie umgebenden sozialen Gruppen verbunden sind. Folgende Fähigkeiten bieten dafür die Voraussetzung (Ahnert & Haßelbeck 2014, S. 32):

- *Gemeinsame Aufmerksamkeit*, das sogenannte *Joint Attention*:
  Hier wird die Aufmerksamkeit von Erwachsenen und Kind gemeinsam auf einen Gegenstand gerichtet. Durch Blickkontakt, Zeigegesten, Körperbewegungen und sprachliche Äußerungen wird versichert, dass ein gemeinsamer Fokus besteht. Mit dem *Joint Attention* wird die dyadische zu einer triadischen Interaktion erweitert.
- *Verstehen kommunikativer Absichten*:
  Kinder verstehen sich und andere als intentionale Individuen. Daher können sie sich in andere hineinversetzen und erkennen deren Absichten. Das zeigt sich z. B. bereits früh im sogenannten prosozialen Verhalten.

- *Imitation durch Rollentausch:*
  Kinder lernen durch andere. Das Kind verwendet beispielsweise sprachliche Äußerungen, wie sie der Erwachsene einsetzt, um Aufmerksamkeit zu erzielen. Es versetzt sich damit nicht nur in die Rolle des Erwachsenen, sondern setzt den Erwachsenen zugleich in die eigene Rolle.
- *Kooperation:*
  Wenn Kinder mit anderen kommunizieren, gelingt es ihnen, die Perspektiven der anderen zu erkennen und unterdessen auch eine gemeinsame intersubjektive Perspektive einzunehmen.

Diese Fähigkeiten ermöglichen grundlegende Ansatzpunkte für das pädagogische Handeln. Die entsprechenden Untersuchungen zeigen, wie stark junge Kinder von Anfang an getrieben sind, die Welt zu verstehen und einzuordnen. Bildung vollzieht sich in der Wechselwirkung zwischen Ich und Welt (Dörpinghaus, Poenisch & Wigger 2009). Hierbei wird Interaktion als zentrale Kategorie der Dynamisierung von Bildung und Lernen erkennbar. In dieser Hinsicht überschneiden sich die Ergebnisse der Bildungsforschung mit denen der evolutionären Anthropologie. Denn auch die Bildungsforschung zur Frühen Kindheit hebt die Prozessqualität und damit kooperative bzw. dialogische Handlungsmuster als effektive Interaktionen hervor und formuliert so den Anspruch an Kindertageseinrichtungen als Bildungsorte. Insbesondere die empirischen Befunde von Tomasello – die die evolutionären und kulturellen Entwicklungslinien zusammenführen – betonen die Stärken solcher Handlungsmuster aufgrund ihrer Bedeutung für die kulturelle Entwicklung des Menschen. Diese lassen sich darüber hinaus mit philosophischen Ansätzen zur Intersubjektivität u. a. von Jürgen Habermas verbinden:

> »Auf der horizontalen Ebene übernehmen die Beteiligten mit der Blickrichtung auch die Intention des jeweils anderen, sodass eine soziale Perspektive entsteht, aus der beide in vertikaler Richtung ihre Aufmerksamkeit zugleich auf das angezeigte Objekt richten. Auf diese Weise gewinnen sie von dem gemeinsam identifizierten und wahrgenommenen Gegenstand ein *intersubjektiv* geteiltes Wissen« (Habermas 2009).

Die Stärke kulturhistorischer Ansätze besteht darin, das Generationenverhältnis bzw. die generationenübergreifende Wissensweitergabe und damit auch das Lernen in unterschiedlichen Kulturen in den Fokus zu rücken. Sie bieten Anknüpfungspunkte für frühpädagogische Konzeptionen. Forschungsarbeiten von Barbara Rogoff et al. (2014) schließen hier an. Rogoff reflektiert die Weitergabe über die Generationen in indigenen Kulturen und stark individualisierten Leistungsgesellschaften, wie den USA und Europa. Dabei zeigt sie, dass in vielen Kulturen die sogenannte *Co-Education*, d.h. das Lernen durch Beobachten und Mitwirken (ebd.) eine besondere Rolle spielt. Rogoff weist aber auch darauf hin, dass das Kooperieren insbesondere im Kontext einer stärkeren akademischen Ausbildung in den Hintergrund tritt (ebd.), sodass in vielen individualisierten Leistungsgesellschaften die von Tomasello herausgestellte zentrale Fähigkeit der Kooperation als wichtiger Lernweg vernachlässigt wird. Die Möglichkeiten kulturellen Lernens sind abhängig vom Zusammenwirken der unterschiedlichen sozialen Gruppen. Daraus ergeben sich Implikationen für eine inklusive Frühpädagogik.

4 Inklusion in der Frühpädagogik

»Das Thema Inklusion in der Frühpädagogik stellt die soziale Zugehörigkeit und Partizipation der jungen Generation in ihren frühen Lebensjahren in das Zentrum der wissenschaftlichen und praxisbezogenen Auseinandersetzung um angemessene Bildungskonzeptionen« (Prengel 2014, S. 16).

Inklusive Ansätze geben Antwort auf die Differenziertheit des Aufwachsens junger Kinder. Sie setzen dabei auf eine gemeinsame Erziehung und Bildung aller Kinder statt auf Segregation (u. a. Prengel 2014; 2016). Die Kindertageseinrichtungen bieten dafür eine relativ gute Voraussetzung, da hier in Deutschland traditionell altersübergreifend gearbeitet und das Leistungsprinzip zunächst formal als nachrangig betrachtet wird. Das Alter bestimmt hier den Zeitpunkt des Übergangs von der Krippe in die Kita bzw. in die Grundschule. Die Schnittstelle zur Grundschule wird – trotz unterschiedlicher Reformmodelle, wie z.B. die flexible Schuleingangsphase und die zahlreichen Impulse zur Inklusion – gegenüber der Kita als stark segregierend wahrgenommen (Lichtblau & Albers in diesem Band). Die Rückstellungsquote von der Einschulung liegt derzeit zwischen 6,5 % und 8 % eines Jahrgangs (Autorengruppe Bildungsberichterstattung 2018, S. 83). Werden die Altersgruppen der Sechs- und Siebenjährigen bzgl. der Eingliederungshilfe verglichen, dann zeigt sich am Übergang – auch wenn das nur eine kleine Teilgruppe ausmacht – ein radikaler Anstieg von 6 % auf 32 %. Auch bezüglich der Kinder mit nichtdeutscher Familiensprache wird ein Anstieg von 20 % auf 25 % konstatiert (ebd.). Zuletzt ist zwar die Direkteinweisung in die Förderschule zurückgegangen (– 0,6 %) und liegt derzeit bei 3 % der Kinder eines Jahrgangs. In die Förderschulen werden aber noch immer

21.700 Kinder direkt eingeschult. An der Schnittstelle zur Schule greifen Leistungsprinzipien, die im Rahmen u. a. von Sprachfördermaßnahmen auch den Tagesablauf der Kindertageseinrichtungen beeinflussen und auf die Praktiken in den Einrichtungen einwirken (Panagiotopoulou in diesem Band).

Annedore Prengel hat mit ihrer Pädagogik der Vielfalt (2019) ein Bildungsverständnis geprägt, das auf dem menschenrechtlich und demokratisch motivierten Theorem der egalitären Differenz beruht. Die Pädagogik der Vielfalt bietet zentrale theoretische Anknüpfungspunkte, um eine inklusive Pädagogik unter Berücksichtigung der unterschiedlichen Heterogenitätsdimensionen einer Gesellschaft zu entwickeln (Prengel 2014; in diesem Band). An welche Grundbedingungen soziale Zugehörigkeit und Partizipation in den jungen Jahren gebunden ist, wurde mit der WiFF-Expertise »Bildungsteilhabe und Partizipation in Kindertageseinrichtungen« (Prengel 2016) explizit aufgegriffen und diskutiert. Bildungsteilhabe und Partizipation stehen für eine demokratische Ausrichtung von Bildungsinstitutionen. Bildungsteilhabe fokussiert auf ökonomische, soziokulturelle und geschlechtliche Gleichheit beim Zugang zu Bildungsinstitutionen. Partizipation stellt die Ungleichheit im Generationenverhältnis in Frage – »also die Macht der älteren und Ohnmacht der jüngeren Generation« (ebd. 13). Das kulturelle Lernen lässt sich mit einer relationalen und generationentheoretischen Perspektive verknüpfen. Hier zeigt sich das Potenzial, um Partizipation im unmittelbaren pädagogischen Handeln in den Kindertageseinrichtungen zu ermöglichen. Die Wechselseitigkeit der Interaktionen, die gemeinsame Aufmerksamkeit und die Kooperation sind dafür kennzeichnend. Inhaltlich zeigt sich Partizipation durch »das Anhören« und »die Einflussnahme der Kinder« im Interaktionsprozess (ebd. S. 60). Weitergabe und Aneignung sind zentrale Aspekte kulturellen Lernens. Dieses Lernen trägt damit Züge des impliziten, expliziten, aber auch intentionalen Lernens (Liegle 2017). Dieses können Kinder sowohl mit Erwachsenen als auch mit Peers erfahren. Annedore Prengel (2016) und Ulrich Heimlich (2017) zeigen auf, dass das Spiel der Kinder eine besondere Rolle einnimmt, um Partizipation zu erleben. Angeknüpft wird dabei an die Forschung zu »Peer-Culture« (Corsaro 2015) und zur Ko-Konstruktion (Youniss 1994). Die herausgestellten Handlungsmuster sind auch im Spiel keine Selbstverständlichkeit – darauf weist die empirische Bildungsforschung hin (Heimlich in diesem Band). Um inklusive Frühpädagogik umzusetzen, bedarf es gut ausgebildeter pädagogischer Fachkräfte, die nicht nur einen sensiblen pädagogisch-praktischen Habitus ausgebildet haben, sondern auch über wissenschaftlich-reflexive Kompetenzen verfügen, um die eigenen Praktiken und

Routinen, aber auch das System der Bildung und Erziehung differenziert zu durchdringen (u. a. Helsper 2001). Insgesamt gilt es dabei, auch Frühe Bildung neu einzuordnen und zu verstehen.

5 Ausblick

Die Forderung nach einem inklusiven Bildungssystem stärkt nicht nur einen menschenrechtsbasierten Ansatz in Erziehung und Bildung, sondern entspricht einem für das 21. Jahrhundert auf Vielfalt ausgerichteten Bildungssystem. Das Recht auf Bildung wurde historisch noch nie so deutlich für alle proklamiert wie in den neueren Texten der Vereinigten Nationen. Dies entfaltet eine starke Dynamik, Gesellschaften im 21. Jahrhundert auf der Basis von Vielfalt, Teilhabe und Partizipation weiterzuentwickeln. Mit der Anerkennung der Kindertageseinrichtungen als wichtige Bildungsorte zeichnet sich ein Bedeutungswandel für diese ab. Deutlich wird – mit Fokus auf die Heterogenität – aber auch, wie sich Bildsamkeit nicht nur durch die Eigenkonstruktion der Subjekte vollzieht, sondern wie pädagogische Praktiken diese nicht nur unterstützen, sondern auch zu verhindern vermögen:

> »Entscheidend ist ihm [*Bernfeld*] zufolge die Frage: ›Wie ist das Kind?‹ Die ›großen Pädagogen‹ aber verwechseln für ihn Beobachter und Beobachtetes: ›Sie sehen nicht das Kind, wie es ist, sondern im Grund nur das Kind und sich selbst, eins aufs andere bezogen. Und wenn sie selbst von sich abstrahieren könnten, es interessierte sie gar nicht, wie das Kind an und für sich ist, sondern einzig, wie man aus ihm etwas anderes bilden könnte. Das Kind ist Mittel zum theologischen, ethischen, sozialutopischen Zweck‹ (1967, S. 36 f.)« (Bühler-Niederberger & Sünker 2006, S. 28).

Eine inklusive Pädagogik erkennt die Eigenkonstruktion der jungen Kinder an, die die Welt aus ihrer Perspektive ordnen und verstehen. Kindern dafür im pädagogischen Alltag Resonanz und Mitwirkung zu ermöglichen, d. h. an sozio-kulturelles Lernen anzuknüpfen, das wird mit inklusiver Bildung und Erziehung deutlicher als je zuvor in der Pädagogik.

Literatur

Ahnert, Lieselotte & Haßelbeck, Hendrik (2014): Entwicklung und Kultur. In: Ahnert, Liselotte (Hrsg.): Theorien der Entwicklungspsychologie. Heidelberg, S. 26–59.
Anders, Yvonne (2013): Stichwort: Auswirkungen frühkindlicher, institutioneller Bildung und Betreuung. In: Zeitschrift für Erziehungswissenschaft, 16, S. 237–275.
Amirpur, Donja (2020): Intersektionalität reloaded. Ableismus und Rassismus in der Frühen Kindheit. In: König, Anke & Heimlich, Ulrich (Hrsg): Inklusion in Kindertageseinrichtungen. Stuttgart.
Autorengruppe Bildungsberichterstattung (2018): Bildung in Deutschland 2018. Berlin.
Autorengruppe Fachkräftebarometer (2019): Fachkräftebarometer Frühe Bildung 2019. Weiterbildungsinitiative Frühpädagogische Fachkräfte. München.
Baader, Meike Sophie (2018): Kinder als Akteure oder wie ist das Kind als Subjekt zu denken? Historische Kontexte, relationale Verhältnisse, pädagogische Traditionen, neue Perspektiven. In: Bloch, Bianca; Cloos, Peter; Koch, Sandra; Schulz, Marc & Smidt, Winfried (Hrsg.): Kinder und Kindheiten. Frühpädagogische Perspektiven. Weinheim, S. 22–39.
Baader, Meike Sophie (2004): Der romantische Kindheitsmythos und seine Kontinuität in der Pädagogik und in der Kindheitsforschung. In: Zeitschrift für Erziehungswissenschaft, 3, S. 416–431.
Beutin, Anna; Flämig, Katja & König, Anke (2018): Hilfearrangements in integrativen Kindertageseinrichtungen. Ethnographische Annäherungen an Teilhabe von Kindern im integrativen Alltag. In: Bloch, Bianca; Cloos, Peter; Koch, Sandra; Schulz, Marc & Smidt, Winfried (Hrsg.): Kinder und Kindheiten. Frühpädagogische Perspektiven. Weinheim, S. 165–176.
Bühler-Niederberger, Doris & Sünker, Heinz (2006): Das Kind im Blick. Sozialisationsforschung, Kindheitssoziologie und die Frage nach der gesellschaftlich-generationalen Ordnung. In: Andresen, Sabine & Diehm, Isabell (Hrsg.): Kinder, Kindheit, Konstruktion. Erziehungswissenschaftliche Perspektiven und sozialpädagogische Verortungen. Wiesbaden, S. 25–52
Bruner, Jerome (1997): Wie das Kind sprechen lernt. Göttingen.
Corsaro, William H. (2015): The Sociology of Childhood. London.
Cusati Müller, Medea; Wustmann Seiler, Corina; Simoni Heidi & Hedderich, Ingeborg (2019): Die Teilhabe von Kindern an Sustained Shared Thinking im Freispiel. Einflüsse von Geschlecht und Alter der Kinder. In: Frühe Bildung, 8/3, S. 153–160.
Deutsches Jugendinstitut/Weiterbildungsinitiative Frühpädagogische Fachkräfte (Hrsg.) (2011): Frühe Bildung – Bedeutung und Aufgaben der pädagogischen Fachkraft. Grundlagen für die kompetenzorientierte Weiterbildung. WiFF Wegweiser Weiterbildung, Band 4. München.
Dörpinghaus, Andreas; Poenitsch, Andreas & Wigger, Lothar (2009): Einführung in die Theorie der Bildung. 3. Auflage. Darmstadt.
Flämig, Katja & Beutin, Anna (2020): Kinder und ihre Beiträge zur Konstitution von Alltag in integrativen Kindertageseinrichtungen. In: König, Anke (Hrsg.): Wissenschaft für die Praxis. Weinheim.

Geiger, Christina (2019): Da ist mehr möglich! Bundesweite Befragung von Einrichtungen der Kindertagesbetreuung zur Personalentwicklung. Weiterbildungsinitiative Frühpädagogische Fachkräfte, WiFF-Studien, Band 32. München.

Habermas, Jürgen (2009): Es beginnt mit dem Zeigefinger. Der Verhaltensforscher Michael Tomasello hat ein bahnbrechendes Buch über »Die Ursprünge der menschlichen Kommunikation« geschrieben. ZEIT online, 10. Dezember 2009.

Heimlich, Ulrich (2017): Das Spiel mit Gleichaltrigen in Kindertageseinrichtungen. Teilhabechancen für Kinder mit Behinderung. Weiterbildungsinitiative Frühpädagogische Fachkräfte, WiFF Expertisen, Band 49. München

Heimlich, Ulrich (2020): Kinder mit Behinderungen. Freies Spiel als genuiner Ort für Partizipation. In: König, Anke & Heimlich, Ulrich (Hrsg.): Inklusion in Kindertageseinrichtungen. Stuttgart.

Heimlich, Ulrich & Ueffing, Claudia (2020): Von der Theorie zu guter pädagogischer Praxis. Der Leitfaden für inklusive Kindertageseinrichtungen – Bestandsaufnahme und Entwicklung. In: König, Anke/Heimlich, Ulrich (Hrsg.): Inklusion in Kindertageseinrichtungen. Stuttgart.

Helsper, Werner (2001): Praxis und Reflexion. Die Notwendigkeit einer »doppelten Professionalisierung« des Lehrers. In: Journal für Lehrerinnen- und Lehrerbildung 3/2001, S. 7–15.

Hopf, Michaela (2012): Sustained Shared Thinking im frühen naturwissenschaftlich-technischen Lernen. Münster.

Kasüschke, Dagmar (2010): Didaktik in der Pädagogik der frühen Kindheit. Kronach: Carl Link.

Krettenauer, Tobias (2014): Der Entwicklungsbegriff in der Psychologie. In: Ahnert, Lieselotte (Hrsg.): Theorien der Entwicklungspsychologie. Heidelberg, S. 2–25.

Kobelt Neuhaus, Daniela (2020): »Inklusive Vernetzung«. Kindestageseinrichtungen im Sozialraum. In: König, Anke & Heimlich, Ulrich (Hrsg.): Inklusion in Kindertageseinrichtungen. Stuttgart.

König, Anke (im Erscheinen): Internationale frühpädagogische Ansätze zur Gestaltung von Bildungs- und Lernprozessen. In: Roos, J. & Roux, S. (Hrsg.) (im Erscheinen): Handbuch Kindertageseinrichtungen. Wissenschaftliche Erkenntnisse für die Praxis. Köln.

König, Anke (2018): Bildung in frühpädagogischen Institutionen. In: Tippelt, R. & Schmidt-Hertha, B. (Hrsg.): Handbuch Bildungsforschung. Bd. 1. 4. Auflage. Wiesbaden, S. 415–430.

König, Anke (2009): Interaktionsprozesse zwischen ErzieherInnen und Kindern. Eine Videostudie aus dem Kindergartenalltag. Wiesbaden.

Lichtblau, Michael & Albers, Timm (2020): Inklusion und Übergang von der Kita in die Grundschule. Analyse aktueller Bedingungen und zukünftiger Entwicklungsaufgaben. In: König, Anke & Heimlich, Ulrich (Hrsg.): Inklusion in Kindertageseinrichtungen. Stuttgart.

Liegle, Ludwig (2018): Beziehungspädagogik. Erziehung, Lehren und Lernen als Beziehungspraxis. Stuttgart.

Maywald, Jörg (2010): UN-Kinderrechtskonvention: Bilanz und Ausblick. In: Bundeszentrale für Politische Bildung (Hrsg.): Aus Politik und Zeitgeschichte 38/2010, S. 8–15.

http://www.bpb.de/apuz/32519/un-kinderrechtskonvention-bilanz-und-ausblick (1.5.2016).

Melhuish, Edward (2015): A review of research on the effects of Early Childhood Education and Care (ECEC) upon child development. Oxford.

Nungesser, Frithjof (2011): Michael Tomasello: Auf experimentalpsychologischem Wege zu einer kognitiven Kulturtheorie. In: Moebius, Stephan & Quadflieg, Dirk (Hrsg.): Kultur. Theorien der Gegenwart. Wiesbaden, S. 671–682.

OECD (2011): PIAS in focus, does participation in pre-primary education translate into better learning outcomes at school? Paris.

Panagiotopoulou, Argyro (2020): Inklusion und Migration. Zur Konstruktion von und zum Umgang mit ›migrationsbedingter Heterogenität‹ in Kindertageseinrichtungen und Schulen. In König, Anke & Heimlich, Ulrich (Hrsg.): Inklusion in Kindertageseinrichtungen. Stuttgart.

Prengel, Annedore (2020): Pädagogik der Vielfalt im Kindergarten. Ein Überblick. In: König, Anke & Heimlich, Ulrich (Hrsg.): Inklusion in Kindertageseinrichtungen. Stuttgart.

Prengel, Annedore (2019): Pädagogik der Vielfalt. Verschiedenheit und Gleichberechtigung in Interkultureller, Feministischer und Integrativer Pädagogik. 4. Auflage. Wiesbaden.

Prengel, Annedore (2016): Bildungsteilhabe und Partizipation in Kindertageseinrichtungen. München.

Rauschenbach, Thomas & Meiner-Teubner, Christiane (2019): Kita-Ausbau in Deutschland. Der Bedeutungszuwachs der Frühen Bildung bietet viele Chancen, stellt aber auch hohe Anforderungen. Zehn Thesen. DJI-Impulse, 1/2019, S. 4–9.

Reyer, Jürgen (2015): Die Bildungsaufträge des Kindergartens. Geschichte und aktueller Status. Weinheim/Basel: Beltz Juventa.

Rogoff, Barbara; Alcalá, Lucia; Coppens, Andrew D.; López, Angelica; Ruvalcaba, Omar & Silva, Katie G. (2014): Children learning by observing and pitching-in in their families and communities. Special Issue, Human Development.

Scheiwe, Kirsten (2009): Bildung und Betreuung in Kindertageseinrichtungen und Vorschule in Europa. RdJB, 1, S. 63–77.

Siraj, Iram et al. (2016): Fostering Effective Early Learning. University of Wolongong.

Siraj-Blatchford, Iram (2009): Conceptualising progression in the pedagogy of play and sustained shared thinking in early childhood education: A Vygotskian perspective. In: Educational & Child Psychology, 26 (2), S. 77–89.

Siraj-Blatchford, Iram; Sylva, Kathy; Murlock, S.; Gilden, R. & Bell, D. (2002): The effective pedagogy in the early years (DfES research Rep 356). London.

Spieß, C. Katharina (2014): Was sind die Kosten versäumter Bildungschancen? In: Spinath, Birgit (Hrsg.): Empirische Bildungsforschung. Heidelberg, S. 109–122.

Sylva, Kathy; Melhuish, Edward; Sammons, Pam; Siraj-Blatchford, Iram & Taggart, Brenda (2004). The effective provision of pre-school education [EPPE] project effective pre-school education: A longitudinal study funded by the DfES 1997–2004 London: DfES.

Sylva, Kathy; Melhuish, Edward; Sammons, Pam; Siraj, Iram & Taggart, Brenda with Smees, Rebecca; Toth, Katalin & Welcomme, Wesley (2014): Students' Educational and Developmental Outcomes at age 16. Effective Pre-school, Primary and Secondary Education EPPSE 3-16 project. (Accessed on 12/03/2016) https://www.gov.uk/govern ment/uploads/system/uploads/attachment_data/file/351496/RR354Studentseducatio nal_and_developmental_outcomes_at_age_16.pdf

Tenorth, Heinz-Elmar (2011): Inklusion im Spannungsfeld von Universalisierung und Individualisierung – Bemerkungen zu einem pädagogischen Dilemma. Vortrag: 13.10.2011 zur Tagung »Schule auf dem Weg zur Inklusion – Unterschiedliche Leistungen als Herausforderung« des Zentrums für Lehrerbildung und Bildungsforschung der Universität Würzburg.

Tietze, Wolfgang et al. (1998): Wie gut sind unsere Kindergärten. Neuwied.

Tomasello, Michael (2006): Die kulturelle Entwicklung des menschlichen Denkens. Frankfurt am Main.

UN-Behindertenrechtskonvention. Beauftragte der Bundesregierung für die Belange von Menschen mit Behinderungen (Hrsg.) (2017). Berlin. Vortrag, Würzburg.

Vermeer, Harriet J. et al. (2016): Quality of Child Care Using the Environment Rating Scales: A Meta-Analysis of International Studies.

Wagner, Petra (2020): Bildungsteilhabe und Vorurteilsbewusste Bildung und Erziehung In: König, Anke & Heimlich, Ulrich (Hrsg.): Inklusion in Kindertageseinrichtungen. Stuttgart.

Weiß, Hans (2020): Kinder in Armut und sozialer Benachteiligung. Konsequenzen für inklusive Kindertagesstätten. In: König, Anke & Heimlich, Ulrich (Hrsg.): Inklusion in Kindertageseinrichtungen. Stuttgart.

Youniss, James (1994): Soziale Konstruktion und psychische Entwicklung. Frankfurt a. M.

Zirfas, Jörg (2011): Bildung. In: Kade, Jochen; Helsper, Werner; Lüders, Christian; Egloff, Birte; Radtke, Frank.-Olaf & Thole, Werner (Hrsg.): Pädagogisches Wissen. Erziehungswissenschaft in Grundbegriffen. Stuttgart: Kohlhammer, S. 13–19.

Pädagogik der Vielfalt im Kindergarten[1].
Ein Überblick

Annedore Prengel

Das Kennzeichen von Pädagogik der Vielfalt ist, dass sie mit allen Kindern arbeitet, weil sie niemanden ausschließt. Pädagogik der Vielfalt ist gleichbedeutend mit Inklusiver Pädagogik[2], international auch übereinstimmend

---

1 Die Bezeichnung »Kindergarten« wird in diesem Beitrag für frühpädagogische Kindertageseinrichtungen verwendet, die Kinder vom ersten Lebensjahr an bis zum Schuleintritt aufnehmen, dabei werden immer wieder Gemeinsamkeiten zwischen Früh- und Schulpädagogik aufgegriffen. Der Beitrag beruht auf früheren Studien der Autorin und führt sie weiter (Prengel 2010, 2015, 2016, 2019a).
2 Der Begriff »Inklusive Pädagogik« wird teilweise vom Begriff »Integrative Pädagogik« unterschieden, teilweise werden beide aber auch gleichgesetzt. Während Inklusion bestimmt wird als umfassend und alle Gruppierungen einbeziehend, wird Integration im Gegensatz dazu definiert als eingeschränkt, punktuell und nur Lernende mit Behinderungen einbeziehend. Andererseits haben Inklusive und Integrative Päd-

mit Diversity Education und Inclusive Education (Banks 2004). Darüber hinaus weisen diese Begriffe auch deutliche Gemeinsamkeiten u. a. mit Menschenrechtsbildung, Demokratieerziehung, Anti-Bias-Education und Social-Justice-Education auf. In den so bezeichneten Ansätzen fließen Strömungen zusammen, die sich mit einer unabschließbaren Reihe an Differenzlinien hierarchiekritisch auseinandersetzen und gemeinsam haben, dass sie eine Pädagogik des Abbaus von Diskriminierungen anstreben.[3]

Der folgende Beitrag bietet einen Überblick über wesentliche Elemente der Pädagogik der Vielfalt im Elementarbereich. Zunächst werden menschenrechtliche und theoretische Grundlagen sowie ausgewählte historische Voraussetzungen vorgestellt. Wichtige Bausteine der Praxis Inklusiver Frühpädagogik auf fünf Handlungsebenen sind Gegenstand des zweiten Teils.

1 Menschenrechtliche Grundlagen

Pädagogik der Vielfalt beruht in allen Arbeitsfeldern der Bildung und Erziehung, einschließlich der Frühpädagogik, auf gemeinsamen Grundlagen, die menschenrechtlich verbindlich, theoretisch fundiert, empirisch erforscht und alltäglich erprobt sind. Die Prinzipien der Menschenrechte *Freiheit*, *Gleichheit* und *Solidarität* bieten angesichts der in den verschiedenen gesellschaftlichen Teilsystemen vorzufindenden Ungleichheiten, Unfreiheiten und Feindseligkeiten eine Orientierung für die Ausrichtung von Bildungspolitik, pädagogischer Forschung und Kindergartenpraxis[4]. Die menschenrechtlichen Prinzipien wurden mit der Allgemeinen Erklärung der Menschenrechte zur Grundlage demokratischer Verfassungen. Die Philosophie der Menschenrechte klärt darüber auf, dass diese drei Prinzipien eng miteinander zusammenhängen und für alle Bereiche demokratischer Gesellschaften wegweisend sind (Bielefeldt 2006). In der Kinderrechtskonvention und in der Behindertenrechtskonvention werden die Menschenrechte im Hinblick auf Kinder und Menschen mit Behinderungen ausbuchstabiert; sie sind wegweisend für die inklusive Frühpädagogik, in deren

---

agogik bedeutende Gemeinsamkeiten, weil sie auf eine lange gemeinsame Geschichte seit den siebziger Jahren des 20. Jahrhunderts zurückblicken können.
3 Vgl. Deutsche Kinder- und Jugendstiftung 2013; Wagner 2013; Piezunka u. a. 2017.
4 Vgl. Maywald 2010, 2017; Rudolf 2014; Van der Voort 2001; Prengel 2012; Günnewig & Reitz 2017

Lerngruppen die heterogen sich entwickelnden und aufwachsenden, sehr jungen Menschen anzutreffen sind.

Kindergartenpädagogik dient demokratischen Entwicklungen, indem Annäherungen an die menschenrechtlichen Prinzipien der Freiheit, Gleichheit und Solidarität angestrebt werden. Wegweisend ist zunächst die Orientierung an *Gleichheit*, und auch wenn Formulierungen wie »jedes Kind« oder »alle Kinder« genutzt werden, wird alle Kinder einbeziehendes Gleiches angesprochen. Dabei geht es nicht um vollständige Gleichheit im Sinne von Identität und nicht um inhaltliche Gleichheit im Sinne von Angleichung oder Gleichschaltung, sondern um präzise benannte Hinsichten. Gleichheit soll u. a. in folgenden frühpädagogischen Hinsichten angestrebt werden:

- Gleichheit der Zugangsmöglichkeit zu frühpädagogischen Institutionen,
- Gleichheit hinsichtlich der in der Kinderrechtskonvention verbrieften Rechte auf Schutz, Förderung und Beteiligung,
- Gleichheit der Zugangsmöglichkeit zu für gesellschaftliche Teilhabe zentralen Bildungsbereichen einschließlich der elementaren Kulturtechniken,
- Gleichheit hinsichtlich der Erfahrung jedes Kindes, von den erwachsenen Erziehenden als wertvolles Mitglied der Kita-Gemeinschaft anerkannt zu werden und einen wertvollen Beitrag dazu zu leisten zu dürfen,
- Erziehung zu Selbstachtung und wechselseitiger Anerkennung aller Kinder untereinander als gleichberechtigte Mitglieder der Kindergruppe,
- Gleichheit jedes Kindes, seine Freiheit nutzen zu dürfen.

Darin, dass menschenrechtliche *Freiheit* jedem Kind zukommt, zeigt sich der Zusammenhang von Gleichheit und Freiheit, der im grundlegenden Prinzip der *gleichen Freiheit* gefasst wird. Gleiche Freiheit soll frühpädagogisch u. a. in folgenden Hinsichten angestrebt werden:

- Freiheit jedes Kindes, in seiner Einzigartigkeit anerkannt zu werden; aus der die Freiheit für eine Vielfalt der Lebensformen und Lernwege in der als heterogen anerkannten Kindergruppe folgt,
- Freiheit jedes Kindes, seinen ureigensten Beitrag zur Gemeinschaft leisten zu dürfen und darin anerkannt zu werden,
- Freiheit jedes Kindes, nach eigenen Wünschen zu spielen und sich beim Lernen eigenen Themen und Interessen zu widmen,
- Erziehung zu freiheitlicher Anerkennung aller Kinder untereinander, so dass sie lernen, sich wechselseitig als freie Menschen zu respektieren.

Wenn in intergenerationalen und intragenerationalen Verhältnissen gleiche Freiheit intersubjektiv angestrebt wird, kommt das menschenrechtliche Prinzip der *Solidarität* zum Tragen. Erwachsene können sich in der Frühpädagogik als solidarisch den Kindern gegenüber u. a. in folgenden Hinsichten erweisen:

- Solidarität als Verantwortung der Erwachsenen für gesundheits- und entwicklungsförderliche psychische und physische Grundversorgung aller Kinder im Kindergarten,[5]
- Solidarität der Erwachsenen als verantwortliche Klärung der Hinsichten, in denen Kinder das Recht haben, gleiche Freiheit zu genießen,
- Solidarität der Erwachsenen als verantwortliche Klärung jener für Teilhabe als wesentlich erachteten kulturellen Errungenschaften, deren Aneignung Kindern (individuell angemessen differenziert) autoritativ-partizipativ zugemutet und deren Transformation ihnen freiheitlich zugestanden wird,
- Erziehung zu wechselseitiger Solidarität der Kinder untereinander.

Die Orientierung an den Menschenrechten bezieht sich im Bildungswesen immer auf zwei relationale Perspektiven: Hier geht es sowohl »intergenerational« um die solidarisch angestrebte gleiche Freiheit im Generationenverhältnis als auch »intragenerational« um die solidarisch angestrebte gleiche Freiheit der Heranwachsenden untereinander. Die Gestaltung des Generationenverhältnisses wird von der »Entwicklungstatsache« mit bestimmt, aus der folgt, dass Erwachsene – entwicklungsentsprechend in abnehmender Tendenz – Träger von Verantwortung und Macht den Aufwachsenden gegenüber sind.

2 Sozial- und bildungsphilosophische Grundlagen

In sozial- und bildungsphilosophischen Untersuchungen wird das theoretische Fundament der Pädagogik der Vielfalt – und das heißt der Inklusiven Pädagogik – herausgearbeitet. Theoretische Grundbegriffe sind unter anderem *Heterogenität, Nichtidentisches, Differenz, Différance, Diversity, Pluralität, Vielfalt*. Als weitere Theoriebausteine Inklusiver Pädagogik werden u. a. *Anerkennung, Bildung, Bedürfnis und Partizipation* genutzt.

---

5 Vgl. Becker-Stoll 2019; Baader u. a. 2014; Noddings 2009

Die mit dem Begriff der Heterogenität[6] und den verwandten Begriffen verbundenen Denkfiguren wurden international in unterschiedlichen Kontexten herausgearbeitet und enthalten im Kern zugleich eine starke gemeinsame Bedeutung. Der Begriff »heterogen« wurde in der altgriechischen Kategorienlehre des Aristoteles (384–322 v. Chr.) definiert als »*verschiedenes, das einander nicht untergeordnet ist*«. Damit geht ein egalitäres und hierarchiekritisches Verständnis von Verschiedenheit einher, das auch für die folgenden Begriffe bestimmend ist. Der Begriff des *Nichtidentischen* und mehr noch der Begriff der *Differenz* hatten im zweiten Drittel des 20. Jahrhunderts von der Kritischen Theorie der Frankfurter Schule und von der französischen Postmoderne ausgehend Konjunktur. Mit diesen Begriffen wird eine nicht hierarchisierende, nicht diskriminierende und nicht festschreibende Denkweise bezeichnet. In diesem Verständnis wird von der *Vielschichtigkeit, Veränderlichkeit, Vernetztheit* und *Unbestimmbarkeit* der einzelnen Menschen und der kollektiven Gruppierungen ausgegangen. *Diversity* geht auf die amerikanische Bürgerrechtsbewegung zurück und wendet sich gegen Segregation und Diskriminierung. Mit *Pluralität* und *Vielfalt* wird die Wertschätzung von Verschiedenheit auf den Begriff gebracht.

Gemeinsam ist den Begriffen *Heterogenität, Nichtidentisches, Differenz, Différance, Diversity, Pluralität, Vielfalt* – trotz ihrer unterschiedlichen Entstehungskontexte – der Verzicht auf die Hierarchisierung, Festschreibung und Trennung von Verschiedenem. Mit dem Verzicht auf Hierarchisierung geht eine Verpflichtung auf Gleichheit einher. Mit dem Verzicht auf Festschreibung geht eine Verpflichtung auf Freiheit für Vielfalt einher. Mit dem Verzicht auf Trennung geht eine Verpflichtung auf solidarische Gemeinsamkeit einher. Dieser komplexe Zusammenhang kommt in der politisch-sozialen Sprache als *Gleichberechtigung, intersubjektive Freiheit* sowie der *Solidarität mit Fremden* zum Ausdruck und wird auch in der Denkfigur der *egalitären Differenz* gefasst.

Darüber hinaus sind für Inklusive Pädagogik das *Recht auf Bildung*, die bedürfnisgemäße feinfühlig-solidarische *Anerkennung* der gleichen Freiheit und der *Partizipation* aller Lernenden bestimmend. Die umfassend empirisch begründeten Bildungs-, Bedürfnis-, Anerkennungs-, Partizipations- und Sozialisationstheorien weisen darauf hin, dass Kindern und Jugendlichen ein Gleichheitsrecht auf Bildung zukommt und dass sie auf feinfühlige Anerkennung ihrer persönlichen Bedürfnisse sowie auf Teilhabe in ihren Bildungsprozessen angewiesen sind, wenn gute individuelle Potentialentfaltung möglich sein soll (Prengel 2019b, 2016; König 2014).

---

6 Vgl. mit ausführlichen Quellenangaben Prengel 2014

Die sozial- und bildungsphilosophischen Grundlagen der Inklusiven Pädagogik weisen enge Bezüge zu den menschenrechtlichen Grundlagen auf. Diese Bezüge kommen im oben erläuterten Konzept einer solidarisch vertretenen gleichen Freiheit für Vielfalt zum Ausdruck. Die wohl weitestgehende und anhand der genannten Theorien begründete Konzeption inklusiver Teilhabe der Verschiedenen wurde von der Philosophin Julia Kristeva und dem Sonderpädagogen Charles Gardou (2012, S. 46) vorgelegt, indem sie postulieren, es gehe darum, »*jedem zu gewähren, seinen ureigensten Beitrag zur Gemeinschaft zu leisten*«. Diese Autoren artikulieren mit *Verletzlichkeit* einen weiteren Grundbegriff der Inklusion, indem sie die universelle Verletzlichkeit aller Menschen herausstellen und damit unser aller Angewiesenheit auf Zugehörigkeit und Solidarität bewusst machen.

3 Historische Voraussetzungen

Das Modell der Inklusiven Pädagogik als Pädagogik der Vielfalt hat sich aufgrund langjähriger *historischer Entwicklungen* herausgebildet. Bildungsgeschichtliche Analysen zeigen, dass Spuren integrativer Tendenzen schon in mittelalterlichen Bildungswelten gefunden werden können und seit dem 17. Jahrhundert, also seit ca. 500 Jahren, immer deutlicher Gestalt annehmen (Lindemann u. a. 2019). Zugleich ist Inklusion im Bildungswesen bis heute unvollendet geblieben und stellt eine bedeutsame Zukunftsaufgabe demokratischer Gesellschaften dar.

Als Meilensteine auf dem langen Weg zur inklusiven Pädagogik der Vielfalt gelten unter anderem eine Reihe von Institutionen und Personen, die als Vorläufer gemeinsamen Lernens angesehen werden können. Für die folgende holzschnittartige Aufstellung historischer Meilensteine wird eine Perspektive gewählt, in der Zusammenhänge zwischen schulpädagogischen und frühpädagogischen Entwicklungen in den Blick kommen.

Meilensteine auf dem langen Weg zur Inklusiven Pädagogik[7]:

- Prominent wurden die frühmodernen Entwürfe einer Bildung von klein auf für alle von Johann Amos Comenius (1592–1670) aus dem *17. Jahrhundert*.

---

7 Quellenagaben zu den hier dargelegten Meilensteinen in Aden-Grossmann 2011; Lindemann u. a. 2019; Prengel 2016; Krappmann u. a. 2013; Franke-Meyer 2011

- Im Geiste der Aufklärung entstanden am Ende des *18. Jahrhunderts* die stände- und religionenübergreifenden sowie zum Teil auch geschlechterübergreifenden philanthropischen Musterschulen. Sie wurden auch hinsichtlich der Entstehung frühpädagogischer Ansätze einflussreich.
- Um die Kinder der Arbeiterinnen während der beginnenden Industrialisierung nicht verelenden zu lassen, richtete *zu Beginn des 19. Jahrhunderts* die philanthropische Regentin Pauline zur Lippe ihre – als erste ihrer Art geltende – Kinderbewahranstalt in Lippe-Detmold ein.
- Friedrich Fröbel und weitere Personen, wie Henriette Breymann-Schrader, schufen die Kindergartenpädagogik und bis heute einflussreiche pädagogische Angebote, zu denen das Kreisspiel, das Freispiel und die Spielgaben gehören.
- Im *Laufe des 19. Jahrhunderts* kam es zur Verwirklichung der allgemeinen Unterrichtspflicht in ständisch segregierenden niederen und höheren Bildungseinrichtungen, die vor allem in höheren Schulen auch nach Geschlechtern trennten, sowie zu ersten Sondereinrichtungen.
- Die reformpädagogischen Modelle für individualisiertes kindorientiertes Lernen in Kindergärten und Schulen entstanden in der Zeit der *Wende vom 19. zum 20. Jahrhundert*. Dazu gehören das Bekanntmachen der pädagogischen Formen der Freiarbeit, des Kreisgesprächs und der Projektarbeit[8].
- Im Laufe des *20. Jahrhunderts* fanden in den international sich modernisierenden Gesellschaften Bildungsreformen statt. Geschaffen wurden zunehmend integrierende Schulformen mit dem Ziel der Grundbildung und der meritokratischen Chancengleichheit für alle Kinder und Jugendlichen unterschiedlicher sozialer Herkünfte. In Deutschland kam diese Entwicklung mit der Gründung der Grundschule zu Beginn der Weimarer Republik in Gang; ihr hundertjähriges Jubiläum wird im Jahr 2019 gefeiert. Das flächendeckende Angebot einer qualitativ hochwertigen frühen Bildung gilt als grundlegend für die Realisierung von Chancengleichheit (Rabe-Kleberg 2010).
- Inklusive Pädagogik entwickelte sich meist von Kindergärten ausgehend international (in deutschsprachigen Ländern vor allem in punktuellen sogenannten »integrativen« Schulversuchen) in der *zweiten Hälfte des 20. Jahrhunderts*. Wie nie zuvor sollten alle Kinder unabhängig von ihren kognitiven, sozial-emotionalen und körperlich heterogenen Lernausgangslagen aufgenommen werden. Mit dem Inkrafttreten der Behindertenrechtskonvention stellt sich die Gesellschaft die Aufgabe, Inklusive Pädagogik flächendeckend auf allen Bildungsstufen zu implementieren.

---

8 Vgl. Knauf u. a. 2007; Lorentz 1993

Die Meilensteine der Geschichte der Frühpädagogik im Kontext des Bildungswesens sind zugleich Teil gesamtgesellschaftlicher Strömungen. Vielfältige, auf einzelne Gruppierungen bezogene soziale Bewegungen und ihre Bemühungen um Bildung nahmen Einfluss auf die historischen Entwicklungsprozesse und sind auch weiterhin einflussreich. Dazu gehörten und gehören so unterschiedliche Einzelströmungen wie die Arbeiterbewegung, die Frauenbewegung, die Bewegungen der Menschen mit Behinderungen, die interkulturellen und antirassistischen Bürgerrechtsbewegungen, die Kinderrechtebewegung, die Schwulenbewegung, die Palliativbewegung und andere. Die aus ihnen hervorgegangenen einzelnen pädagogischen Konzeptionen verbindet, dass sie alle – ihre partikularistischen gruppenbezogenen Interessen überschreitend – auf den universellen Menschenrechten fußen. Sie alle fließen zusammen in der Inklusiven Pädagogik und den ihr entsprechenden Ansätzen, die unter den Namen Pädagogik der Vielfalt, *Diversity-Education*, *Anti-Bias-Education*, *Social Justice Education* verhandelt werden. Damit ist eine vielfaltsbewusste Allgemeine Pädagogik entstanden.

Anhand der historischen und zeitdiagnostischen Analysen lassen sich für die skizzierte mehr als vierhundert Jahre andauernde Bildungsentwicklung holzschnittartig drei verschiedene Bildungsmodelle rekonstruieren, die sich teilweise auch gleichzeitig überschneiden: Das traditionelle *feudale Modell der ständisch geprägten Bildungsordnung* trennt die Lernenden geburtsständisch und hierarchisch vor allem nach ihrer Standeszugehörigkeit und darüber hinaus auch nach geschlechtlichen, religiösen, ethnischen und anderen Gruppierungen. Bis heute sind diese hierarchischen Trennungen im Bildungswesen einflussreich. Das *Bildungsmodell der aufgeklärten und zunehmend demokratischen Moderne* kritisiert die geburtsständische Statusbegründung und stellt ihm die leistungsbezogene Statuszuordnung entgegen. Diese strebt an, ständische Festschreibungen zu überwinden, allen zu erlauben, sich gut zu entwickeln, ihre Leistungsfähigkeit zu entfalten und sich am Wettbewerb um gesellschaftliche Positionierungen zu beteiligen. Das an Chancengleichheit orientierte, soziale Mobilität ermöglichende moderne Bildungsmodell empfinden wir als gerechter als das statische ständisch geprägte Bildungsmodell. Zugleich sind in der *Spätmoderne* Schattenseiten der modernen Leistungskonkurrenz bewusst geworden. Das meritokratische Prinzip wird kritisiert, weil es für die Verlierer im Wettbewerb keine Quelle von Anerkennung bereit hält, weil es die unsichtbaren Leistungen vieler, die in die sichtbaren Leistungen einzelner eingewandert sind, ignoriert, weil es Angst vor Statusverlust schürt, zu Vereinsamung führt und die Dimension der Solidarität vernachlässigt. Mit dem inklusiven – durch plurale soziale Bewegungen und pluralitätsphilosophisch inspirierten – Wertschätzen vielfältiger Lebensweisen und Lernausgangslagen entstehen historisch erstmals früh- und schulpädagogische Bildungseinrichtungen, die bewusst und gewollt alle Kinder und Jugendlichen aufnehmen, ihre Vielfalt und Gemeinsamkeit anerkennen und explizit mit heterogenen Lerngruppen arbeiten. Inklusive Pädagogik kann auf den über Jahrhunderte entstandenen pädagogisch-geistigen und pädagogisch-praktischen Errungenschaften der Bildung für alle aufbauen. Sie kann die auf der Basis vielseitiger reformpädagogischer Konzeptionen entwickelten pädagogischen Formen des Freispiels, der Freiarbeit, des Kreisspiels, des Kreisgesprächs, der kreativen Projektaktivitäten, der Partizipation sowie der persönlich differenzierenden Förderung und demokratischen Gemeinschaftspflege nutzen (Prengel 2016).

4 Praxisbezogene Handlungsperspektiven

Das Modell der Inklusiven Pädagogik umfasst komplexe Entwicklungen, die sich – wie bisher erläutert – an den Menschenrechten ausrichten, wissenschaftlich begründet sind und auf einer langen historischen Vorgeschichte beruhen.[9] Inklusive Entwicklungen in Bildungseinrichtungen lassen sich in fünf Handlungsperspektiven aufgefächert pointiert und knapp zusammenstellen. In jeder der fünf Perspektiven kommt eine Handlungsebene in den Blick, es handelt sich um die institutionelle, die professionelle, die relationale, die didaktische und die bildungspolitisch-finanzielle Ebene. Innovationen auf allen fünf Handlungsebenen hängen zusammen, sind voneinander abhängig und vermögen es, einander zu stärken und zu intensivieren (Preuß 2018). Die fünf Handlungsebenen lassen sich wiederum auffächern in einzelne Bausteine.

4.1 Institutionelle Ebene

1. *Sozialräumliche Nähe:* Alle Kinder werden ohne Ausgrenzung in eine gemeinsame sozialräumlich nahe Kindertagesstätte aufgenommen. Die Gleichheit des institutionellen Zugangs ohne Ausgrenzung kann auf verschiedene Weise, z. B. über Wohnortnähe oder Nähe zum elterlichen Arbeitsplatz erreicht werden.

---

9 Vgl. Amirpur & Platte 2017; Knauf 2009; Lingenauber 2008

2. *Externe institutionelle Kooperation:* Frühpädagogische Institutionen arbeiten verbindlich zusammen mit Eltern, Beratungsstellen, Frühförderung, Jugendhilfe, anderen Kitas, Schulen, Betrieben, Freizeiteinrichtungen, kommunalen Stellen und weiteren Institutionen im Sozialraum.
3. *Interne institutionelle Entwicklung:* In Kindergärten tätige Teamangehörige orientieren sich an einem menschenrechtlich begründeten Leitbild und den darauf fußenden Qualitätsstandards. In einer demokratischen Einrichtungsordnung werden gruppenübergreifende Rituale und Regeln mit Partizipationsstrukturen verankert. Im Sinne einer *Caring Community* wird für das Wohlbefinden der Kinder sowie der Erwachsenen Sorge getragen. Die Zugehörigkeit aller Kinder zur Kita-Gemeinschaft wird gepflegt. Bei Bedarf können temporäre Lerngruppen oder phasenweise 1:1-Betreuungssituationen innerhalb der inklusiven Kindertagesstätte gebildet werden.

Zur Bedeutung der institutionellen Ebene kann gesagt werden, dass hier weitreichende Strukturen zu schaffen sind, die inklusive Prozesse auf anderen Ebenen, vor allem auf der professionellen, der interpersonellen und der didaktischen Ebene maßgeblich unterstützen. Sie ermöglichen es, dass alle Beteiligten sich auf gemeinsame Orientierungen verlassen können und einander wechselseitig Halt geben.

4.2 Professionelle Ebene

4. *Kooperation:* Die kontinuierliche professionelle Zusammenarbeit in den Teams wird im wöchentlichen Arbeitsplan verbindlich verankert. Intervision beziehungsweise Supervision dienen sowohl der langfristigen präventiven als auch der interventiven Fallarbeit. Fortbildungen dienen kontinuierlich der gemeinsamen Qualitätsentwicklung im Team.[10]
5. *Personalausstattung:* An den einzelnen Einrichtungen werden feste multiprofessionelle personelle Grundausstattungen verankert. Einzelfallbezogen werden situationsspezifisch externe sonderpädagogische, psychologische, motopädagogische oder therapeutische Beratung (vorwiegend im Sinne des Coachings) in Anspruch genommen.

Zur professionellen Ebene ist festzuhalten: Intensive verbindliche Kooperation, angemessene Personalausstattung und die Möglichkeit in befriedigen-

---

10 Vgl. Sulzer & Wagner 2011; Heimlich 2008; Ritz 2013

dem Ausmaß externe Experten zu Rate zu ziehen, sind die in der Literatur wohl am meisten genannten Gelingensbedingungen Inklusiver Pädagogik. Wenn Inklusion als nicht ausreichend erfolgreich beklagt wird, werden regelmäßig der Mangel an kontinuierlichen Kooperationsmöglichkeiten, an genügend guter Fortbildung und an ausreichender externer Unterstützung für die Probleme verantwortlich gemacht.

4.3 Beziehungsebene

6. *Pädagogische Beziehung:* Die gute Beziehung zwischen Erziehenden und Kindern bildet ein Herzstück inklusiver frühpädagogischer Arbeit[11]. Feinfühliges anerkennendes pädagogisches Handeln und der Verzicht auf diskriminierende und verletzende Adressierungen sowie auf vernachlässigendes Ignorieren sind bestimmend für inklusives Beziehungshandeln. Eine Halt gebende Beziehung mit feinfühliger Bindung zu einer Bezugserzieherin ist von existentieller Bedeutung vor allem für traumatisierte Kinder, die schon körperlichen, sexualisierten, vernachlässigenden und miterlebten Formen der Gewalt ausgesetzt waren.[12]
7. *Peer-Beziehungen:* Zur Inklusiven Pädagogik gehört das Bemühen um die Kultivierung guter Beziehungen der Kinder untereinander. Sie brauchen eine auch in den Regeln und Ritualen des Kindergartens verankerte Anleitung zu Selbstachtung und Anerkennung der Anderen. Das menschenrechtliche Prinzip der wechselseitigen Anerkennung wird exemplarisch in der kindgerechten Aufforderung »Tu Dir selbst und Anderen nicht weh!« konkret[13].

Mit Aufmerksamkeit für die Beziehungsebene ist eine für alle gemeinsame, auf wechselseitiger Anerkennung beruhende Einrichtungskultur zentral für die Entwicklung von Inklusion. Die Anerkennung jedes einzelnen Kindes oder Jugendlichen kommt zum Ausdruck in der Anerkennung der Person, im Engagement für ihre soziale, kreative und kognitive Potentialentfaltung, im Bemühen um einen individuell bestmöglichen Entwicklungs- und Lern-

---

11 Vgl. Pianta 2014; Kalicki 2014. Ausführlich thematisieren zum Beispiel auch die »Reckahner Reflexionen zur Ethik pädagogischer Beziehungen« (2017) die Notwendigkeit der Pflege guter pädagogischer Beziehungen
12 Vgl. Bausum u. a. 2013; Becker & Prengel 2016; Katzenbach 2015; Heimlich 2013
13 Ich danke Klaus Kokemoor für den Hinweis auf diese Formulierung. Vgl. auch Kron 2008

erfolg und im Verzicht auf Diskriminierung und Etikettierung. Diese Haltung wird wiederum gefördert durch verbindliche Teamarbeit und Supervision.

4.4 Didaktische Ebene

8. *Didaktische Säule obligatorisches Lernen:* Es gehört zur Verantwortung der Erziehenden, im Kindergartenalltag sicherzustellen, dass sich jedes Kind lebenswichtige Fähigkeiten so intensiv wie individuell angemessen aneignen kann. Wenn Zugänge zu kulturellen Errungenschaften, wie zum Beispiel zu elementaren Kulturtechniken und Bildungsbereichen, erschlossen werden, leistet die Frühpädagogik einen Beitrag zur Chancengleichheit
9. *Didaktische Säule fakultatives Lernen:* Freiräume und Materialien für gemeinsame und individuelle Projekte werden angeboten, um die Auseinandersetzung mit frei wählbaren Themen und Interessen der Kinder zu ermöglichen. In der Tradition der Kindergartenpädagogik werden seit langem Erfahrungen mit Kinderfreiheit beim Spielen und Lernen gemacht. Sie bilden eine wichtige Säule Inklusiver Didaktik.
10. *Didaktische Diagnostik:* Zur Inklusion gehört eine Einheit von professioneller Diagnostik und Didaktik. Pädagogische Fachkräfte nehmen alltäglich wahr, was ein Kind zu einem Zeitpunkt kann und welche Entwicklungs- und Lernschritte individuell als nächstes anstehen[14].

Die didaktischen Säulen des obligatorischen und des fakultativen Lernens sind in jeder guten Bildungskonzeption – allerdings in unterschiedlich gewichteten Anteilen – verankert. Es käme einer unverantwortlichen Vernachlässigung gleich, würde man Kindern nicht nahebringen und abverlangen, dass sie sich, so weitgehend wie es individuell immer möglich ist, Kompetenzen der Schriftsprache, des Rechnens und anderer sozial- und naturkundlicher sowie polyästhetischer Bildungsbereiche[15] aneignen. Und es käme einer ebenso unverantwortlichen Fremdbestimmung gleich, würde man Bildung gestalten wollen, ohne für Kinder Entscheidungsfreiheiten im Hinblick auf Themen und Aktivitäten zu ermöglichen. Die obligatorische und die fakultative Säule sind nur analytisch getrennt zu betrachten, da sie sich überschneiden und wechselseitig stützen können. Um obligatorische

---

14 Vgl. Geiling u. a. 2015; Knauf 2017
15 Vgl. Röhner 2014; Hopf 2014

und fakultative pädagogische Angebote realisieren zu können, bedarf es einer vorbereiteten Umgebung mit vielseitigen Materialien für alle Entwicklungsstufen, auf denen sich Kinder bewegen.

4.5 Finanzielle und bildungspolitische Ebene

11. *Ausstattung:* Personelle und materielle Ressourcen aus bisher noch getrennten Sonder- und Regelsystemen fließen in Inklusiven Bildungsbereichen zusammen. Auf diese Weise kann zur Überwindung der Ressourcenknappheit beigetragen werden. Darüber hinaus gibt es einen weitreichenden Konsens darüber, dass frühpädagogische Fachkräfte unbedingt besser zu entlohnen sind als bisher.
12. *Systematische Implementation:* Eine planvolle Qualitätssicherung ist von Bedeutung, um sicher zu stellen, dass der Erkenntnisstand zu den Gelingensbedingungen von Inklusion alltäglich zum Tragen kommt.

Auf der finanziellen und bildungspolitischen Ebene werden all jene Entscheidungen getroffen, die dazu führen, dass angemessene Strukturen und Arbeitsbedingungen geschaffen werden, die den Erfolg einer inklusiven Bildung von Anfang an zu ermöglichen.

Die Bausteine der Inklusiven Pädagogik entsprechen Ansätzen, die tendenziell in jeder guten Pädagogik, auch wenn noch segregierende Bedingungen überdauern, enthalten sein können. Denn die Verantwortlichen jeder guten Pädagogik werden sich bemühen, niemanden auszuschließen, ihre pädagogische Kultur und ein demokratisches Zusammenleben gemeinsam zu entwickeln, verbindlich zu kooperieren, in Krisen externe Beratung in Anspruch zu nehmen, differenzierend zu fördern, gute pädagogische Beziehungen und Peer-Beziehungen zu pflegen und sich für geeignete bildungspolitische Maßnahmen und ausreichende Ausstattung mit personellen und materiellen Ressourcen einzusetzen.

Literatur

Aden-Grossmann, Wilma (2011): Der Kindergarten: Geschichte – Entwicklung – Konzepte. Weinheim/Basel.
Amirpur, Donja & Platte, Andrea (Hrsg.) (2017): Handbuch Inklusive Kindheiten. Opladen und Toronto.

Baader, Meike Sophia; Eßer, Florian & Schröer, Wolfgang (2014): Kindheiten in der Moderne. Eine Geschichte der Sorge. In: dies. (Hrsg.): Kindheiten in der Moderne. Eine Geschichte der Sorge. Frankfurt am Main, S. 7–20.

Banks, J. A. (2004): Diversity and Citizenship Education. Global Perspectives. Jossey-Bas: San Francisco.

Bausum, Jacob; Besser, Lutz; Kühn, Martin & Weiß, Wilma (2013): Traumapädagogik: Grundlagen, Arbeitsfelder und Methoden für die pädagogische Praxis. Weinheim und Basel.

Becker-Stoll, Fabienne (2019): Entwicklungspsychologische Grundlagen pädagogischer Interaktionsqualität in Kita und Schule. In: Prengel, Annedore & Schmitt, Hanno (Hrsg.): Netzpublikationen des Arbeitskreises Menschenrechtsbildung in der Rochow-Akademie Reckahn http://paedagogische-beziehungen.eu/wp-content/uploads/2019/01/BeckerStoll2018_Interaktionsqualit%C3%A4t.pdf (7.2.2019)

Becker, Ulrike & Prengel, Annedore (2016): Pädagogische Beziehungen mit emotional-sozial beeinträchtigten Kindern und Jugendlichen – Ein Beitrag zur Inklusion bei Angst und Aggression. In: Meyer, M. & Zimmermann, D. (Hrsg.): Ausgrenzung und Teilhabe. Perspektiven einer kritischen Sonderpädagogik auf emotionale und soziale Entwicklung. Bad Heilbrunn.

Bielefeldt, Heiner (2006): Freiheit, Gleichheit, Solidarität in den Menschenrechten. Bad Boll. http://www.ev-akademie-boll.de/fileadmin/res/otg/510406-Bielefeldt.pdf (13.03.2018).

Bundesministerium für Familie, Senioren, Frauen und Jugend (BMFSFJ) (2014/1992): Übereinkommen über die Rechte des Kindes. VN-Kinderrechtskonvention im Wortlaut mit Materialien. Bekanntmachung vom 10.7.1992 – BGBl S. 990. Berlin.

Deutsche Kinder- und Jugendstiftung (2013): Kitanetzwerk – Demokratie von Anfang an. www.dkjs.de/aktuell/meldung/news/kitanetzwerk-demokratie-von-anfang-an-wirkt-weit-ueber-programmende-hinaus/ (22.01.2016).

Diehm, Isabell; Kuhn, Melanie; Machold, Claudia & Mai, Miriam (2013): Ethnische Differenz und Ungleichheit. Eine ethnographische Studie in Bildungseinrichtungen der frühen Kindheit. In: Zeitschrift für Pädagogik, H. 5, S. 644–656.

Franke-Meyer, Diana (2011): Kleinkindererziehung und Kindergarten im historischen Prozess. Ihre Rolle im Spannungsfeld zwischen Bildungspolitik, Familie und Schule. Bad Heilbrunn.

Geiling, Ute; Liebers, Katrin & Prengel, Annedore (2015) (Hrsg.): Handbuch ILEA-T. Individuelle Lern-Entwicklungs-Analyse im Übergang. Martin-Luther-Universität Halle-Wittenberg. http://ilea-t.reha.uni-halle.de/das_handbuch_ilea_t/ (11.12.2015)

Günnewig, Kathrin & Reitz, Sandra (2017): Inklusive Menschenrechtsbildung in der frühen Kindheit. In: Amirpur, Donja & Platte, Andrea (Hrsg.): Handbuch Inklusive Kindheiten. Opladen und Toronto, S. 301–320.

Heimlich, Ulrich (2008): Qualität. In: Lingenauber, Sabine (Hrsg.): Handlexikon der Integrationspädagogik. Band 1 Kindertageseinrichtungen. Bochum/Freiburg, S. 168–172.

Heimlich, Ulrich (2013): Kinder mit Behinderung – Anforderungen an eine inklusive Frühförderung. Weiterbildungsinitiative Frühpädagogische Fachkräfte, WiFF Expertisen, Band 33. München.

Hopf, Michaela (2014): Didaktische Konzepte für bereichsspezifische Bildungsangebote. In: Braches-Chyrek, Rita; Röhner, Charlotte; Sünker, Heinz & Hopf, Michaela (Hrsg.): Handbuch Frühe Kindheit. Opladen/Berlin/Toronto, S. 615–625.

Kalicki, Bernhard (2014): Kindliche Entwicklung und die Bedeutung pädagogischer Beziehungen. In: Prengel, Annedore & Winklhofer, Ursula (Hrsg.): Kinderrechte in pädagogischen Beziehungen. Band 1: Praxiszugänge. Opladen/Berlin/Toronto, S. 47–56.

Katzenbach, Dieter (2015): Anerkennung und Teilhabe, In: König, Lilith & Weiß, Hans (Hrsg.): Anerkennung und Teilhabe für entwicklungsgefährdete Kinder. Leitideen in der interdisziplinären Frühförderung. Stuttgart, S. 15–23.

Knauf, Helen (2017): Bildungsdokumentation in der Frühpädagogik. Instrument für Inklusive Bildung? S. 594–605.

Knauf, Tassilo; Düx, Gislinde & Schlüter, Gisela (2007): Handbuch Pädagogische Ansätze: Praxisorientierte Konzeptions- und Qualitätsentwicklung in Kindertageseinrichtungen. Berlin.

König, Anke (2014): Bildungsteilhabe im Sinne der Kinderrechte aus interaktionistischer Perspektive. Empirische Einblicke in die Bildungsorte Familie und Kindergarten. In: Prengel, Annedore & Winklhofer, Ursula (Hrsg.): Kinderrechte in pädagogischen Beziehungen. Band 2: Forschungszugänge. Opladen/Berlin/Toronto, S. 173–182.

Krappmann, Lothar; Kerber-Ganse, Waltraut; Prengel, Annedore & Schmitt, Hanno (Hrsg.): Die Sehnsucht nach Anerkennung. Kinderrechte in Geschichte und Gegenwart. Reckahn.

Kristeva, Julia & Gardou, Charles (2012): Behinderung und Vulnerabilität. In: Lüdtke, Ulrike & Braun, Otto (Hrsg.): Behinderung, Bildung und Partizipation. Enzyklopädisches Handbuch der Behindertenpädagogik, Band 8. Sprache und Kommunikation. Stuttgart, S. 39–48.

Knauf, Helen (Hrsg.) (2009): Frühe Kindheit gestalten. Perspektiven zeitgemäßer Elementarbildung. Stuttgart.

Kron, Maria (2008): »Integration als Einigung – Integrative Prozesse und ihre Gefährdungen auf Gruppenebene.« In: Kreuzer, Max & Ytterhus, Borgunn (Hrsg.): »Dabeisein ist nicht alles.« Inklusion und Zusammenleben im Kindergarten. München/Basel, S. 189–199.

Lindemann, Anke; Link, Jörg; Prengel, Annedore & Schmitt, Hanno (2019): Inklusive Tendenzen in der langen Geschichte der Grundbildung – Historische Spurensuche zum 100-jährigen Bestehen der Grundschule (eingereicht). In: Zeitschrift für Grundschulforschung, 12. Jg.

Lingenauber, Sabine (Hrsg.) (2008): Handlexikon der Integrationspädagogik. Band 1: Kindertageseinrichtungen. Bochum.

Lorentz, Gerda (1993): Freispiel im Kindergarten. Freiburg

Maywald, Jörg (2010): UN-Kinderrechtskonvention: Bilanz und Ausblick. In: Bundeszentrale für Politische Bildung (Hrsg.): Aus Politik und Zeitgeschichte 38/2010, S. 8–15. http://www.bpb.de/apuz/32519/un-kinderrechtskonvention-bilanz-und-ausblick (1.5.2016)

Maywald, Jörg (2017): Das Kind als Träger eigener Rechte. Vorgaben der UN-Kinderrechtskonvention. In: Amirpur, Donja & Platte, Andrea (Hrsg.) (2017): Handbuch Inklusive Kindheiten. Opladen und Toronto, S. 321–335.

Noddings, Nel (2009): Care. In: Adresen, Sabine & Casale, Rita u. a. (Hrsg.): Handwörterbuch Erziehungswissenschaft. Weinheim/Basel, S. 106–118.

Pianta, Robert C. (2014): Children cannot be successful in the classroom unless they are successful in relationships – Analysen und Interventionen zur Verbesserung von Lehrer-Schüler-Beziehungen. In: Prengel, Annedore & Winklhofer, Ursula (Hrsg.): Kinderrechte in pädagogischen Beziehungen. Band 2: Forschungszugänge. Opladen/Berlin/Toronto, S. 127–141.

Piezunka, Anne; Schaffus, Tina & Grosche, Michael (2017): Vier Verständnisse von schulischer Inklusion und ihr gemeinsamer Kern. Ergebnisse von Experteninterviews mit Inklusionsforscherinnen und -forschern. In: Unterrichtswissenschaft, 45 (4), S. 207–222.

Prengel, Annedore (2010): Inklusion in der Frühpädagogik. Bildungstheoretische, empirische und pädagogische Grundlagen. Expertise für das Deutsche Jugendinstitut, Reihe der Weiterbildungsinitiative Frühpädagogische Fachkräfte (WiFF 5), Münchenl.

Prengel, Annedore (2012): Inklusion als unabschließbare Demokratisierung in der Frühpädagogik. In: Heinrich-Böll-Stiftung (Hrsg.): Diversität und Kindheit. Frühkindliche Bildung, Vielfalt und Inklusion. Ein Dossier von Migration-Integration-Diversity – dem migrationspolitischen Portal der Heinrich-Böll-Stiftung. Berlin, S. 19–29.

Prengel, Annedore (2014): Heterogenität oder Lesarten von Gleichheit und Freiheit in der Bildung. In: Koller, Hans-Christoph; Casale, Rita & Ricken, Nobert (Hg.): Heterogenität – Zur Konjunktur eines pädagogischen Konzepts. Paderborn, S. 45–67.

Prengel, Annedore (2015): Pädagogik der Vielfalt: Inklusive Strömungen in der Sphäre spätmoderner Bildung (Hauptartikel). In: Erwägen Wissen Ethik. Forum für Erwägungskultur, herausgegeben von Frank Benseler; Bettina Blanck; Reinhard Keil & Werner Loh, Jg. 26, Heft 2, S. 157–168.

Prengel, Annedore (2016): Bildungsteilhabe und Partizipation in Kindertageseinrichtungen. WiFF Expertise Nr. 47 DJI: München. URL: http://www.weiterbildungsinitiative.de/publikationen/details/data/bildungsteilhabe-und-partizipation-in-kindertageseinrichtungen/?L=0.

Prengel, Annedore (2019a): Pädagogik der Vielfalt. Verschiedenheit und Gleichberechtigung in Interkultureller, Feministischer und Integrativer Pädagogik. 4. Auflage. Wiesbaden (1. Auflage 1993).

Prengel, Annedore (2019b): Pädagogische Beziehungen zwischen Anerkennung, Verletzung und Ambivalenz. 2. überarbeitete Auflage. Opladen & Farmington Hills: Barbara Budrich (1. Auflage 2013).

Preuß, Bianca (2018): Inklusive Bildung im schulischen Mehrebenensystem. Behinderung, Flüchtlinge, Migration und Begabung. Wiesbaden.

Rabe-Kleberg, Ursula (2010): Bildungsarmut von Anfang an? Über den Beitrag des Kindergartens im Prozess der Reproduktion sozialer Ungleichheit. In: Krüger, Hein-Hermann; Rabe-Kleberg, Ursula; Kramer, Rolf-Torsten & Budde, Jürgen (Hrsg.): Bildungsungleichheit revisited. Bildung und soziale Ungleichheit vom Kindergarten bis zur Hochschule. Wiesbaden, S. 44–54.

Reckahner Reflexionen zur Ethik pädagogischer Beziehungen (2017): Rochow-Edition: Reckahn, http://www.rochow-museum.uni-potsdam.de/reckahnerreflexionen.html, (1.12.2018).

Ritz, Manuela (2013): Adultismus – (un)bekanntes Phänomen: »Ist die Welt nur für Erwachsene gemacht?« In: Wagner, Petra (Hrsg.): Handbuch Inklusion. Grundlagen vorurteilsbewusster Bildung und Erziehung. Freiburg/Basel/Wien, S. 165–173.

Röhner, Charlotte (2014): Bildungspläne im Elementarbereich. In: Braches-Chyrek, Rita; Röhner, Charlotte; Sünker, Heinz & Hopf, Michaela (Hrsg.): Handbuch Frühe Kindheit. Opladen/Berlin/Toronto, S. 601–613.

Rudolf, Beate (2014): Kinderrechte als Maßstab pädagogischer Beziehungen. In: Prengel, Annedore & Winklhofer, Ursula (Hrsg.): Kinderrechte in pädagogischen Beziehungen, Band 1: Praxiszugänge. Opladen/Berlin/Toronto, S. 21–31.

Siebholz, Susanne & Winter, Daniele (2014): Peers in der frühen Kindheit. In: Braches-Chyrek, Rita; Röhner, Charlotte; Sünker, Heinz & Hopf, Michaela (Hrsg.): Handbuch Frühe Kindheit. Opladen/Berlin/Toronto, S. 397–408.

Sulzer, Annika/Wagner, Petra (2011): Inklusion in Kindertageseinrichtungen. Qualifikationsanforderungen an die Fachkräfte. Weiterbildungsinitiative Frühpädagogische Fachkräfte, WiFF-Expertisen, Band 15. München.

Van der Voort, Dörte (2001): Die Rechte der Kinder in unseren Kindertagesstätten. Plädoyer für eine neue pädagogische Praxis. In: Güthoff, Friedhelm & Sünker, Heinz (Hrsg.): Handbuch Kinderrechte. Partizipation, Kinderpolitik, Kinderkultur. Münster, S. 191–200

Wagner, Petra (Hrsg.) (2013): Handbuch Inklusion: Grundlagen vorurteilsbewusster Bildung und Erziehung. Freiburg.

Kinder mit Behinderungen. Freies Spiel als genuiner Ort für Partizipation

Ulrich Heimlich

Vorbemerkung

Aus der nunmehr schon langjährigen Zusammenarbeit mit dem Deutschen Jugendinstitut (DJI) und insbesondere mit dem Projekt »Weiterbildungsinitiative Frühpädagogische Fachkräfte (WiFF)« ist folgende Beitrag entstanden, der auf der Expertise »Das Spiel mit Gleichaltrigen in Kindertageseinrichtungen. Teilhabechancen für Kinder mit Behinderung« (Heimlich 2017) beruht. Damit war es nach über 20 Jahren möglich, erneut eine Forschungsübersicht zum gemeinsamen Spiel von Kindern mit und ohne Behinderung in Kindertageseinrichtungen zu erstellen. Insofern ist die Arbeit daran in Teilen auch zu einem kleinen historischen Rückblick auf die Anfänge der Integrationsentwicklung im Elementarbereich der BRD geraten.

Gegenwärtig muss die Bedeutung des Spiels auch im Bereich der Frühpädagogik erneut nachhaltig betont werden. Gerade angesichts zunehmender Tendenzen zur Verschulung des Elementarbereichs ist es wieder einmal angezeigt, auf die zentrale Entwicklungsbedeutsamkeit des Spiels in den ersten Lebensjahren hinzuweisen. Offenbar muss das Recht des Kindes auf Spiel, wie es die UN-Kinderrechtskonvention von 1989 betont hat, gegenwärtig verstärkt eingefordert werden. Das gilt auch und ganz besonders für inklusive Settings in Kindertageseinrichtungen. Insofern hoffe ich, dass die folgende Übersicht auch dazu einen Beitrag leisten kann.

Kapitel 1 enthält zunächst eine Verständigung über den grundlegenden Zusammenhang von Spiel und Inklusion. In Kapitel 2 werden die Ergebnisse eines internationalen Forschungsüberblicks systematisch zusammengestellt und ausgewertet. Darauf aufbauend kann in Kapitel 3 nach den Konsequenzen für die professionelle Tätigkeit von frühpädagogischen Fachkräften gefragt werden.

Ein weiteres zentrales Anliegen des Beitrages ist es, einige trügerische Gewissheiten zum kindlichen Spiel zu erschüttern. Vielfach wird gerade in der Qualifikation frühpädagogischer Fachkräfte angenommen, dass als bekannt vorausgesetzt werden kann, was unter Spiel zu verstehen sei. Wer allerdings in die einschlägige Literatur zum Thema schaut, wird dort eine große Unsicherheit in der Begriffsbestimmung feststellen. Auch die Gleichsetzung des Freispiels mit einer Methode (Lorentz 1992) verstellt eher den Blick auf das freie Spiel von Kindern und ihre fantasievollen Eigenkreationen, als dass die Kinder tatsächlich zur Freiheit im Spiel anregt würden. Weder eine Didaktik des Spiels noch Interventionen in kindliche Spieltätigkeit sind ohne weiteres möglich, ohne den Charakter des Spiels zu zerstören. Gerade in der Ausbildung von frühpädagogischen Fachkräften bedarf es von daher einer grundlegenden Neuorientierung im Bereich der spielpädagogischen Qualifikation.

1 Spiel und Inklusion – eine Grundlegung

Mit dem Inkrafttreten der UN-Behindertenrechtskonvention (UN-BRK) steht die Bundesrepublik laut Artikel 24 vor der Aufgabe, ein inklusives Bildungssystem auf allen Ebenen zu entwickeln. Der Elementarbereich und damit die Kindertageseinrichtungen sollen unter dem neuen bildungspolitischen Leitbild der Inklusion ebenfalls weiterentwickelt werden (Heimlich 2013,

2015a, 2015b). Zum Prüfstein gerät dabei zunehmend die Frage nach der Partizipation von Kindern an diesem Prozess. Bezogen auf Kinder mit Behinderung stellt sich die Frage der Teilhabe noch einmal in weitaus radikalerer Weise. Hier gilt es sicher auch neue Partizipationsmöglichkeiten zu entdecken, die tatsächlich allen Kindern Teilhabechancen eröffnen (Heimlich & Behr 2013a, 2013b; Heimlich 2008a, 2008b). Das kindliche Spiel gewinnt vor diesem Hintergrund eine herausragende Bedeutung, weil es eine kindgemäße Tätigkeit ist und zugleich enorme Einflüsse auf Bildung und Entwicklung hat.

1.1 Bedeutung des Spiels in der kindlichen Entwicklung

Die Attraktivität des kindlichen Spiels besteht aus der Perspektive der Kinder gerade darin, eine Kontrolle über die äußere Wirklichkeit zu erlangen, die sie im alltäglichen Leben noch nicht erreichen können. Dazu ist Fantasie erforderlich, das Aushandeln des So-tun-als-ob, das Vereinbaren des Spielcharakters einer konkreten Handlung. Dies sind die wesentlichen Gründe, warum Kinder zu allen Zeiten und in allen Kulturen in mehr oder weniger großem Umfang Spieltätigkeiten aus eigenem Antrieb aufgenommen haben. Der kanadische Sozialpsychologe Joseph A. Levy hat diese Merkmale des Spiels in einer bis heute gültigen Definition als »*Intrinsisic Motivation*«, »*Internal Locus of Control*« und »*Supension of reality*« bezeichnet (Levy 1978, S. 19). Immer dann, wenn in einer kindlichen Tätigkeit diese Merkmale überwiegen, können wir davon ausgehen, dass es sich um Spieltätigkeiten handelt. Zugleich geht Levy von der Annahme aus, dass Kinder über diese Spieltätigkeiten ihre Persönlichkeit entfalten (*unfolding of individuality*). Auf dieser Basis kann davon ausgegangen werden, dass jede Spieltätigkeit, die diese Merkmale in vollem Umfang erfüllt, als Freispiel bzw. freies Spiel zu bezeichnen ist (Wannack u. a. 2011).

Im Laufe der kindlichen Entwicklung, besonders in den ersten zehn Lebensjahren erweitert sich das Spektrum der kindlichen Spielformen zunehmend (Zimpel 2014; Mogel 2008). Während sie in den ersten Lebensjahren im Spiel vorrangig ihre soziale und materielle Umwelt erkunden (Explorationsspiel) und besonders an den taktilen Eigenschaften von Gegenständen und deren Funktionsweise interessiert sind, lösen sie sich im Kindergartenalter zunehmend von konkreten Gegenständen und anwesenden Personen ab, um sich eine fiktionale Welt zu errichten. Das Gespräch mit imaginären Spielpartnern oder das Umfunktionieren von Alltagsgegenständen innerhalb eines Spielgeschehens öffnen in Verbindung mit der sprachlichen Entwicklung ein weites Feld von kreativen Gestaltungsmöglichkeiten. Aus diesem Phantasiespiel entwickeln sich im Grunde alle weiteren Spiele. Das Rollenspiel beginnt bereits in den Familienspielen oder dem Nachspielen von Filmszenen im Kindergartenalter und erweitert sich über die Vorführung kleinerer Spielszenen bis hin zum Theaterspielen. Während Kinder im Alter vor dem Schuleintritt Spielregeln meist noch sehr kreativ und phantasievoll auslegen und keineswegs als unantastbar betrachten, liegt in der Einhaltung der Spielregeln z. B. bei Brettspielen gerade der Reiz des gemeinsamen Spiels (Regelspiel). Im Bau- und Konstruktionsspiel werden schließlich die Grenzen des jeweiligen Materials ausgelotet, möglicherweise sogar erweitert oder es wird gleich mit eigenen Gestaltungen etwas Neues entworfen. Ein tragendes Element dieser Spielentwicklung in den ersten Lebensjahren ist die Peer-Beziehung, das Spiel mit Gleichaltrigen. Kinder handeln im Spiel ständig Regeln aus, sprechen darüber, wer mitspielen darf und wer nicht und v. a. wer das bestimmen darf. Sie übernehmen Rollen, die sie aus ihrem Alltag kennen, verändern diese und lernen so die Welt der Erwachsenen und deren Motive genauer kennen. Gerade im interkulturellen Vergleich wird klar ersichtlich, welche großen Unterschiede zwischen verschiedenen Kulturen auch in den sozialen Beziehungen von Kindern bestehen (Corsaro 2015). Während Konflikte zwischen Kindern in einem kulturellen Kontext das gemeinsame Spiel in der Gruppe der Gleichaltrigen in Frage stellen bzw. zum Abbruch führen, stiften gerade Konflikte und Auseinandersetzungen zwischen Kindern in einem anderen kulturellen Kontext ein Gefühl von Gemeinschaft und das Bedürfnis nach Gruppenbildungen (König 2007, 2008).

In der entwicklungspsychologischen Betrachtung des kindlichen Spiels hat sich vor diesem Hintergrund immer wieder gezeigt, welche vielfältigen Zusammenhänge zwischen Spieltätigkeiten und den verschiedenen Entwicklungsbereichen bestehen. Ganz im Sinne des Perspektivenwechsels, den auch Annedore Prengel in ihrer Expertise zur Partizipation einfordert (Prengel 2016), kann das kindliche Spiel aus unterschiedlichen Blickwinkeln betrachtet werden. Diese Perspektiven schließen sich nicht aus, sondern ergänzen sich und ergeben erst zusammen ein angemessenes Bild des kindlichen Spiels. Das Spiel von Kindern wirkt sich nach vorliegenden Erkenntnissen der modernen Entwicklungspsychologie sowohl auf die kognitive Entwicklung und die emotionale Entwicklung als auch auf die soziale, die sensomotorische Entwicklung und die biologische Entwicklung von Kindern aus, wie die moderne Hirnforschung gezeigt hat (Zimpel 2013). Im Ergebnis wird die Spieltätigkeit als eine multidimensionale Tätigkeit sichtbar, die in den ersten Lebensjahren im Grunde mit Lerntätigkeiten gleichgesetzt werden kann. Das Spiel ist mindestens im Alter bis zum Schuleintritt synonym zu sehen mit kindlichen Lernprozessen, in denen sie sich die Welt aneignen. Deshalb kann auch mit Fug und Recht behauptet werden, dass Kinder, die intensiv spielen können, gut vorbereitet sind auf die Schule (vgl. Heimlich 2015a, S. 198).

1.2 Inklusive Spielsituationen und Spielprozesse

Gerade die Multidimensionalität des Spiels bietet nun den Zugang zum inklusiven Potenzial kindlicher Spieltätigkeiten. Wenn das kindliche Spiel sich auswirkt auf die kognitive, die emotionale, die soziale, die sensomotorische und die biologische Entwicklung, dann sind die Teilhabechancen und die Teilhabemöglichkeiten für Kinder mit unterschiedlichen Fähigkeiten und Voraussetzungen in weitaus höherem Maße gegeben, als das in vielen anderen Tätigkeiten der Fall ist. Neben dem Fantasieelement des Spiels (bzw. der Darstellung) betonen Gerald Hüther und Christoph Quarch (Hüther & Quarch 2016) aus neurobiologischer und philosophischer Sicht als zentrale Signaturen des Spiels die Verbundenheit und die Freiheit. Spiel heißt in der Regel mit anderen spielen, richtet sich stets an ein Du und schafft so Gelegenheit zur Mitbestimmung. Aber auch die Losgelöstheit von bestimmten vorgegebenen Zwecken im Sinne von Selbstbestimmung ist einer der Gründe, warum Spieltätigkeiten von Kindern gesucht werden. Partizipation wird so zu einem Schlüssel für gelingende Bildungsprozesse in Kindertageseinrichtungen (Hansen 2015).

Von daher ist es auch nicht verwunderlich, dass das gemeinsame Spiel von Kindern mit und ohne Behinderung in inklusiven Settings einen zentralen Platz einnimmt (Kron u. a. 2010; Kron 2008; Heimlich 1995). Alle weiteren strukturierten und von den Fachkräften initiierten Angebote wie der Stuhlkreis, kreative Projekte und Trainingsprogramme bzw. Therapiemaßnahmen gruppieren sich um dieses Zentrum (Heimlich 2013). Kinder mit und ohne Behinderung begegnen sich im gemeinsamen Spiel, sie fragen nach ihren jeweiligen Fähigkeiten, Interessen und Bedürfnissen und versuchen daraus etwas Gemeinsames zu gestalten. Sie regen sich in solchen Spielprozessen gegenseitig zur Entwicklung an und erleben so intensive Prozesse des Voneinander-Lernens, sicher auch im Sinne einer vorurteilsbewussten Erziehung (*Anti-Bias-Education*, Wagner 2013). Das gemeinsame Spiel von Kindern mit und ohne Behinderung ist von daher in besonderer Weise geeignet, inklusive Momente hervorzubringen, die als Kern inklusiver Bildungsprozesse angesehen werden können (Heimlich 2017). Sie kom-

1 Spiel und Inklusion – eine Grundlegung

men immer dann zustande, wenn alle Kinder am Spiel teilhaben können und etwas zum Spiel beitragen können. Dahinter steht eine demokratische Konzeption von Pädagogik, wie sie der nordamerikanische Erziehungswissenschaftler und Philosoph John Dewey (1859–1952) entwickelt hat (Dewey 1916/1993). Demokratie meint hier allerdings nicht nur eine Herrschafts- oder Gesellschaftsform, sondern vielmehr eine Lebensform, die sich im Alltag von Menschen und auch in Bildungseinrichtungen auswirkt und spürbar wird (Himmelmann 2004). Das Spielen selbst hat demokratischen Charakter und ist deshalb inklusiv, weil es die Gleichheit der Mitspielenden voraussetzt und zugleich immense Freiheiten erlaubt, wie André Zimpel in seiner Darstellung des Regelspiels treffend hervorhebt (Zimpel 2014). Teilnahme und Teilhabe sind also in diesen inklusiven Spielmomenten ineinander verschränkt. Voraussetzungen dafür ist wiederum, dass Kinder ein aktives Interesse aneinander haben, aufeinander zugehen und sich so mit einem hohen Maß an gegenseitiger Aufmerksamkeit begegnen. Dieser »Ethos der Aufmerksamkeit« (Waldenfels 2004, S. 275) ist eine der Grundbedingungen für inklusive Bildungsprozesse, auch in Kindertageseinrichtungen und in der frühen Kindheit.

Inklusive Spielmomente können sich – wenn sie häufiger auftreten – zu inklusiven Spielprozessen erweitern, in denen ein gemeinsames Thema in einer heterogenen Spielgruppe über einen längeren Zeitraum etabliert und möglicherweise sogar immer wieder neu aufgegriffen wird. Gelingt es uns, diese inklusiven Spielprozesse zu verstetigen, so werden inklusive Spielsituationen möglich. Das sind solche Spielsituationen, in denen die Spielmit-

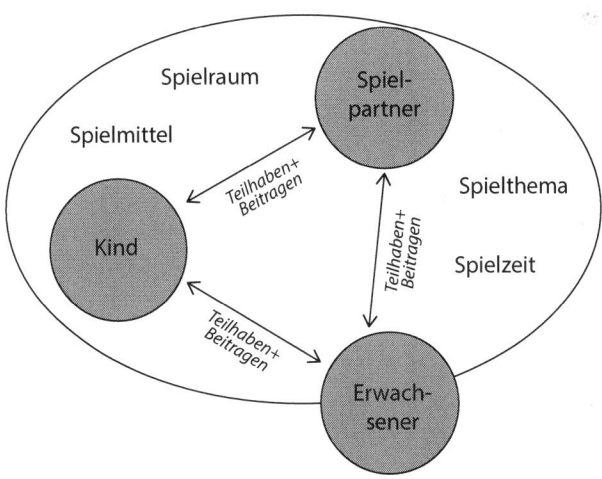

Abb. 1: Inklusive Spielsituationen (Quelle: Eigene Darstellung)

tel, die Spielräume, die Spielzeiten und die Spielpartner so bereitgestellt werden, dass alle Kinder teilhaben und alle etwas beitragen können. Erwachsene sind am Rand dieser inklusiven Spielsituationen zwar präsent, sind aber nicht aktiver Teil des gemeinsamen Spiels.

2 Spiel mit Gleichaltrigen in der Altersgruppe der 0–6-Jährigen

»Rettet das Spiel!« – so fordern Gerald Hüther und Christoph Quarch in ihrem Gang durch die Bedeutung des Spiels für den Menschen in Geschichte und Gegenwart (Hüther & Quarch 2016). Kinder spielen in den ersten sechs Lebensjahren ca. 15.000 Stunden, das sind etwa sieben Stunden täglich (Zimpel 2014). Damit ist unmittelbar evident, dass das Spiel Kindern in diesem Lebensabschnitt den Zugang zur Welt eröffnet. Entwicklung und Lernen finden in den ersten Lebensjahren überwiegend im Spiel statt. Diese Entwicklung beginnt allerdings nicht als individuelle oder isolierte. Sie ist vielmehr von vornherein auf Kooperation mit den Eltern und mit Gleichaltrigen bezogen. Kinder bringen ihre Welt mit anderen gemeinsam und in Auseinandersetzung mit ihrer räumlich-materiellen Umwelt hervor. Diese Entwicklung soll im Folgenden besonders bezogen auf das Spiel mit Gleichaltrigen (*Peers*) nachvollzogen werden.

2.1 Entwicklung der sozialen Spieltätigkeit in den ersten Lebensjahren

Spätestens wenn sich die Wachzeiten von Säuglingen in den ersten Lebensmonaten allmählich ausweiten und nicht mehr ausschließlich durch Hygiene und Nahrungsaufnahme bestimmt sind, werden spielerische Kontakte zu den Eltern interessant. In der zweiten Hälfte des ersten Lebensjahres spielen auch Beziehungen zu Gleichaltrigen allmählich eine Rolle, die sich vom Kontakt zu Erwachsenen unterscheiden. Peerbeziehungen sind durch die »… Gleichartigkeit oder zumindest Ähnlichkeit der Interaktionspartner, was Vorwissen, Status und das Verfügen von Macht über den anderen angeht …« (Viernickel 2013, S. 66), gekennzeichnet. Die Kindheitsforschung hat gezeigt, dass sich dabei eine eigene Kinderkultur (*Peer Culture*) herausbildet mit eigenen Regeln und Bedeutungen. Corsaro definiert Peer Culture als ein » ... stable set of activities or routines, artifacts, values, and concerns that children produce and share in interaction with peers« (Corsaro 2015, S. 19). Der Anfang der Kommunikation mit anderen wird offenbar durch das »Gestenspiel« mit ikonischen Gesten (im Unterschied zu bloßen »Zeigegesten«) gebildet, wodurch ein Austausch ohne Sprache möglich wird (Tomasello 2009, S. 159f.). Auf die Bedeutung von Peer-Beziehungen für Lernprozesse und die kognitive Entwicklung macht bereits James Youniss (1994) aufmerksam, in dem er den Aushandlungsprozess zwischen Peers hervorhebt. Unter der Voraussetzung einer »symmetrischen Reziprozität« (Youniss 1994, S. 51), in der sich die Beteiligten als gleichwertige Partner begegnen, können »Ko-Konstruktionen« entstehen (vgl. ebd., S. 19). Kinder lernen dabei sich in die Perspektive des Gegenübers hineinzuversetzen und gemeinsam neue Perspektiven zu entwickeln. Insofern können wir ebenso von »Kokreativität« im Spiel sprechen, weil offenbar aus der sozialen Beziehung auch neues entstehen kann (Hüther & Quarch 2016, S. 17).

Im gemeinsamen Spiel des ersten Lebensjahres kommt es beispielsweise zu Blickkontakten mit Lächeln, Lautäußerungen, Annäherungen und Berührungen (Viernickel 2013). Zum Ende des ersten Lebensjahres werden auch erste einfache Spiele mit der Nachahmung des Spielpartners oder dem Austausch von Spielobjekten möglich. Auch wenn die Sprache im zweiten Lebensjahr im gemeinsamen Spiel noch keine große Rolle spielt, so werden die Spielkontakte doch zunehmend komplexer. Einfache soziale Spiele (wie »Kuckuck«) können jetzt schon beobachtet werden. Auch Spielmittel gewinnen zunehmend die Funktion, soziale Kontakte anzubahnen, wenn Kinder die Möglichkeit dazu geboten wird. In den nun interessanten Zweier-Kontakten spielt die gegenseitige Nachahmung eine große Rolle, was Susanne Viernickel treffend »... als die ›Sprache‹ von Kleinkindfreundschaften bezeichnet ...« (Viernickel 2013, S. 69) hat.

Die sozialen Spieltätigkeiten entwickeln sich ab dem zweiten Lebensjahr in unterschiedlichen Spielformen (s. auch die ausführliche Darstellung bei Zimpel 2014). Mildred B. Parten hat bereits 1932 eine bis in die Gegenwart hinein gültige Systematik dazu vorgelegt. Basierend auf Beobachtungsstudien unterscheidet sie folgende Formen des sozialen Spiels, auch wenn damit keine Entwicklungslogik im Sinne eines vertikalen Modells angenommen werden kann (Heimlich 1995):

- *Beobachtungsspiel* (beobachtet Kinder beim Spielen, begibt sich nicht in das Spiel hinein, keine sichtbare Spielaktivität),
- *Alleinspiel* (spielt allein, Spielmittel unterscheiden sich von denen anderer Kinder, kein Versuch der Annäherung),

- *Parallelspiel* (spielt neben bzw. in der Nähe von anderen Kindern, Spielmittel ähneln sich oder sind gleich, keine Beeinflussung des Spiels anderer Kinder),
- *Assoziationsspiel* (spielt mit den anderen Kindern, gemeinsame Spieltätigkeit, Spielmittelaustausch, gleiche Tätigkeit für alle, Eigeninteressen sind untergeordnet),
- *Koalitives Spiel* (spielt in Gruppen, Eigeninteressen werden untergeordnet, gemeinsames Gruppenziel, feste Rolleneinordnung),
- *Kooperationsspiel* (spielt in Gruppen, gemeinsames Gruppenziel, arbeitsteilig, flexible Rollenübernahme, freiwillige Akte des Helfens).

In einer eigenen Beobachtungsstudie in integrativen Kindertageseinrichtungen (n = 10) ist auf der Basis von 200 Beobachtungsstunden über drei Zeiträume hinweg gezeigt worden, dass im ersten Kindergartenjahr (also bei Dreijährigen) die Spielformen »Selbstbeschäftigt«, »Beobachtungsspiel« und »Alleinspiel« mehr als 50 % der Spieltätigkeit von Kindern ausmachen und erst im Laufe des ersten Kindergartenjahrs eine Zunahme des Parallelspiels bei gleichzeitiger Abnahme des Alleinspiels zu verzeichnen ist (vgl. Heimlich 1995, S. 253f.). Dies kann allerdings auch altersabhängige Gründe haben, weil entfaltetes Kooperationsspiel insgesamt eher bei älteren Kindergartenkindern beobachtet wird. Viernickel (2013) weist zusätzlich darauf hin, dass Phantasieelemente erst später in das soziale Spiel einbezogen werden. Es kann jedoch davon ausgegangen werden, dass sich die weitere kognitive und sprachliche Entwicklung im Spiel vollzieht. Eine Situation zu einer Spielsituation umzudeuten erfordert nun zunehmend sprachliche und kognitive Fähigkeiten. Dass die zentralen kommunikativen Kompetenzen wie Rollendistanz, Empathie, Ambiguitätstoleranz und Identitätspräsentation ebenfalls im sozialen Spiel gelernt werden, ist seit langem bekannt (Heimlich 2015a).

Aus der Analyse von Freispielsituationen (Fried 2004, zit. n. Viernickel 2013) ist deutlich geworden, dass Kinder im Kindergartenalter über attraktive Spielinhalte, Rollen und Spielprozesse eigene Wissensbestände ausbilden (sog. *Scripts*), auf die sie immer wieder zurückgreifen, die sie aber auch weiterentwickeln und ausdifferenzieren. Überraschend ist dabei immer wieder, dass die Geschlechterrollen zu Beginn der Kindergartenzeit sehr genau abgegrenzt werden, auch wenn damit ebenfalls ein sozialer Zuschreibungsprozess bezeichnet ist und »Geschlecht als soziale Kategorie« (ebd.) angesehen werden muss. Offenbar haben die Spielerfahrungen in geschlechtshomogenen Gruppen der Jungen und der Mädchen eine enorme Bedeutung für die Herausbildung bzw. Ausdifferenzierung der Geschlechtsidentität (ebd., S. 72). Zusätzlich erwerben Kindergartenkinder im Spiel grundlegende Vorstellungen von Moral, indem sie in ihren Aushandlungsprozessen auf die Einhaltung der Regeln achten und Prinzipien von Fairness und Rücksichtnahme entwickeln und berücksichtigen. Offen ist die Frage, inwieweit Kinder in ihrer sozialen Spielentwicklung von altersheterogenen Gruppen profitieren. Leider gibt es dazu derzeit keine belastbaren empirischen Befunde (Viernickel 2013).

Es dürfte jedoch deutlich geworden sein, dass die Partizipationsmöglichkeiten von Kindern im Alter bis zu sechs Jahren bezogen auf soziale Spieltätigkeiten als sehr hoch einzuschätzen sind. Für die Partizipation in Kindertageseinrichtungen sind soziale Spieltätigkeiten mit Gleichaltrigen der Königsweg zu umfassender Teilhabe von Kindern. Es stellt sich nun die Frage, inwieweit das auch für Kinder mit Behinderung in integrativen bzw. inklusiven Settings gilt.

2.2 Soziale Spieltätigkeit in inklusiven Settings – Erweiterung der Forschungsperspektive

Michael J. Guralnick fordert bereits Anfang der 2000er Jahre alternative Ansätze zur Unterstützung von Peer-Beziehungen in inklusiven Settings (Guralnick 2001). Einen dieser alternativen Ansätze sieht er im Modell der »peer-related social competence«, die er definiert als »ability of young children to successfully and appropriately carry out their interpersonal goals« (ebd., S. 482). Die sozialen Kompetenzen in Peer-Beziehungen bezeichnet er demnach als Fähigkeit von jüngeren Kindern, erfolgreich und angemessen ihre interpersonalen Zielsetzungen zu verwirklichen. Soziale Spieltätigkeiten von jüngeren Kindern bieten viele Möglichkeiten, diese sozialen Kompetenzen zu entwickeln und zu erproben. Guralnick weist nun darauf hin, dass diese sozialen Kompetenzen von vielen Kindern erfolgreich erworben werden, Kinder mit Behinderung jedoch Schwierigkeiten dabei haben. In Freispielsituationen lassen sich diese Unterschiede noch am wenigsten nachweisen. Aber wenn es um das Erreichen spezifischer sozialer Kompetenzen gehe, dann werden Unterschiede deutlich. Kinder mit Behinderung spielen eher allein, haben Schwierigkeiten, in Kontakte mit Gleichaltrigen zu kommen, und gelangen nicht so häufig zu freundschaftlichen Beziehungen (ebd., S. 483). Möglicherweise liegt hier eine Erklärung dafür, dass es nach wie vor nur zu wenigen Freundschaften im Sinne reziproker Interaktion zwischen Kindern mit und ohne Behinderung kommt. Von daher misst er der Förderung von sozialen Kompetenzen über das peerbezogene Spiel eine hohe Bedeutung für gelingende Prozesse in inklusiven Settings und für die weitere Entwicklung der Kinder sowie deren Lebensqualität insgesamt zu. Dazu sei eine Kombination aus einer entsprechend gestalteten Spielumgebung, der direkten Intervention von frühpädagogischen Fachkräften sowie der gezielten Einbeziehung von Peers notwendig. Inwieweit die so zu erreichende Ausweitung sozialer Spieltätigkeiten auch zu einer Förderung der sozialen Kompetenzen in Peer-Beziehungen beiträgt, ist allerdings derzeit noch offen. Letztlich plädiert auch Guralnick abschließend für eine stärkere Einbeziehung systemischer Strukturen der Kindertageseinrichtungen insgesamt und der Eltern und Familien.

Kim u. a. (2003) legen eine Sekundäranalyse von 13 Interventionsstudien zum Zusammenhang von Spielmitteln und der Gruppenzusammensetzung mit der sozialen Spieltätigkeit von Kindern mit und ohne Behinderung in inklusiven Settings aus den Jahren 1975 bis 1999 vor. Es zeigt sich, dass soziale Spielmittel (*social toys*) wie Bausteine, Bälle, Verkleidungsmaterial, Puppen, Spielzeugautos usf. eher geeignet sind, soziale Spieltätigkeiten zu unterstützen, als isolierte Spielmittel (*isolated toys*) wie Puzzles, Bücher oder Gestaltungsmaterial. In inklusiv zusammengesetzten Gruppen nehmen die sozialen Spieltätigkeiten insgesamt einen viel höheren Stellenwert ein als in nicht-inklusiven Gruppen. Verbindet man nun beide Variablen (Spielmittel und Gruppenzusammensetzung), so zeigt sich, dass inklusive Gruppen mehr positive soziale Spieltätigkeiten im Sinne von Assoziations- und Kooperationsspiel aufweisen. Hier zeigt sich auch, dass Computer keineswegs zu den isolierten Spielmitteln zählen, sondern im Gegenteil mehr Parallelspiel ermöglichen und weniger Alleinspiel.

Timm Albers (2011) betont in seinen Überlegungen zur Bedeutung der Peer-Beziehung in inklusiven Kindertageseinrichtungen das Spannungsverhältnis von Inklusion und Exklusion. Gerade im Spiel von Kindern mit unterschiedlichen Voraussetzungen ergeben sich seiner Meinung nach Chancen für soziale Teilhabe. Kinder, die miteinander spielen, bezeichnen sich nicht selten auch als Freunde. Manche solcher »Freundschaften« überdauern gar die konkrete Spielsituation. Aber es gibt auch die Gefahr des Ausschlusses, die für Kinder offenbar in hohem Maße angstbesetzt ist. Nicht alle Kinder schaffen es spontan, in eine Spielsituation einzutreten. Sie benötigen dazu ein Wissen über die internen Regeln der Kinderkultur, die erst den Zutritt erlauben. Dies sollte aber ebenfalls Grundlage für Interventionen von frühpädagogischen Fachkräften sein, wenn sie das peer-bezogene Spiel nicht unterbrechen und ganz beenden wollen.

Nach einer Durchsicht zentraler Studien zur sozialen Integration von Kindern mit Behinderung kommt Klaus Sarimski (2012) zu dem Schluss, dass das peer-bezogene Spiel in inklusiven Settings von der Spielumgebung ebenso abhängt wie von der Gruppenzusammensetzung und der Intervention der frühpädagogischen Fachkräfte. Kinder mit Behinderung nehmen unter diesen Umständen eine vergleichbare soziale Entwicklung wie in Sondereinrichtungen, Kinder mit schwerer Behinderung haben sogar leichte Vorteile in der Entwicklung sozialer Kompetenzen. Insgesamt ist auch die Zahl der sozialen Kontakte von Kindern mit Behinderung beim Spielen in inklusiven Settings erhöht. Aber es kommt nach Sarimski auch zu Ausgrenzungsprozessen, da Kinder ohne Behinderung eher Kinder ohne Behinderung als Spielpartner bevorzugen und immer wieder Konflikte beim gemeinsamen Spiel entstehen können.

Insofern zeigt sich bei diesen neueren Übersichtsbeiträgen bereits, dass eine isolierte Betrachtung der sozialen Beziehungen von Kindern mit und ohne Behinderung im gemeinsamen Spiel einer unangemessenen Verkürzung der Betrachtungsweise gleich käme, die wichtige Faktoren in der inklusiven Spielsituation insgesamt ausblenden würde. Deshalb ist die folgende Forschungsübersicht auf dem Hintergrund des ökologischen Modells inklusiver Spielsituationen zu sehen. Auch in Bezug auf die Bedeutung der sozialen Spieltätigkeit für die Inklusion in Kindertageseinrichtungen gilt es, die »Ökologie der Inklusion« (*ecology of inclusion*), wie es Kontos u. a. (1998) bezeichneten, nicht außer Acht zu lassen.

Der Forschungsstand zu den ökologischen Einflussfaktoren des Spiels mit Gleichaltrigen in inklusiven Settings (vgl. Heimlich 2017) ist insgesamt unbefriedigend. Im Grunde liegen hier derzeit keine neuen Befunde im Vergleich zur Sekundäranalyse vom Beginn der 1990er Jahre vor (vgl. Heimlich 1995). Insofern bleibt gegenwärtig offen, ob Spielmittel, Spielräume und Spielzeiten in inklusive Settings im Vergleich zu integrativen Settings eine neue Bedeutung erhalten. Bei der Gestaltung von inklusiven Settings sind wir deshalb einstweilen auf die Befunde zu integrativen Settings angewiesen, auch wenn wir zahlreiche neue Erkenntnisse zu den spezifischen Anforderungen in unterschiedlichen Förderschwerpunkten mit heranziehen können. Insofern wäre die Inklusionsforschung zum Spiel von Gleichaltrigen in inklusiven Settings gut beraten, wenn sie zukünftig wieder vermehrt an ökologischen Rahmenkonzepten anknüpfen würde und damit ebenfalls Mehrebenenmodelle stärker zugrundelegen würde (Albers & Lichtblau 2014; Heimlich 2013; Odom et al. 2017).

3 Rolle und Aufgaben frühpädagogischer Fachkräfte – Anforderungen an die Beobachtung und Begleitung inklusiver Spielprozesse

Auf der Basis der derzeit verfügbaren Daten zum Spiel von Gleichaltrigen in inklusiven Settings stellt sich nun die Frage, ob und wie frühpädagogische Fachkräfte die so bedeutsame soziale Spieltätigkeit von Kindern mit und ohne Behinderung in Kindertageseinrichtungen begleiten und unterstützen können.

3.1 Beobachtung und Dokumentation inklusiver Spielprozesse

Das Spiel von Kindern in Kindertageseinrichtungen zu beobachten ist bereits Teil einer spielpädagogischen Konzeption. Wenn eine intrinsisch motivierte, selbstkontrollierte und phantasievolle Tätigkeit wie das kindliche Spiel pädagogisch begleitet werden soll, so ist zunächst einmal Zurückhaltung angesagt. Eingriffe von Erwachsenen können ansonsten rasch zum Ende des Spiels führen. Insofern bedarf die Unterstützung und Begleitung von kindlichen Spieltätigkeiten in jedem Fall der sorgfältigen und einfühlsamen Beobachtung. Im Unterschied zur alltäglichen Beobachtung erfordert eine wissenschaftlich fundierte Beobachtung jedoch entsprechende Dokumentationssysteme. Außerdem ist es sinnvoll, die Beobachtungsergebnisse im Team der frühpädagogischen Fachkräfte immer wieder zu besprechen. Nur so können Verzerrungen und Einseitigkeiten bei der Interpretation von inklusiven Spielsituationen vermieden werden. Hilfreich können dabei auch die Videoaufzeichnung und die gemeinsame Analyse im Nachhinein sein. In jedem Fall sollte die Unsicherheit des Wahrnehmungsvorgangs selbst kritisch reflektiert werden. Ernst Martin und Uwe Wawrinowski (2014) haben in ihrer Beobachtungslehre dazu eine Reihe von möglichen Fehlerquellen aufgeführt. So können die eigenen Emotionen und Bedürfnisse der Beobachtenden (z. B. Hunger, Müdigkeit) die Beobachtungsergebnisse verfälschen. Aber auch unzulässige Generalisierungen von einzelnen Verhaltensweisen (Halo-Effekt) passieren leicht. Zuweilen werden auch Spielthemen von Kindern durch die Beobachtenden eher abgelehnt (z. B. aggressive Spiel), was ebenfalls zu Verzerrungen der Beobachtung führen kann. Der erste Eindruck sollte nicht daran hindern, den Spielen von Kindern möglichst unvoreingenommen gegenüber zu treten. Nicht immer stimmen

Spiele von Kindern mit den pädagogischen Wunschvorstellungen überein. Deshalb sollten vorschnelle Bewertungen vermieden werden. Kindern können sehr gut zwischen der Spielwelt und der realen Welt unterscheiden. Insofern kann der äußere Schein kindlicher Spieltätigkeiten auch nicht selten trügen. Wichtig ist deshalb, dass Spielbeobachtungen auch genutzt werden, um im Sinne eines Perspektivenwechsels die inklusive Spielsituation aus der Sicht der Kinder zu betrachten und dabei alle Kinder mit einzubeziehen.

3.1.1 Spieltagebuch

Ethnographische Studien zum kindlichen Spiel haben gezeigt, dass die Spielthemen und die von ihnen entwickelten Regeln des gemeinsamen Spiels nicht so ohne weiteres mit Hilfe der Beobachtung einer sichtbaren Spieltätigkeit erfasst werden. In der Regel sind dazu längerfristige Beobachtungsprozesse (mehrere Wochen oder gar Monate) erforderlich, um sich in die Spielwelt der Kinder hineindenken zu können. Dabei haben sich Tagebuchaufzeichnungen sehr bewährt. Insofern ist es naheliegend, dass frühpädagogische Fachkräfte bei der Begleitung oder nach Abschluss von Freispielphasen inklusive Spielsituationen der Kinder aufzeichnen. Spielthemen sind dabei ebenso interessant wie die einbezogenen Spielmittel und Spielräume. Neben Paperblanks könnten dabei auch Tablets (z. B. ein iPad) zum Einsatz kommen. Bei der Aufzeichnung von inklusiven Spielsituationen sollten Angaben zum Datum und Ort des Spiels sowie zu den Beteiligten berücksichtigt werden. Die Spielsituation kann narrativ (also erzählend) notiert werden und später wiederum Grundlage von Teamgesprächen mit anderen Fachkräften im multiprofessionellen Team sein. Über einen längeren Zeitraum kann so eine Sammlung von interessanten Spielthemen und Spielmitteln entstehen, die das gemeinsame Spiel der Kinder anregen. Auf diese Weise erwerben frühpädagogische Fachkräfte ein Grundwissen über wechselnde Spielmoden bei den Kindern. Auch Hinweise auf eine Änderung der Ausstattung mit Spielmitteln oder in der Raumgestaltung können sich dadurch ergeben. Der Vorteil des Spieltagebuchs ist auch, dass Gruppenprozesse erfasst werden können.

3.1.2 Spielprotokolle

Wollen frühpädagogische Fachkräfte einzelne Kinder in inklusiven Spielsituationen genauer betrachten, so empfiehlt es sich, Spielprotokolle anzufertigen. Hier kommen nicht nur genaue Zeitangaben bei der Aufzeichnung hinzu, sondern ebenso eine Einschätzung der Rahmenbedingungen (z. B. Anwesenheit einer frühpädagogischen Fachkraft beim Spiel, Beschäftigung mit dem Kind). Beim Spielprotokoll sollte sorgfältig getrennt werden zwischen den beobachtbaren Spieltätigkeiten in inklusiven Spielsituationen und den mimischen, gestischen sowie sprachlichen Äußerungen der Kinder auf der einen Seite und der Interpretation dieser Wahrnehmung durch die frühpädagogische Fachkraft auf der anderen Seite. Für diese Trennung ist es unbedingt erforderlich, dass die Protokollierung der inklusiven Spielprozesse von Kindern ganz sachlich und ohne vorschnelle Wertung erfolgt. Die Interpretation kann wiederum Gegenstand der Beratung im multiprofessionellen Team sein. Von besonderem Interesse ist hierbei die Art der Verständigung von Kindern im sozialen Kontakt. Sprachliche Äußerungen sollten möglichst mit protokolliert werden, um aus ihnen die Spielregeln abzuleiten zu können, die sich Kinder selbst geben. Auch die Aushandlungsprozesse von Kindern zu gemeinsamen Spielthemen lassen sich so erschließen.

3.1.3 Spielkooperationsskala

Soll hingegen der Anteil der sozialen Spieltätigkeiten in inklusiven Settings genau erfasst werden, so ist der Einsatz von Kategoriensystemen erforderlich. Das sind in der Regel Beobachtungsbögen, die eine Reihe von klar definierten Spielformen enthalten, die es zu beobachten gilt. Als Basis einer solchen strukturierten Spielbeobachtung leistet die Anfertigung von Videoaufzeichnungen gute Dienste. Die Kinder ignorieren die Technik sehr schnell, wenn sie sich nach einer kurzen Zeit an die Anwesenheit einer Kamera mit Stativ gewöhnt haben. Per Fernbedienung kann die frühpädagogische Fachkraft selbst bestimmen, welche inklusiven Spielsituationen sie aufzeichnen will und welche nicht. Strukturierte Spielbeobachtungssysteme arbeiten häufig mit einem Time-Sampling-Verfahren, bei dem z. B. auf der Basis von Videoaufzeichnungen alle 60 Sekunden eine Zuordnung zu den Spielformen vorgenommen wird. Der Vorteil der Videoaufzeichnung besteht insbesondere darin, die inklusive Spielsituation mehrfach anschauen zu können. Zur Handhabung von Kategoriensystemen ist in der Regel ein entsprechendes Beobachter-Training erforderlich. Solche Verfahren kommen zwar häufig in der Spielforschung zum Einsatz. Es ist jedoch nicht ausgeschlossen, dass auch frühpädagogische Fachkräfte den Einsatz eines solchen Beobachtungsinstrumentes in ihre Praxis implementieren können.

Ein Beispiel für ein solches Beobachtungssystem ist die Spielkooperationsskala (Heimlich 1995, Anhang), die auf der Basis der schon erwähnten Kategorien von Mildred B. Parten (1932) konstruiert worden ist (s. Vorlage im Anhang). Die Kategorien von Parten sind nach wie vor in der internationalen Spielforschung anerkannt und werden bis in die Gegenwart in zahlreichen Studien immer wieder benutzt. Die Spielkooperationsskala ist bereits erfolgreich auf ihre Praxistauglichkeit geprüft worden. Beobachtertrainings haben ein hohes *Interrater-Agreement* bestätigt. Es wird jeweils nur ein Kind beobachtet. Die Kategorien der sozialen Spieltätigkeit sind Beobachtungsspiel, Alleinspiel, Parallelspiel, Assoziationsspiel, Koalitives Spiel und Kooperationsspiel. Aus der Praxiserfahrung heraus ist die Kategorie »spielt mit sich selbst« (Abkürzung: »selbstbeschäftigt«) eingefügt worden. Zur Definition der Kategorien im Einzelnen sei auf die Übersicht in Kap. 2.1 hingewiesen.

3.1.4 Teamfallberatung

Die Teamkooperation hat in Kindertageseinrichtungen einen festen Stellenwert. Das gilt sowohl auf der Ebene der einzelnen Gruppe als auch für das Team der Einrichtung insgesamt. In inklusive Settings gewinnt die Kooperation in multiprofessionellen Teams eine noch höhere Bedeutung, da hier Fachkräfte unterschiedlicher Professionalität (Frühpädagogische Fachkräfte, Heilpädagogische Fachkräfte, Therapeutische Fachkräfte, Psychologische und medizinische Fachkräfte, Pflegekräfte) mit Eltern und Kindern in einen intensiven Austauschprozess eintreten. Aufgrund der zentralen Bedeutung des Spiels mit Gleichaltrigen für Inklusion und Partizipation sollte die Teamkooperation auch genutzt werden, um sich intensiv mit den Bedürfnissen einzelner Kinder und ihrer Eltern auseinanderzusetzen. Dazu wird hier das Konzept der Teamfallberatung empfohlen (s. Leitfaden im Anhang), das ein vereinfachtes und praxiserprobtes Prozessmodell enthält, welches im Anschluss an einen Vorschlag von Herbert Gudjons (2003) für die professionelle Kooperation von Lehrkräften entstanden ist. Aus der wissenschaftlichen Begleitung von inklusiven Bildungseinrichtungen heraus hat sich jedoch gezeigt, dass das Konzept für unterschiedliche pädagogischen Settings geeignet ist. Die Teamfallberatung beginnt mit einem *Fallbericht* (Phase 1), in dem die vorliegenden Informationen zum Kind und seinen Problemen in inklusiven Spielsituationen von einem Mitglied des multiprofessionellen Teams vorgestellt werden. Hier geht es zunächst um die Verdeutlichung der Problemschwerpunkte. Spieltagebuch, Spielprotokolle und Videoaufzeichnungen bieten hier eine gute Grundlage. Daran schließt sich eine *Blitzlichtrunde* (Phase 2) an, in der die Mitglieder des multiprofessionellen Teams spontan und kurz ihre besonderen Eindrücke zum Kind und seinen Problemen äußern. Hier kommt es häufig bereits zu neuen

Einblicken in die Situation des Kindes. In *Phase 3*, der *Durcharbeitung*, werden schließlich im Gespräch mit den Beteiligten im multiprofessionellen Team einzelne Aspekte hervorgehoben, mögliche Erklärungsansätze besprochen und evtl. fehlende Informationen benannt, die es noch zu ergänzen gilt. *Phase 4* hat schließlich die *Lösungsmöglichkeiten* zum Gegenstand. Hier werden Ideen für eine veränderte Gestaltung inklusiver Spielsituationen gesammelt und eine Auswahl besonders geeigneter Interventionen vorgenommen. Daraus kann im Idealfall ein gemeinsam getragenes inklusives Spielförderkonzept hervorgehen. Unter Partizipationsaspekten sollten Eltern und auch Kinder regelmäßig in die Gespräche einbezogen werden.

3.2 Begleitung und Unterstützung inklusiver Spielprozesse (Scaffolding)

Die Begleitung und Unterstützung inklusiver Spielprozesse (*Scaffolding*) erfordert nun ein komplexes Handlungsmuster. Es wird in der Regel mit *aktiver Passivität* im Anschluss an Helga Merker u. a. (1980) bezeichnet, um damit zum Ausdruck zu bringen, dass Erwachsene (Eltern, frühpädagogische Fachkräfte) das Spiel von Kindern eher am Rande begleiten, um von Zeit zu Zeit in das Spielgeschehen einzugreifen und sich dann aber auch wieder zurückzuziehen. Aktivität und Passivität wechseln also ständig, wobei die Entscheidung über das eher aktive oder das eher passive Handlungsmuster nur auf der Basis einer intensiven Beobachtung des freien Spiels getroffen werden kann (Kap. 3.1).

Das aktive Handlungsmuster wird nun im Anschluss an Hildegard Hetzer (1967) noch einmal unterteilt in indirekte und direkte Einflussnahme. Bei der *indirekten Förderung des Spiels* werden die Umgebungsvariablen inklusiver Spielsituationen wie Spielmittel, Spielräume und Spielzeiten gestaltet. Aus der empirischen Spielforschung in inklusiven Settings gibt es Hinweise auf besonders geeignete Spielmittel und Spielraummerkmale für die Unterstützung inklusiver Spielprozesse (siehe Übersicht »Inklusive Spielmittel« im Anhang). Demnach sollten inklusive Spielumgebungen (Spielmittel, Spielräume)

- möglichst verschiedene Spielformen (z. B. Bewegungsspiele, Explorationsspiele, Konstruktionsspiele, Fantasie- und Rollenspiele) zulassen,
- für Kinder mit unterschiedlichen sensomotorischen Fähigkeiten (z. B. Sehen, Hören, Tasten, Greifen, Bewegen) zugänglich und handhabbar sein,
- möglichst viele Sinne gleichzeitig ansprechen,

- das Zusammenspiel anregen (z. B. Rollen- und Regelspiel),
- gestaltbar sein im Sinne einer Veränderung von Form und Oberflächeneigenschaften (z. B. Natur- und Abfallmaterialien).

Bei der Gestaltung von inklusiven Spielumgebungen kommt es jedoch noch zu keinem unmittelbaren Eingriff in das Spielgeschehen durch die frühpädagogische Fachkraft. Sie verharrt in einer beobachtenden Haltung und bleibt im Hintergrund.

Bei der *direkten Förderung des Spiels* begibt sich die frühpädagogische Fachkraft selbst mit in die inklusive Spielsituation mit hinein. Sie kann im *Parallelspiel* neben den Kindern spielen und dabei ähnliche oder gleiche Spielmittel oder Spielthemen aufgreifen. Sie kann aber auch eine Rolle im Spiel der Kinder übernehmen und durch *Mitspielen* ein Spiel in Gang setzen. Hier ist es möglich, dass sie Fragen zur inklusiven Spielsituation stellt, um die Ideen der Kinder besser zu verstehen und sie wiederum dazu anzuregen, über ihre Spielideen zu sprechen. Sie kann aber auch selbst direkte Vorschläge zum inklusiven Spielprozess einbringen oder die Fragen und Kommentare der Kinder beantworten. Beim *Spieltutoring* schließlich bringt die frühpädagogische Fachkraft durch eigene Spielvorschläge den inklusiven Spielprozess in Gang. Sie kann dabei in der Rolle der Außenstehenden verbleiben (Intervention von außen) oder eine Rolle in dem von ihr vorgeschlagenen Spiel übernehmen (Intervention von innen) oder sogar den Kindern Spieltätigkeiten vormachen (*modeling*). Und schließlich kann die frühpädagogische Fachkraft beim Spieltutoring die Rolle eines Fürsprechers der Realität übernehmen, indem sie das Spiel von außen kommentiert. All diese spielpädagogischen Handlungsmuster haben sich in entsprechenden Interventionsstudien als effektiv erwiesen (Heimlich 2015). Es ist also frühpädagogischen Fachkräften durchaus möglich, inklusive Spielprozesse unmittelbar anzuregen und zu beeinflussen. Allerdings sollte dabei stets die Aussage von Andreas Flitner bewusst bleiben, der betont hat, dass die Kinder beim Spielen in erster Linie spielen lernen (Flitner 1986; Fritz 2004). Für die praktische Gestaltung inklusiver Spielsituationen liegen inzwischen auch einige Anregungen vor (Portmann 2013; Clausen 2014; Baer 2016).

3.3 Inklusive Spielprojekte

Im Rahmen des *Play Inclusive (P.inc) Action Research Project* in *Edinburgh (UK)* hat sich Theresa Casey (2008, 2005), zugleich Vorsitzende der *International Play Association (IPA) e. V.*, in den Jahren von 2002 bis 2004 mit der Entwicklung eines umfassenden Konzepts zur Implementation inklusiver Spielprozesse bei Kindern im Alter von drei bis acht Jahren in unterschiedlichen Settings beschäftigt. Sie stellt ein Rahmenkonzept für die Entwicklung von inklusiven Spielsituationen vor und berichtet von ihren langjährigen Erfahrungen in diesem Bereich. Sie bezieht dabei sowohl Kindertageseinrichtungen als auch Spielplätze und im Grunde die gesamte Kommune mit ein. Aus ihren Erfahrungen zeigt sie zunächst einmal auf, dass selbst gewählte und selbst entwickelte inklusive Spiele der Kinder von Erwachsenen nicht immer positiv bewertet werden, teilweise sogar abgelehnt werden, in jedem Fall aber unterschiedliche Formen von Wertschätzung durch Erwachsene erfahren. Dabei lassen sich Erwachsene häufig vom äußeren Schein eines inklusiven Spiels täuschen, ohne die von den Kindern vereinbarten Bedeutungen konkreter Spieltätigkeiten zu durchschauen. Ein erster Schritt zum Verständnis inklusiver Spielprozesse ist deshalb nach Casey, dass Erwachsene sich auf die inklusive Spielwelt von Kindern in vollem Umfang einlassen und die beobachtbare Spieltätigkeit nicht vorschnell be- oder gar verurteilen (Casey 2008). Inklusion bedeutet bezogen auf das Spiel also zunächst einmal, dass die Spiele von Kindern mit und ohne Behinderung in einem umfassenden Sinne akzeptiert werden. Bei der Gestaltung von inklusiven Spielsituationen geht Casey nun davon aus, dass Behinderung sozial konstruiert wird und deshalb Diskriminierungen von Kindern mit Behinderung im Spiel verhindert sowie Barrieren im Spiel abgebaut werden müssen (ebd., S. 225). Inklusive Spielumgebungen zeichnen sich nach Casey dadurch aus, dass sie Kindern vielfältige Möglichkeiten zur Teilhaben und zum Beitragen bieten. Sie sollten flexibel genutzt werden können und alle Kinder zum Spielen anregen. Und sie sollten im Hinblick auf mögliche Probleme beim inklusiven Spiel hin konzipiert sein (ebd., S. 226). Hinzu kommen Naturmaterialien, die sich besonders für Kinder mit unterschiedlichen Bedürfnissen eignen. Aber auch Rückzugsmöglichkeiten werden von den Kindern bezogen auf inklusive Spielsituationen gewünscht. Besondere Aufmerksamkeit sollte den Bodenflächen gewidmet werden, damit diese auf die unterschiedlichen Bedürfnisse von Kindern ausgerichtet sind. Zusätzlich sind »Aktionsräume« (ebd., S. 227) gefragt, die auch spezifische Angebote zum freien Spiel von Kindern mit unterschiedlichen Voraussetzungen enthalten. Begleitend dazu plädiert Casey für eine intensive Beobachtung von Kindern in inklusiven Spielprozessen und regt ebenso an zu versuchen, mit Kindern über ihre Spieltätigkeit ins Gespräch zu kommen. Das soll insbesondere dazu beitragen, dass die Erwachsenenperspektive stets durch die Kinderperspektive gespiegelt wird. Auch Casey versteht Beobachtung und Dokumentation inklusiver Spielsituationen bereits als eine spielpädagogische Tätigkeit. Für das Mitspielen von Erwachsenen in inklusiven Spielsituationen empfiehlt Casey (ebd., S. 235) folgende Handlungsmuster zur Aufrechterhaltung der Kommunikation im Spiel:

- »Ausführen oder Interpretieren« (Wiedergabe der Kommunikation in der Spielgruppe durch einen Erwachsenen für ein Kind),
- »Wiederholen« (direkte Ansprache eines Kindes, um das Spielgeschehen verständlich zu machen, evtl. auch durch Gesten),
- »Vereinfachen und Verlangsamen« (Tempo aus dem Spiel nehmen, Spielgeschehen wiederholen und dem Kind Zeit geben),
- »Überbrücken« (gezieltes Eingreifen des Erwachsenen, Einführung eines neuen Spielmittels, um Ausgrenzung zu vermeiden).

Insgesamt sei eine inklusive Atmosphäre zu schaffen, in der sich alle Kinder akzeptiert und willkommen fühlen und am Spiel teilhaben können. Dazu sollten Erwachsene sich für das Kind als Individuum interessieren, unterschiedliche Spielformen zulassen, ruhig und geduldig sein, Akzeptanz vorleben, Beständigkeit und Sicherheit ausstrahlen und eine positive Grundhaltung zum Spielen miteinander zeigen. Ziel ist es letztlich, von Kindern als Spielgefährte akzeptiert zu werden (vgl. ebd., S. 236f.). Im inklusiven Spielprojekt von Casey zeigt sich somit auch, dass die Unterstützung des inklusiven Spiels von Kindern nicht an der Tür der Kindertageseinrichtung beendet sein kann, sondern letztlich ein kommunales Inklusionskonzept erfordert

3.4 Inklusive Spielgruppen

Ein spezifisches Förderkonzept zum inklusiven Spiel wird von Pamela Wolfberg u. a. (2015, 2012, 2008, 2003) von der *State University in San Francisco (USA)* bezogen auf Kinder mit Autismus-Spektrum-Störungen (ASS) entwickelt und evaluiert. Es wird deshalb noch einmal von der praktischen Seite her vorgestellt, weil die spielpädagogischen Handlungsmuster zur Unterstützung inklusiver Spielprozesse über die Gruppe der Kinder mit ASS hinaus von Bedeutung sind. Es handelt sich um das Konzept der *Integrated Play Groups* (Inklusive Spielgruppen), die als Kleingruppenintervention unter Beteiligung von Kindern mit und ohne Behinderung angelegt sind und von einer frühpädagogischen Fachkraft angeleitet werden. Das spielpädagogische Handlungsmuster wird unter dem Begriff der *guided participation* zusammengefasst (Petty 2009). Die Gruppen setzen sich aus drei bis fünf Kindern mit Behinderung (ASS) und ohne Behinderung zusammen. Es gibt ein Vorbereitungsprogramm »Friend2Friend« (Wolfberg 2008, S. 251), in dem die Kinder mit Hilfe von Simulationsspielen und Puppenheatervorführungen darauf vorbereitet werden, auf die Bedürfnisse anderer in besonderer Weise zu achten. Die inklusive Spielgruppe kommt in einem separaten Raum zusammen, in denen Spielmittel vorhanden sind, die zum »...interaktiven, konstruktiven und kreativen Spielen animieren, die sensorischen und motorischen Fähigkeiten der Kinder schulen und sie dazu anregen, ihre Umwelt zu erforschen und ihrer Fantasie dabei freien Lauf zu lassen« (ebd., S. 251f.). Es werden »strukturierte Spieleinheiten« (ebd., S. 252) mit wiederkehrenden Abläufen und visualisierenden Hilfsmitteln angeboten. Die Kinder werden dabei von einer frühpädagogischen Fachkraft begleitet. Deren Aufgabe ist es, die Kinder bei der Initiierung von Spielkontakten (*nurturing play initiations*) zu beobachten, das soziale Spiel zu unterstützen (*scaffolding*) und sozial-kommunkativ anzuleiten (*guiding social communication*) und das Spiel in der Zone der nächsten Entwicklung (ZNE) (*guiding play within the zone of proximate development, ZPD*) (Wolfberg u. a. 2015, S. 833) anzuregen. Die Evaluationsergebnisse sind bereits im Kap. 2.3 referiert. Aber auch die Praxiswirksamkeit und Implementation wird in mehreren Erfahrungsberichten eindrucksvoll bestätigt. Das Modell der inklusive Spielgruppe deutet darauf hin, dass neben der inklusive Spielgruppe, an der alle Kinder teilhaben und zu der alle Kinder beitragen sollen, für einzelne Kinder auch andere inklusive Angebote in kleinen Gruppen sinnvoll sind, um ihnen inklusive Spielerfahrungen zu ermöglichen.

Über die hier beschriebenen Praxiskonzepte einer Beobachtung und Unterstützung von inklusiven Spielprozessen und Spielsituationen ergibt sich letztlich ein modulartiger Aufbau eines Konzeptes inklusiven Spielförderung. Die Förderung des inklusiven Spiels in der Altersgruppe der 0;6- bis 6-jährigen erfordert eine intensive Spielbeobachtung und Dokumentation (Modul 1), die Bereitstellung von inklusiven Spielmitteln (Modul 2), die Gestaltung von inklusiven Spielräumen (Modul 3) und die Ausbildung von spielpädagogischen Interventionsformen zur Unterstützung der sozialen Spieltätigkeit in der Gruppe der Gleichaltrigen (Modul 4).

4 Fazit und Ausblick

Das Konzept der inklusiven Spielförderung erfordert letztlich eine entsprechende Qualifikationsmaßnahme im Rahmen der Ausbildung von frühpädagogischen Fachkräften. Hier sollte zukünftig mehr Wert auf die Entwicklung und pädagogische Begleitung des Spiels von Gleichaltrigen als Studien- bzw. Ausbildungsinhalt gelegt werden. Es geht dabei nicht nur methodische Fragen, sondern in erster Linie um grundlegende Verstehensprozesse seitens der frühpädagogischen Fachkräfte in Bezug auf die kindliche Entwicklung, wie sie sich in den ersten Lebensjahren insbesondere in der sozialen Spieltätigkeit zeigt. Die Qualifikation für inklusive Spielförderung als Förderung des gemeinsamen Spiels von Kindern mit unterschiedlichen Interessen, Bedürfnissen und Entwicklungsvoraussetzungen sollte zum festen Bestandteils des Kompetenzmodells für frühpädagogische Fachkräfte zählen, wie es bereits an einigen Studien- und Ausbildungsstandorten der Fall ist.

Literatur

Albers, Timm (2011): Mittendrin statt nur dabei. Inklusion in Krippe und Kindergarten. München/Basel.

Albers, Timm & Lichtblau, Michael (2014): Inklusion und Übergang von der Kita in die Grundschule: Kompetenzen pädagogischer Fachkräfte. WiFF Expertisen, Band 41. München.

Baer, Ulrich (2016): 666 Spiele für jede Gruppe – für alle Situationen. Seelze. 27. Auflage (mit Download-Material).

Casey, Theresa (2005): Inclusive Play. Practical Strategies for Working with Children aged 3 to 8. London.

Casey, Theresa (2008): Die Rolle der Erwachsenen bei der Förderung des integrativen Spiels. In: Kreuzer, Max & Ytterhus, Borgunn (Hrsg.): »Dabei sein ist nicht alles«. Inklusion und Zusammenleben im Kindergarten. München/Basel, S. 219–238.

Clausen, Marion (2014): Inklusion spielerisch umsetzen. 7 x 7 Spiele für die Grundschule. Weinheim/Basel.

Corsaro, William H. (2015): The Sociology of Childhood. 4. Auflage. London.

Dewey, John (1993): Demokratie und Erziehung. Eine Einleitung in die philosophische Pädagogik. Hrsg. v. Jürgen Oelkers. Weinheim/Basel (Amerik. Originalausgabe: 1916).

Flitner, Andreas (1986): Spielen Lernen. Praxis und Deutung des Kinderspiels. 8. Auflage. München (Erstausgabe 1972).

Fritz, Jürgen (2004): Das Spiel verstehen. Eine Einführung in Theorie und Bedeutung. Weinheim/München.
Gudjons, Herbert (2003): Fallbesprechungen in Lehrer/-innengruppen. Berufsbezogene Selbsterfahrung: Ein Leitfaden, wie man es macht. In: Gudjons, Herbert (Hrsg.): Didaktik zum Anfassen. 3. Auflage. Bad Heilbrunn, S. 41–53.
Guralnick, Michael J. (2001): Social Competence with Peers and Early Childhood Inclusion. In: ders. (Hrsg.): Early Childhood Inclusion. Focus on Change. Baltimore, London, Toronto, Sydney, S. 481–502.
Hansen, Rüdiger (2015): Inklusion und Paritizipation. In: Reichert-Garschhammer, Eva; Kieferle, Christa; Wertfein, Monika & Becker-Stoll, Fabienne (Hrsg.): Inklusion und Partizipation – Vielfalt als Chance und Anspruch. Göttingen, S. 81–96.
Heimlich, Ulrich (1995): Behinderte und nichtbehinderte Kinder spielen gemeinsam. Konzept und Praxis integrativer Spielförderung. Bad Heilbrunn.
Heimlich, Ulrich (2008a): Qualität. In: Lingenauber, Sabine (Hrsg.): Handlexikon der Integrationspädagogik. Bd. 1: Kindertageseinrichtungen. Bochum/Freiburg, S. 168–172.
Heimlich, Ulrich (2008b): Modellversuche. In: Lingenauber, Sabine (Hrsg.): Handlexikon der Integrationspädagogik. Bd. 1: Kindertageseinrichtungen. Bochum/Freiburg, S. 151–155.
Heimlich, Ulrich (2013): Kinder mit Behinderung – Anforderungen an eine inklusive Frühpädagogik. WiFF Expertisen, Band 33. München.
Heimlich, Ulrich (2015a): Einführung in die Spielpädagogik. 3. Auflage. Bad Heilbrunn.
Heimlich, Ulrich (2015b): Pädagogik der Vielfalt – Auf dem Weg zur inklusiven Kindertageseinrichtung. In: Reichert-Garschhammer, Eva; Kieferle, Christa; Wertfein, Monika & Becker-Stoll, Fabienne (Hrsg.): Inklusion und Partizipation – Vielfalt als Chance und Anspruch. Göttingen, S. 17–29.
Heimlich, Ulrich (2017): Das Spiel mit Gleichaltrigen in Kindertageseinrichtungen. Teilhabechancen für Kinder mit Behinderung. WiFF-Expertise Nr. 49. München.
Heimlich, Ulrich & Behr, Isabel (2013a): Inklusive Bildung. In: Fried, Lilian & Roux, Susanna (Hrsg.): Handbuch Pädagogik der frühen Kindheit. 3. Auflage. Berlin, S. 216–221.
Heimlich, Ulrich & Behr, Isabel (2013b): Integrative Institutionen. In: Fried, Lilian & Roux, Susanna (Hrsg.): Handbuch Pädagogik der frühen Kindheit. 3. Auflage. Weinheim/Basel, S. 355–366.
Hetzer, Hildegard (1967): Spiel und Spielzeug für jedes Alter. 9. Auflage. München.
Himmelmann, Gerhard (2004): Demokratie-Lernen: Was? Warum? Wozu? In: Edelstein, Wolfgang & Fauser, Peter (Hrsg.): Beiträge zur Demokratiepädagogik. Eine Schriftenreihe des BLK-Programms »Demokratie lernen & leben«. Berlin, S. 2–22
Hüther, Gerald & Quarch, Christoph (2016): Rettet das Spiel! Weil Leben mehr als Funktionieren ist. München.
König, Anke (2007): Dialogisch-entwickelnde Interaktionsprozesse als Ausgangspunkt für die Bildungsarbeit im Kindergarten. In: Bildungsforschung 4 Jg., H. 1, S. 1–21.
König, Anke (2008): Pädagogik der frühen Kindheit. In: Coelen, Thomas & Otto, Hans-Uwe (Hrsg.): Grundbegriffe Ganztagsbildung. Das Handbuch. Wiesbaden, S. 311–320.
Kontos, Susan; Moore, Denise & Giorgetti, Karen (1998): The Ecology of Inclusion. In: Topics in Early Childhood Special Education 18 Jg., H. 1, S. 38–48.
Kron, Maria (2008): Integration als Einigung – Integrative Prozesse und ihre Gefährdungen auf Gruppenebene. In: Kreuzer, Max & Ytterhus, Borgunn (Hrsg.): »Dabei sein ist

nicht alles.« Inklusion und Zusammenleben im Kindergarten. München/Basel, S. 189–199.
Kron, Maria; Palke, Birgit & Windisch, Marcus (Hrsg.) (2010): Zusammen aufwachsen. Schritte zur frühen inklusiven Bildung und Erziehung. Bad Heilbrunn.
Levy, Joseph (1978): Play behavior. New York (Reprint 1983).
Lorentz, Gerda (1992): Freispiel im Kindergarten. Chancen seines bewussten Einsatzes. 7. Auflage. Freiburg i.Br.
Martin, Ernst & Wawrinowski, Uwe (2014): Beobachtungslehre: Theorie und Praxis reflektierter Beobachtung und Beurteilung. 6. Auflage. Weinheim.
Merker, Helga; Rüsing, Brigitte & Blanke, Sylvia (1980): Spielprozesse im Kindergarten. München.
Mogel, Hans (2008): Psychologie des Kinderspiels. Von den frühesten Spielen bis zum Computerspiel. 3. Auflage. Heidelberg.
Odom, Samuel J. u.a. (2017): Inclusion at the Preschool Level: An Ecological Systems Analysis. 2012 (URL: http://education.jhu.edu/PD/newhorizons/Exceptional%20Learners/Inclusion/General%20Information/inclusion_preschool.htm (letzter Zugriff: 03.01.2017).
Parten, Mildred B. (1932): Social Participation among Preschool Children. In: Journal of Abnormal and Social Psychology 27. Jg., S. 243–269.
Petty, Karen (2009): Using Guided Participation to Support Young Children's Social Development. In: Young Children 64. Jg., H. 4, S. 80–85.
Portmann, Rosemarie (2013): Die 50 besten Spiele zur Inklusion. München.
Prengel, Annedore (2016): Bildungsteilhabe und Partizipation in Kindertageseinrichtungen. Weiterbildungsinitiative Frühpädagogische Fachkräfte, WiFF Expertisen, Band 47. München.
Sarimski, Klaus (2012): Behinderte Kinder in inklusiven Kindertagesstätten. Stuttgart.
Tomasello, Michael (2009): Die Ursprünge der menschlichen Kommunikation. Frankfurt a.M.
Viernickel, Susanne (2013): Zur Bedeutung der Peerkultur. In: Fried, Lilian & Roux, Susanna (Hrsg.): Handbuch Pädagogik der frühen Kindheit. 3. Auflage. Berlin, S. 66–74.
Waldenfels, Bernhard (2004): Phänomenologie der Aufmerksamkeit. Frankfurt a.M.
Wagner, Petra (2013): Handbuch Inklusion. Grundlagen vorurteilsbewusster Bildung und Erziehung. 3. Auflage. Freiburg/Basel/Wien.
Wannack, Evelyne; Arnaldi, Ursula & Schütz, Annalise (2017): Die Bedeutung des freien Spiels in der Kindergartendidaktik. In: 4 bis 8. Fachzeitschrift für Kindergarten und Unterstufe. Spezialausgabe URL: http://4bis8.ch/platform/content/element/15639/4bis8_spezial_definitv_o_beschnitt_72dpi.pdf, (letzter Zugriff am 03.01.2017).
Wolfberg, Pamela (2003): Integrierte Spielgruppen: Förderung von Kommunikation und sozialen Fähigkeiten bei autistischen Kindern. In: Forum Logopädie 17. Jg., H. 4, S. 26–31.
Wolfberg, Pamela (2008): Die Bedeutung des Spiels für Peer-Beziehungen und soziale Inklusion in pädagogischen Einrichtungen für Vorschulkinder. In: Kreuzer, Max & Ytterhus, Borgunn (Hrsg.): »Dabei sein ist nicht alles.« Inklusion und Zusammenleben im Kindergarten. München/Basel, S. 247–263.
Wolfberg, Pamela; Bottema-Beutel, Kristen & DeWitt, Mila (2012): Including Children with Autism in Social and Imaginary Play with Typical Peers. In: American Journal of Play 5. Jg., H. 1, S. 55–80.

Wolfberg, Pamela; DeWitt, Mila; Young, Gregory S. & Nguyen, Thanh (2015): Integrated Play Groups: Promoting Symbolic Play and Social Engagement with Typical Peers in Children with ASD Across Settings. In: Journal of Autism & Developmental Disorders 45. Jg., S. 830–845.

Youniss, James (1994): Soziale Konstruktion und psychische Entwicklung. Frankfurt a. M.

Ytterhus, Borgunn (2008): »Das Kinderkollektiv! – Eine Analyse der sozialen Position und Teilnahme von behinderten Kindern in der Gleichaltrigengruppe. In: Kreuzer, Max & Ytterhus, Borgunn (Hrsg.): »Dabei sein ist nicht alles.« Inklusion und Zusammenleben im Kindergarten. München/Basel, S. 112–131.

Zimpel, André F. (2013): Lasst unsere Kinder spielen! Der Schlüssel zum Erfolg. 3. Auflage. Göttingen.

Zimpel. André F. (2014): Spielen macht schlau! Warum fördern gut ist, Vertrauen in die Stärken Ihres Kindes aber besser. München.

Inklusion und Migration. Zur Konstruktion von und zum Umgang mit »migrationsbedingter Heterogenität« in Kindertageseinrichtungen und Schulen

Argyro Panagiotopoulou

1 Einleitung

Vor dem Hintergrund eines langen, aber eher gescheiterten Versuchs, Exklusion im deutschen Bildungssystem abzuschwächen, sowie in Anlehnung an ein breites bzw. intersektionales Inklusionsverständnis, das nicht ausschließlich Leistung oder Dis/ability, sondern auch weitere Differenzlinien, wie soziale Herkunft, ethnische oder sprachlich-kulturelle Zugehörigkeit, komplementär berücksichtigt, haben sich im erziehungswissenschaftlichen Diskurs die (selbst-)kritischen Betrachtungen vermehrt. Insbesondere im

Hinblick auf Kinder aus (neu) zugewanderten Familien wurde bereits vor vielen Jahren grundsätzliche Kritik an der Genese sozialer Ungleichheiten aufgrund der institutionalisierten Segregation geäußert, die auf Stereotypisierungen basiert und mit dem Übergang der Kinder in die Grundschule beginnt (vgl. Gomolla & Radtke 2002). Dass auch die Kindertageseinrichtung an diesem markanten Übergang unmittelbar beteiligt ist, wurde und wird heute noch mehrfach übersehen. Doch einerseits fungiert die Kita als die für die schulische Vorbereitung zuständige Institution, da sie ›(Vor-)Schulkinder‹ rekrutiert und sowohl die (vor)schulische Sprachförderung als auch entsprechende an schulischen Maßstäben und Normen orientierte Diagnosen mitverantwortet (vgl. Kelle et al. 2017). Andererseits ist die Kita an der Herstellung von Differenzen und Ungleichheiten beteiligt, indem sie sich als die erste gesellschaftliche Bildungsinstitution versteht, die Familien und Kinder mit – in der Regel impliziten – monolingualen Normen und imaginären ›ethnischen‹ oder ›kulturellen‹ Einheitsvorstellungen konfrontiert und eine Gruppe von ihnen als *Andere* und *Anderssprachige* adressiert, wie anhand von Forschungsarbeiten der letzten Jahre rekonstruiert werden konnte (vgl. z.B. Diehm & Kuhn 2006; Kuhn 2011 und 2013; Machold 2015; Panagiotopoulou & Kassis 2016; Panagiotopoulou 2017).

Dieser Beitrag fokussiert auf die Etikettierung *Familien mit Migrationshintergrund* sowie auf die Unterstellung, dass es *herkunfts-* bzw. *migrationsbedingte*, z.B. ethnische, kulturelle und/oder sprachliche Faktoren gibt, wie elterliche Erziehungspraktiken oder familiale Sprachpraktiken, genauer gesagt fehlende Sprachkompetenzen, die zur Bildungsbenachteiligung junger Kinder führen sollen. Im Bildungsbericht 2016 wurde beispielsweise angegeben, dass 63 % der vier- bis fünfjährigen Kinder, die eine Kindertageseinrichtung besuchen, in ihren Familien »überwiegend« – also nicht ausschließlich – »eine andere Sprache als Deutsch« sprechen (Autorengruppe Bildungsberichterstattung 2016, S. 166). Daraus wurde interpretiert, dass in Deutschland (mehrsprachig) lebende Kinder »zu Hause nicht Deutsch sprechen« und deswegen ein »höherer Förderbedarf [...] im Bereich der frühen Sprachbildung« besteht (Maaz & Jäger-Biela 2016, S. 46). Im aktuellen Bildungsbericht 2018 wird von einer Zunahme einerseits der »nicht Deutsch sprechenden« Kinder in Kitas und andererseits der »leistungsschwachen« Kinder in Grundschulen ausgegangen, die mit der zunehmenden Inklusion *und* Migration zusammenhängt (Autorengruppe Bildungsberichterstattung 2018, S. 115). Von diesem den gegenwärtigen Diskurs um inklusive Bildung prägenden Argumentationsmuster ausgehend werde ich in diesem Beitrag in einem ersten Schritt problematisieren, dass auch in Zeiten der Inklusion versucht wird, die Bildungsbenachteiligung junger Kinder ›mit Migrationshintergrund‹ vorrangig durch familiale »herkunftsbedingte Merkmale« (ebd., S. 74) zu erklären (2). In einem weiteren Schritt werde ich auf die Problematik eingehen, dass ›Familien mit Migrations- und Fluchthintergrund‹ als Kontrast zu ›deutschen und deutschsprechenden Familien‹ stilisiert werden. Die Erziehungs- und Bildungskompetenzen (neu) zugewanderter Eltern werden dabei als normabweichend entwertet, so dass ›interkulturell‹ ausgerichtete pädagogische Maßnahmen die unterstellten migrationsbedingten Ausgangslagen ihrer Kinder bereits in der Kita normalisieren sollen (3). Dass Kompensationsmaßnahmen zur Bestätigung der konstruierten Andersartigkeit und sogar zur Diskriminierung von Familien und Kindern führen (können), wird im migrationspädagogischen Diskurs seit Jahren problematisiert (vgl. Diehm & Radtke 1999). In einem letzten Schritt wird daher die These aufgestellt, dass heute, unter Berücksichtigung des oben erwähnten intersektional ausgerichteten Inklusionsbegriffes sowie mit Blick auf die zunehmende Bedeutung inklusiver frühkindlicher und schulischer Bildung, vor allem der Umgang mit den realen Lebensbedingungen (neu) zugewanderter Kinder und ihrer Eltern als Priorität anzusehen ist (4).

2 Wachsende »Leistungsheterogenität« in Kitas und Schulen – aufgrund von Migration und/oder Inklusion?

Die »wachsende Heterogenität in den Bildungseinrichtungen«, die auch als Differenz zwischen zwei Gruppen, der ›leistungsstarken‹ und der ›leistungsschwachen‹ Kinder, präzisiert wird, fungiert im aktuellen Bildungsbericht als eins »der wichtigen Ergebnisse«, das mit einer (allgemeinen?) Heterogenitätszunahme »in den Bereichen Migration oder Inklusion« begründen lässt (Autorengruppe Bildungsberichterstattung 2018, S. 14f.). Die Formulierung Migration *oder* Inklusion lässt die Vermutung zu, dass diese beiden Themenfelder komplementär betrachtet werden. Denn zugleich betreffen sie jeweils eine andere Gruppe von Kindern: Während Inklusion mit Kindern und Jugendlichen mit »Behinderungen« oder »mit einer Eingliederungshilfe« (ebd., S. 75) in Verbindung gebracht werden, bezieht sich der Bereich Migration auf die Gruppe der (neu) zugewanderten Kinder (ebd.). Die normative Maxime »Anerkennung von Heterogenität und Individualität« wird wiederum hauptsächlich für Kinder und Jugendliche »mit Behinderungen«

reserviert, da dieses Ziel »auch im Zentrum der UN-Konvention über die Rechte von Menschen mit Behinderungen [steht]« (ebd., S. 14). Hingegen wird die im Bildungsbericht festgestellte »migrationsbezogene Heterogenität« (ebd., S. 92) nicht mit einer Anerkennung von Individualität, sondern eher mit individuellen Leistungsproblemen in Zusammenhang gebracht, die (neu) zugewanderte Eltern und insbesondere junge Kinder in das deutsche Bildungssystem vermeintlich einbringen. Die Aufmerksamkeit wird dabei insbesondere auf die festgestellte »Zunahme der Leistungsheterogenität im Primarbereich« gelenkt, da es 2018 »vergleichbar viele leistungsschwache Kinder wie bei vorherigen Erhebungen« gibt. Der Grund für dieses anscheinend neue Leistungsproblem wird in den Bereichen Migration *und* Inklusion gesehen, denn »[ü]ber die Jahre ist nicht nur der Schüleranteil mit Zuwanderungshintergrund deutlich gestiegen [...] auch besuchen immer mehr Schülerinnen und Schüler mit sonderpädagogischem Förderbedarf eine Regelschule [...]« (ebd., S. 115). »Migration und Inklusive Beschulung« werden also als wichtige Gründe für insgesamt schwächere schulische Leistungen in den Klassenzimmern betrachtet (ebd., S. 125). Und obwohl anzunehmen ist, dass dieses Problem im Kontext der Schule als lösbar gilt, da durch institutionalisierte Homogenisierungsstrategien, etwa durch Zurückstellungen und die systematische Überweisung bestimmter Gruppen in entsprechende Schulformen (vgl. Gomolla & Radtke 2002), Leistungsheterogenität reguliert werden kann, bleibt sie ein zentrales Thema im Kontext von Kindertageseinrichtungen: Dort nimmt nämlich sowohl die Anzahl der Kinder »mit Behinderung, die Eingliederungshilfe erhalten«[1], als auch der Kinder »mit nichtdeutscher Familiensprache«[2], die eine entsprechende Hilfe zu erhalten haben, zu. Beide Teilgruppen werden sogar zu einer (homogenen?) Gruppe subsumiert, die vergleichsweise »nicht fristgemäß«, sondern »verspätet eingeschult« wird. Es handelt sich um die als leistungsschwach klassifizierte sowie übergreifende Gruppe der »Kinder mit nicht deutscher Familiensprache bzw. Eingliederungshilfe«, die deswegen auch »länger in der Kindertagesbetreuung verbleiben [muss]«. Zur Begründung dieser frühen Selektion wird

---

1 »Im März 2017 besuchten 78.440 Kinder mit Behinderung, die Eingliederungshilfe erhalten, eine Tageseinrichtung oder Tagespflege [...]. Ihre Anzahl stieg zuletzt weiter an: Allein seit 2015 sind 2.349 betreute Kinder mit Behinderung, die Eingliederungshilfe erhalten, hinzugekommen. Stabil ist der Befund, dass ihr Anteil mit zunehmendem Alter steigt« (Autorengruppe Bildungsberichterstattung 2018, S. 76).

2 »Hatten 2007 noch 23 % der Kinder in Kindertagesbetreuung einen Migrationshintergrund, so liegt dieser Anteil inzwischen bei 28 %. Ihre Anzahl ist seit 2007 von 614.000 auf nahezu 868.000 Kinder und damit um 41 % gestiegen« (Autorengruppe Bildungsberichterstattung 2018, S. 74).

jene Gruppe wieder aufgeteilt: Während für die Teilgruppe der Kinder mit Eingliederungshilfe »der Entwicklungsstand ein wichtiges Kriterium für die Zurückstellung ist«, sollen »Probleme im Bereich der sprachlichen Entwicklung« die Zurückstellung von Kindern mit nicht deutscher Familiensprache legitimieren (S. 81f.). Beiden Teilgruppen werden somit Probleme auf der Grundlage einer *nicht transparenten Entwicklungs- und Leistungsnorm* sowie eines *herkömmlichen Integrationsverständnisses* attestiert. Deswegen sind sie auch nur bedingt als schulfähige, heute als inklusionsfähige, Kinder zu betrachten, da deren Mitgliedschaft auch nach ihrer Einschulung, im Kontext der inklusiven Grundschule verhandelt werden kann (vgl. Winter & Panagiotopoulou 2017). Dieser Argumentation folgend können sie nämlich nur durch zusätzliche Hilfen in die übrige Gruppe der (Vor-)Schulkinder, die angeblich keine allgemeinen oder spezifischen bzw. sprachlichen Entwicklungsprobleme aufweist, integriert werden. Für diese übergreifende Gruppe »mit nicht deutscher Familiensprache bzw. Eingliederungshilfe« gilt es schließlich, »Bildungsbeteiligung« anzustreben, was aber nicht durch die Veränderung der bestehenden separierenden und segregierenden und somit exkludierenden Strukturen des deutschen Bildungssystems, deren Problematisierung von einem Bildungsbericht (auch) zu erwarten wäre, beabsichtigt wird. Der Fokus liegt hier eindeutig auf individuellen und zugleich besonderen Bedürfnissen und Problemen der Kinder selbst sowie deren Familien (siehe 3). Als Zwischenfazit lässt sich festhalten, dass es auch in Zeiten der Inklusion um die *Integration von Individuen und Gruppen* geht, deren (Leistungs-)Entwicklung bereits im Vorfeld – heute: in der Kita – als abweichend von einer intransparenten schulischen (Leistungs-)Norm identifiziert wird.

3 »Familien mit Migrationshintergrund« als Herausforderung?

3.1 Interkulturelle Kompetenz als Grundvoraussetzung inklusiver frühkindlicher Bildung?

»[...] Eltern mit Migrationshintergrund beklagen, dass nicht sie ihre in Deutschland geborenen Kinder zu Türkinnen, Italienerinnen, Araberinnen gemacht haben, sondern die permanenten Zuweisungen durch die Mehrheitsgesellschaft: Internationale Kochabende und das permanente ›Wo kommst du her?‹ leisten der Kulturalisierung und dem Othering hier besonderen Vorschub.« (Akbas & Brockmann 2015, S. 416f)

Der Umgang mit ethnischer, kultureller und/oder sprachlicher Heterogenität in Kindertageseinrichtungen bezieht sich, häufig implizit sowie ausschließlich, auf Eltern und Kinder mit einem sogenannten Migrationshintergrund. Es handelt sich um diejenige Klientel, die eine mehr oder weniger kulturell und/oder sprachlich homogene Kindertageseinrichtung angeblich irritiert, herausfordert oder im besten Fall bereichert. Die als *anders* verstandenen und deswegen auch zur Heterogenität beitragenden (neu) zugewanderten Familien werden in der Regel unabhängig von ihrer Migrationsgeschichte betrachtet. So spielt es beispielsweise auch keine Rolle, ob ihnen der Status der Neuzugewanderten (Newcomers) oder der Angehörigen der sogenannten zweiten, dritten etc. Generation zugeschrieben wird. Diese Familien werden sozusagen kollektiv von der *deutschen* Mehrheitsgesellschaft unterschieden[3]. In der aktuellen Bildungsberichterstattung wird entsprechend pauschal von zwei Gruppen ausgegangen: von »Familien mit Migrationshintergrund« und »Familien ohne Migrationshintergrund« (Autorengruppe Bildungsberichterstattung 2018, S. 40). Damit wird eine ethnisch- oder nationalkulturell konnotierte Norm und zugleich deren Abweichung eingeführt, die auf einer klaren Unterscheidung zwischen *deutschen* und *nicht deutschen* Familien basiert, denn das Pendant zu »mit Migrationshintergrund« – wie Patricia Stošić (2017a, S. 93) herausgearbeitet hat – ist nicht »ohne Migrationshintergrund«, sondern »deutsch«[4]. Passend zu dieser Definition und mit dem Ziel, »Kinder mit Migrationshintergrund« zu ermitteln, »melden die Kindertageseinrichtungen oder Jugendämter für die Kinder- und Jugendhilfestatistik« bereits seit 2006, »ob mindestens ein Elternteil des Kindes aus einem ausländischen Herkunftsland stammt (also zugewandert ist)« (Autorengruppe Bildungsberichterstattung 2018, S. 76).[5]

---

3 Dass mit der Etikettierung »[...] ›... mit Migrationshintergrund‹ eine in sich äußerst heterogene Gruppe zusammengefasst wird«, wird in aktuellen Publikationen problematisiert, denn »die Markierung ›mit‹ oder ›ohne Migrationshintergrund‹ erlaubt keine Schlussfolgerungen hinsichtlich der jeweiligen sozialen und sprachlichen Verhältnisse in den Familien, der sprachlichen Kompetenzen ihrer Mitglieder oder der ›Bildungsnähe‹ bzw. ›Bildungsferne‹« (Krüger-Potratz 2016, S. 37).

4 »[...] so wurde im semantischen Wandel aus dem ›Gastarbeiterkind‹ das ›Ausländerkind‹ und aus diesem das ›Kind mit Migrationshintergrund‹ – immer im Gegensatz zum ›deutschen Kind‹« (ebd., S. 93).

5 »Zudem wird als zusätzliches Merkmal erhoben, ob in der Familie vorrangig Deutsch gesprochen wird« (ebd.), was wiederum zusätzlich zur monokulturellen auch auf eine monolinguale Norm hindeutet, wie im Abschnitt 3.2 thematisiert wird.

Ganz im Sinne einer sonderpädagogischen Ausrichtung oder einer herkömmlichen – offenbar nicht überwundenen – ausländerpädagogischen Betrachtung wird eine dichotomische Unterscheidung von ›Einheimischen‹ versus ›Zugewanderten‹ oder ›Geflüchteten‹ vorgenommen. So werden die von der übrigen Bevölkerungsgruppe vermeintlich unterscheidbaren »Familien mit Migrationshintergrund«, die ohnehin Kompensationsmaßnahmen bedürfen (Kap. 3.2), mittlerweile zusammen mit »Familien mit Fluchthintergrund« zu einer (homogenen?) Gruppe subsumiert: Was für die eine Teilgruppe gilt, sei, laut dieser Argumentation, auch für die andere relevant, da alle jene (›nicht deutschen‹) Familien »vor der Herausforderung [stehen], sich in einer unvertrauten kulturellen Umgebung zu orientieren, eine neue Sprache zu lernen und ihre Kinder auf dem Weg durch ein unbekanntes Bildungssystem zu begleiten« (Lamm 2017, S. 118). Unabhängig von der Migrationsgeschichte der jeweiligen Familie wird somit eine übergreifende Gruppe von Familien *mit Migrations- oder Fluchthintergrund* als Abweichung von der *Normfamilie ohne Migrationshintergrund*, mit ausschließlich in Deutschland geborenen Vorfahren, konstruiert[6]. Letztere soll dann auch den *Normalfall der Klientel* bilden, mit der in deutschen Bildungseinrichtungen zu rechnen ist und mit der, aufgrund der eigenen Sozialisation, die (›deutschen‹) pädagogischen Fachkräfte gemeinsame Einstellungen, Werte, Alltagspraxen teilen. Für den Umgang mit allen weiteren, *kulturell anderen* Familien sollen pädagogische Professionelle über spezifische *inter*kulturelle Kompetenzen verfügen.

Auch in den KMK-Empfehlungen zur Interkulturellen Bildung und Erziehung aus dem Jahre 2013, die die KMK-Empfehlungen von 1996 aktualisierten[7], wird in Anlehnung an den »Nationalen Aktionsplan Integration« auf diese Notwendigkeit in Schulen und Kitas eingegangen: Die Aus- und Weiterbildung der pädagogischen Fachkräfte ist »bedarfsgerecht weiterzuentwickeln und die interkulturellen Kompetenzen des pädagogischen Perso-

---

6 Wobei, wenn »man das Geburtsland von acht Urgroßeltern erheben [müsste], um die vierte Generation [von Zugewanderten] zu erfassen« (Stanat & Segeritz 2009, S. 146; zit. nach Stošić 2017a, S. 95) stellt sich die provokante Frage, wie viele der ›deutschen Familien‹ dann als ›Familien ohne Migrationshintergrund‹ identifizierbar wären.

7 »Mit der vorliegenden Überarbeitung wird die Empfehlung der Kultusministerkonferenz von 1996 fortgeschrieben und aktualisiert« (KMK 2013, S. 2). Die KMK-Empfehlungen zur Interkulturellen Bildung und Erziehung in der Schule (1996/2013) betreffen auch Kindertageseinrichtungen, zielen aber nach wie vor auf die Anpassung der Kinder mit Zuwanderungsgeschichte und nicht auf eine Öffnung der Bildungseinrichtungen gegenüber der gesellschaftlichen Diversität.

nals zu stärken«, darüber hinaus ist der Anteil von »Erzieherinnen und Erziehern, Sozialpädagoginnen und Sozialpädagogen mit Migrationshintergrund zu erhöhen« und schließlich »die Zusammenarbeit mit Eltern auszubauen« (KMK 2013, S. 5). Interkulturelle Kompetenz versteht sich hierbei als eine individuelle »Kernkompetenz«, die »vor allem« pädagogische Fachkräfte zur selbstreflexiven Auseinandersetzung mit den »eigenen Bildern von Anderen« befähigen soll. Dass diese Definition auch das Definieren und somit die Entstehung der »Anderen« und *deren* »anderen Sprachen und Kulturen« – im Kontrast zur eigenen (in der Bildungsinstitution gemeinsam geteilten?) Sprache und Kultur – vorausetzt oder sogar provoziert, wird dabei nicht mitreflektiert:

> »Interkulturelle Kompetenz, deren Erwerb eine Kernkompetenz für das verantwortungsvolle Handeln in einer pluralen, global vernetzten Gesellschaft ist, bedeutet aber nicht nur die Auseinandersetzung *mit anderen Sprachen und Kulturen*, sondern vor allem die Fähigkeit, sich selbstreflexiv *mit den eigenen Bildern von Anderen* auseinander und dazu in Bezug zu setzen sowie gesellschaftliche Rahmenbedingungen für die Entstehung solcher Bilder zu kennen und zu reflektieren« (ebd., S. 2; Hervorhebung d. A.P.).

Während in den KMK-Empfehlungen weder die damit zusammenhängenden gesellschaftlichen Bedingungen noch die notwendigen »interkulturellen Kompetenzen« erläutert werden, werden letztere im Rahmen des Nationalen Aktionsplans Integration als Grundvoraussetzung betrachtet, um frühkindliche Bildung inklusiv zu gestalten. In Anlehnung an eine »inklusive Leitorientierung«, die auf der 2009 verabschiedeten Resolution der Deutschen UNESCO-Kommission »Frühkindliche Bildung inklusiv gestalten: Chancengleichheit und Qualität sichern« basiert, wird festgestellt, dass im »inklusiven Paradigma [...] Heterogenität und Diversität [...] nicht mehr die Ausnahme, sondern der Normalfall [sind]« (Nationaler Aktionsplan Integration 2011, S. 33). Aus diesem Grund seien »interkulturelle Kompetenzen« von pädagogischen Fachkräften »eine Grundvoraussetzung dafür, Kinder mit Migrationshintergrund inklusiv zu fördern und deren Eltern Partizipation zu ermöglichen« (ebd., S. 36)[8]. Auffällig ist hier die Umdeutung inter-

---

[8] Mit dem Nationalen Aktionsplan Integration (2011) wurde der Nationale Integrationsplan aus dem Jahr 2007 weiterentwickelt. Der Nationale Aktionsplan wurde in elf Dialogforen erarbeitet, die seit Dezember 2010 eingerichtet wurden. Federführend geleitet wurden die Foren von Bundesministerien bzw. der Beauftragten der Bundesregierung für Migration, Flüchtlinge und Integration, Maria Böhmer. Zu den thematischen Schwerpunkten der elf Dialogforen zählt »Frühkindliche Förderung« (Quelle: https://www.bmbf.de/de/nationaler-aktionsplan-integration-1095.html; 23.4.2019).

nationaler Leitlinien zur ›inklusiven (frühkindlichen) Bildung für alle Kinder‹ im Kontext einer nationalen Bildungspolitik, die unmissverständlich auf die Integration ›besonderer‹ Gruppen abzielt: 2009 hat die Resolution der Deutschen-UNESCO-Kommission auf die Notwendigkeit struktureller Veränderungen verwiesen und für den Abbau von »Barrieren im frühkindlichen Bildungssystem« plädiert, »um jedem Kind die Teilhabe an qualitativ hochwertiger Bildung zu ermöglichen« (Deutsche UNESCO-Kommission 2009). Bezugnehmend auf diese Resolution wurde aber zwei Jahre später im Nationalen Aktionsplan Integration (2011, S. 36) eine interkulturell pädagogische Qualifizierung für notwendig gehalten, um eine ›besondere‹ Gruppe von Kindern inklusiv zu fördern bzw. in das bestehende Bildungssystem zu integrieren. Außerdem wurden zwar die hier erwähnten Kompetenzen als »spezifisches Fachwissen« deklariert, blieben aber auch in diesem Kontext weitgehend unspezifisch. Denn damit sind eigentlich allgemeine »soziale und kommunikative Fähigkeiten« sowie »Haltungen« (wie »Respekt« und »Wertschätzung«) gemeint, die eben nicht ausschließlich den pädagogischen Umgang mit einer angeblich ›besonderen‹ Gruppe von Kindern und Eltern ›mit Migrationshintergrund‹ betreffen:

> »Interkulturelle Kompetenzen umfassen ein spezifisches Fachwissen sowie sehr komplexe soziale und kommunikative Fähigkeiten der Wahrnehmung, Einfühlung und Selbstreflexion als auch Einstellungen und Haltungen wie Respekt, Verständnis und Wertschätzung« (ebd.).

Charakteristisch ist dabei, dass diese besonderen Kompetenzen von pädagogischen Fachkräften individuell angeeignet werden sollen, ohne dass dadurch die pädagogischen Einrichtungen oder das übergreifende Bildungssystem in Frage gestellt werden müssen. So scheinen diese bildungspolitischen Erwartungen in der pädagogischen Praxis kaum eine Rolle zu spielen, wie unter Berücksichtigung neuer Forschungsergebnisse vermutet werden kann. Der Blick auf Eltern, die bereits im bildungspolitischen Diskurs als *Andere* definiert werden, scheint sowohl im schulischen als auch im frühkindlichen Kontext defizitär zu bleiben, wie Betz et al. (2017) in einem Forschungsbericht »zur Zusammenarbeit von Familien, Kitas und Schulen« aufzeigen. Einige »Befunde im Elementarbereich« zeigen sogar, dass »die aus Elternsicht formulierten Bedarfe und Schwierigkeiten«, wie z. B. »Informationsdefizite« oder »als kaum zumutbar wahrgenommene Praktiken frühpädagogischer Fachkräfte«, von den Fachkräften selbst »zum Teil gar nicht wahrgenommen werden« (Beltz et al. 2017, S. 24). Die »ebenfalls empirisch belegte und weit verbreitete Defizitperspektive der Fach- und Lehrkräfte auf ›problematische, unwillige bzw. schwer erreichbare Eltern‹« (ebd.) lässt die im inklusiven Paradigma angekündigte elterliche Partizipation, die unter anderem in Form einer Bildungs- und Erziehungspartnerschaft zwischen Erzieherinnen und Eltern realisiert werden soll, unrealistisch erscheinen. Dennoch stehen nicht die (fehlenden) interkulturellen Kompetenzen der Professionellen, sondern die (nicht ausreichenden) elterlichen Erziehungs- und Förderkompetenzen und insbesondere jene Kompetenzen von (neu) zugewanderten Eltern seit vielen Jahren immer wieder zur Debatte.

3.2 Fehlende Erziehungs- und Förderkompetenzen bei »bildungsfernen« bzw. »nicht-deutschsprechenden« Eltern?

»Mit der allgegenwärtigen Konstruktion von Migrationsfamilien als in mehrfacher Weise risikobehaftete Familien ist das Aufrufen der elterlichen Verantwortungsübernahme verbunden, ihre Kinder und auch sich selbst zu bilden und/oder sich bilden zu lassen [...]. Spätestens seit dem Nationalen Integrationsplan 2007 werden Eltern mit Migrationshintergrund von den Erziehungs- und Bildungsinstitutionen ihrer Kinder hierzu in besonderer Weise adressiert« (Westphal 2018, S. 162).

Die fehlenden Kompetenzen armer Eltern, die das eigene Kind gefährden, negativ prägen und »unausweichlich zum Opfer seiner Verhältnisse« machen, hat in der (Sozial-)Pädagogik eine lange Tradition (Diehm & Kuhn 2006, S. 143). Die (früh-)pädagogische Antwort darauf lautet heute noch *frühzeitige Kompensation* und adressiert mittlerweile auch (neu) zugewanderte Eltern: In Zeiten der Fluchtmigration werden erneut stereotype Annahmen über »kulturelle Differenz« und Verweise auf »fehlende formale Bildung sowie Sprachkenntnisse« verbreitet, die insgesamt das bereits bestehende Bild »überforderter« und »bildungsinkompetente[r] bis hin zu integrationsverweigernden Eltern« verstärken (Westphal 2018, S. 161).

So widmet sich ein ganzes Kapitel im Nationalen Aktionsplan Integration (2011) der »Stärkung der Erziehungs- und Förderkompetenzen von Eltern mit Migrationshintergrund«. Dabei werden die Eltern pauschal entweder als Neuzugwanderte oder als Kulturnovizen stilisiert, ihnen wird außerdem verallgemeinernd unterstellt, und zwar *trotz der empirisch mehrfach belegter Bildungsaspiration im Zusammenhang mit Migration*, dass sie ihre Kinder nicht unterstützen, damit diese bildungserfolgreich werden: »Besondere Unterstützung« benötigen, laut dieser Argumentation, Eltern, die aufgrund »ihrer eigenen Bildungsbiografie und ihrer schlechten sozioökonomischen Möglichkeiten nicht in der Lage sind, den Lernprozess der Kinder mit zu gestalten und positiv zu beeinflussen« (Nationaler Aktionsplan

Integration 2011, S. 38). Da aber »gerade diese Familien« seltener (als ›deutsche‹ Familien?) Hilfe annehmen und da sie auch noch »schwer zu erreichen« seien (ebd.), lässt sie zu einer besonderen Herausforderung für deutsche Bildungsinstitutionen werden. Somit wird die Rolle der Institutionen frühkindlicher und schulischer Bildung bei der (Re-)Produktion von Bildungsungleichheit ausgeblendet, während gleichzeitig das in Deutschland sehr verbreitete Problem der Bildungsbenachteiligung von Kindern aus nicht-privilegierten Familien (mit und ohne Migrationsgeschichte) individualisiert wird.

›Deutsche Eltern‹ werden in diesem Zusammenhang ebenfalls pauschal entweder der bildungsorientierten Mittelschicht oder der sogenannten bildungsfernen unteren Schicht zugeordnet. Werden sie als bildungsfern klassifiziert, dann fungieren sie zusammen mit zugewanderten Eltern als diejenigen, die die *Bildungssprache Deutsch* kaum beherrschen und deswegen auch keinen erfolgreichen Start der Bildungskarriere ihrer Kinder in deutschen Kindertageseinrichtungen ermöglichen können. Darüber hinaus, und da die mehrsprachige Lebensrealität der Familien mit einer Migrationsgeschichte nach wie vor nicht (an)erkannt wird (vgl. Panagiotopoulou 2016), werden mehrsprachige Eltern und Kinder, die in Deutschland leben, sogar als ›nicht-deutschsprechend‹ stigmatisiert. Aufgrund aktueller Migrationsprozesse wird darüber geklagt, dass 2018 noch mehr Kinder aus »vorrangig nicht Deutsch sprechenden Familien« die deutsche Kita besuchen:

> »Noch auffälliger ist der Anstieg in der Kindertagesbetreuung bei Kindern mit Migrationshintergrund, die zu Hause vorrangig nicht Deutsch sprechen: Waren das 2007 noch rund 366.000 Kinder, so sind es 2017 fast 563.000, also 54 % mehr« (Autorengruppe Bildungsberichterstattung 2018, S. 75)[9]

Kinder und Eltern, die bereits mehrsprachig leben oder im Zuge der (Flucht-)Migration gerade dabei sind, eine für sie neue Sprache zu erwerben, und deswegen als potentielle oder ›angehende Mehrsprachige‹ betrachtet werden könnten, werden also defizitär betrachtet. Mit der Konstruktion einer (immer größer werdenden?) Sondergruppe von *im Kontext ihrer Familie vorrangig nicht Deutsch sprechenden* jungen Kindern wird zugleich deutlich, dass ausschließlich »zugewanderte Sprachen« (Krüger-Potratz 2016, S. 35) als Familiensprachen gelten. Die Sprache der ›deutschen‹ Bevölkerung wird hingegen bis heute nicht als eine der Familiensprachen von Zugewanderten (an)erkannt. Darauf verweist auch die im vorliegenden Bei-

---

9 Und mit Blick auf Fluchtmigration: »Allein zwischen 2015 und 2017 – also während und kurz nach der starken Neuzuwanderung – stieg die Anzahl dieser Kinder um mehr als 75.000« (ebd., S. 75).

trag bereits (unter 2) problematisierte Bezeichnung »Kinder mit nichtdeutscher Familiensprache« (Autorengruppe Bildungsberichterstattung 2018).

Darüber hinaus wird eine weitere Unterscheidung zwischen bildungsnahen Eltern, die vermutlich auch zu Hause (vorrangig?) *die Bildungssprache Deutsch* mit ihren Kindern sprechen (sollen), und *bildungsfernen* Eltern getroffen, welchen dieses Register fehlt, um den kindlichen Erwerb adäquat zu unterstützen. Doch während ›deutschen‹ Familien je nach Schichtzugehörigkeit *Bildungsnähe* oder *Bildungsferne* unterstellt wird, werden Familien mit einer Zuwanderungsgeschichte stereotypisierend, ethnisierend und/oder kulturalisierend als *herkunftsbedingt* bildungsinkompetent kategorisiert:

> »Eine kulturalistische Deutung dieser ›Bildungsferne‹ liegt nahe, wenn der Schichtbezug fehlt und statt dessen die ethnische Herkunft der Migranten mit Defiziten an ›institutionalisiertem kulturellem Kapital‹ (Schulabschlüsse) und Defiziten an so genanntem ›inkorporiertem kulturellem Kapital‹ (Habitualisierung kulturell relevanter Kompetenzen) oder auch mit Defiziten an ›objektiviertem kulturellem Kapital‹ (Bücher etc.) verknüpft wird« (Stošić 2017b, S. 243).

Die latente Erwartung, dass zugewanderte Eltern in Deutschland »ein deutsches Kind großziehen« sollten (Bühler-Niederberger 2011, S. 161), wird in den letzten Jahren auch im Hinblick auf den kindlichen Deutscherwerb konkretisiert: Eltern sollen bereits im Kita-Alter ein Kind mit Fähigkeiten im Bereich *Bildungssprache Deutsch* großziehen. Und während vor einigen Jahren im Anschluss an die OECD-Vergleichsstudien alle mehrsprachigen Kinder als *sprachförderbedürftig* klassifiziert wurden und im Kontrast dazu für ein- bzw. deutschsprachige Kinder keine *Sprachförderung*, sondern ausschließlich *Sprachbildung* vorgesehen war (so die Definition von Lilian Fried aus dem Jahre 2006; zur Kritik vgl. Diehm & Panagiotopoulou 2011, S. 15 ff.), benötigen mittlerweile sowohl Kinder als auch deren Eltern angeblich eine Kompensation im Bereich der *Bildungssprache Deutsch*. Geschieht dies nicht, ist »Bildungsbenachteiligung« bei »Kindern aus einem ›bildungsfernen Elternhaus‹, was oft mit Armut und einem niedrigen sozioökonomischen Status konfundiert« (Chilla 2017, S. 125), mehr oder weniger vorprogrammiert und zwar unabhängig davon, ob in der jeweiligen Familie vielleicht weitere Bildungssprachen verwendet werden (vgl. auch ebd.).

Dass aber Eltern mit Migrationshintergrund keine besondere und noch dazu homogene Gruppe bilden, dass ein »Migranten-Milieu« empirisch nicht belegbar ist und dass schließlich zugewanderte Familien auch in Deutschland so heterogen sind, »wie die Milieus von Familien innerhalb der autochthonen deutschen Bevölkerung«, wissen wir spätestens seit der Studie von Sinus Sociovision (Fischer 2012, S. 13). Im Zuge »eines globalen Differenzierungsprozesses« fungiert – laut du Bois Reymond (2018, S. 165) – »ethnische Herkunft« nicht als die einzig bestimmende Unterscheidungskategorie zwischen Individuen oder sozialen Gruppen. In heterogenen Gesellschaften gewinnen Mehrfachzugehörigkeiten und intersektional ausgerichtete Selbstpositionierungen an Bedeutung, sodass u. a. die »Unterscheidungen zwischen ›Einheimischen‹ und ›Zugewanderten‹«« zunehmend verwischen und »ehemals einheimische Bevölkerungen« nicht mehr als »homogene Ethnien« gelten (ebd.). Diese »Einsicht« müssen sich allerdings »PolitikerInnen ebenso wie professionelle AusbildnerInnen und PraktikerInnen« in Kitas, Schulen sowie in »der Eltern- und Familienarbeit aneignen« (ebd.).

4 Schlussfolgerungen: Umgang mit migrationsgesellschaftlicher Heterogenität in inklusiven Bildungsinstitutionen

»Migrationsbedingte Heterogenität und Pluralität bilden den Normalfall in einer Gesellschaft, ihren Institutionen und Organisationen« (Diehm 2011, S. 45).

In aktuellen bildungspolitischen Debatten werden pädagogische Professionelle als die Hauptverantwortlichen für eine gelungene Gestaltung inklusiver Bildung angesehen, daher sollen sie mit der ›gegebenen‹ Heterogenität umgehen (lernen), sich dabei auch kritisch reflexiv mit der eigenen Rolle befassen, ohne aber das bestehende Bildungssystem, in dem sie tätig sind, hinterfragen zu müssen (zur Kritik vgl. Budde et al. 2018). Heterogenität bildet somit auch im Zusammenhang mit Inklusion nicht den Normalfall, sondern bleibt eine zentrale Herausforderung (früh-)pädagogischer Praxis. Im Zusammenhang mit Migration wird folglich inklusive Bildung als der pädagogische Versuch definiert, migrationsbedingt ›normabweichende‹ Entwicklung zu normalisieren, um Individuen und Gruppen in vermeintlich ethnisch, sprachlich und/oder kulturell bedingt (leistungs-)homogene Gruppen zu integrieren. Zuständig für die ›Normalisierung‹ der familialen Sozialisations- und Lernbedingungen risikobehafteter Kinder scheinen heute paradoxerweise auch ›inklusive‹ Kitas und Schulen zu sein (vgl. Winter & Panagiotopoulou 2017).

Mit diesem Beitrag sollte exemplarisch auf einen damit zusammenhängenden »doppelten Reduktionismus« verwiesen werden, der, laut Emmerich & Hormel (2013:133), »zum einen die Komplexität individueller Lebenswirklichkeiten, zum anderen die strukturelle Komplexität moderner

Migrationsgesellschaften verfehlt«. Die problematisierten Unterscheidungen in voneinander angeblich abgrenzbare (Leistungs-)Gruppen blenden nämlich die Komplexität und Vielfalt individueller und familialer (u. a. migrationsbedingter) Lebensbedingungen aus. Damit wird aber der eigentlich zu überwindende Dualismus – in Form von Dichotomien wie z. B. ›Deutsch (sprechend)‹ vs. ›nicht Deutsch(sprechend)‹ – auch im Kontext von inklusiv ausgerichteten Bildungsinstitutionen reproduziert.

Von dieser Problematik ausgehend stellt sich heute in der (früh-)pädagogischen Praxis vor allem die Aufgabe, die Perspektive zu wechseln und jenseits von Stereotypisierungen und Verallgemeinerungen Strukturen und Prozesse zu identifizieren, die Kinder und deren Eltern auch im pädagogischen Alltag als *Andere* konstituieren. Denn auch wenn ein international anschlussfähiges, breites sowie intersektional ausgerichtetes Inklusionsverständnis in aktuellen erziehungswissenschaftlichen Debatten an Bedeutung gewinnt, dominiert parallel dazu im öffentlichen Diskurs um (Flucht-)Migration sowie in der pädagogischen Praxis die Auffassung, dass ›migrationsbedingte Unterschiede‹ zur Exklusion führen. Dass solche Unterschiede erst im Kontext von (›inklusiven‹) Bildungseinrichtungen (re)produziert werden und dass sie prinzipiell mit machtvollen Unterscheidungen sowie mit strukturellen Exklusionsstrategien zusammenhängen, wird selten thematisiert.

Sowohl in der frühkindlichen als auch in der schulischen Praxis können sich pädagogische Professionelle, jenseits von normativen Inklusionsdebatten, auf die *migrationsgesellschaftliche Heterogenität* und somit auf die realen Lebensbedingungen von Kindern und Eltern, mit und ohne Migrationsgeschichte, einlassen. Dabei sollte auch die jeweilige Einrichtung frühkindlicher oder schulischer Bildung nicht normativ, dichotom und statisch, etwa als inklusiv und inkludierend *oder* als exklusiv und exkludierend deklariert werden. Vor dem Hintergrund jeweils konkreter institutioneller Bedingungen könnten auch konkrete Herausforderungen festgestellt werden, um spezifische Kompetenzen innerhalb der beteiligten multiprofessionellen Teams zu bündeln und entsprechende Veränderungsprozesse zu initiieren, wie dies seit vielen Jahren im internationalen Kontext sowie im Zusammenhang mit dem »Index für Inklusion« (vgl. Booth et al. 2013) systematisch erprobt wird.

Literatur

Akbas, B. & Brockmann, S. (2015): Kindertagesstätte als Vorbild für Schule. In: Leiprecht, R. & Steinbach, A. (Hrsg.): Schule in der Migrationsgesellschaft. Schwalbach/Ts, S. 405–424.

Autorengruppe Bildungsberichterstattung (Hrsg.) (2016): Bildung in Deutschland 2016. Ein indikatorengestützter Bericht mit einer Analyse zu Bildung und Migration. Bielefeld.

Autorengruppe Bildungsberichterstattung (Hrsg.) (2018): Bildung in Deutschland 2018. Ein indikatorengestützter Bericht mit einer Analyse zu Wirkungen und Erträgen von Bildung. Bielefeld.

Betz, T.; Bischoff, S.; Eunicke, N.; Kayser, L. B. & Zink, K. (2017): Partner auf Augenhöhe? Forschungsbefunde zur Zusammenarbeit von Familien, Kitas und Schulen mit Blick auf. Gütersloh.

Booth, T.; Ainscow, M. & Kingston, D. (2013): Index für Inklusion (Tageseinrichtungen für Kinder): Spiel, Lernen und Partizipation in der inklusiven Kindertageseinrichtung entwickeln. 7. Auflage. Frankfurt am Main.

Budde, J.; Panagiotopoulou, A. & Sturm, T. (2019): Bildungspolitische Steuerung des Erziehungswissenschaftlichen Diskurses zu schulischer Inklusion. In: Budde, J.; Dlugosch, A.; Herzmann, P.; Panagiotopoulou, A.; Rosen, L.; Sturm, T. & Wagner-Willi, M. (Hrsg.): Inklusionsforschung im Spannungsfeld von Erziehungswissenschaft und Bildungspolitik. Schriftenreihe der AG Inklusionsforschung der Deutschen Gesellschaft für Erziehungswissenschaft (DGfE). Opladen (i. E.).

Bühler-Niederberger, D. (2011): Lebensphase Kindheit. Theoretische Ansätze, Akteure und Handlungsräume. Weinheim.

Chilla, S. (2017): Sprachliche Bildung und Schulerfolg. Zur Individualisierung der »Schlüsselkompetenz Sprache« im deutschen Schulsystem. In: Gercke, M.; Opalinski, S. & Thonagel, T. (Hrsg.): Inklusive Bildung und gesellschaftliche Exklusion. Zusammenhänge – Widersprüche – Konsequenzen. Wiesbaden, S. 123–136.

Deutsche UNESCO-Kommission (2009): Frühkindliche Bildung inklusiv gestalten: Chancengleichheit und Qualität sichern. https://www.unesco.de/bildung/inklusive-bildung/fruehkindliche-bildung-inklusiv-gestalten-chancengleichheit-und-qualitaet (23.4.2019)

Diehm, I. (2011): Integration und Inklusion im Kontext von Migration und Pädagogik. In: Lütje-Klose, B.; Langer, M.T.; Serke, B. & Urban, M.: Inklusion in Bildungsinstitutionen. Eine Herausforderung an die Heil- und Sonderpädagogik. Bad Heilbrunn, S. 37–46.

Diehm, I. & Kuhn, M. (2006): Doing Race/Doing Ethnicity in der frühen Kindheit. In: Otto, H.-U. & Schrödter, M. (Hrsg.): Soziale Arbeit in der Migrationsgesellschaft. Sonderheft 8, neue praxis, S. 140–151.

Diehm, I. & Radtke, F.-O. (1999): Erziehung und Migration. Eine Einführung. Stuttgart u. a.

Diehm, I. & Panagiotopoulou, A. (2011): Einleitung: Einwanderung und Bildungsbeteiligung als Normalität und Herausforderung. In: Diehm, I. & Panagiotopoulou, A. (Hrsg.): Bildungsbedingungen in europäischen Migrationsgesellschaften. Ergebnisse qualitativer Studien in Vor- und Grundschule. Wiesbaden, S. 9–24.

du Bois Reymond, M. (2018): Eltern- und Familienbildung als intergenerative und transnationale Herausforderung. In: Kapella, O.; Schneider, N. F. & Rost, H. (Hrsg.). Fami-

lie - Bildung - Migration. Familienforschung im Spannungsfeld zwischen Wissenschaft, Politik und Praxis. Opladen, S. 156–166.
Emmerich, M. & Hormel, U. (2013): Heterogenität - Diversity - Intersektionalitäat. Zur Logik sozialer Unterscheidungen in pädagogischen Semantiken der Differenz. Wiesbaden.
Fischer, V. (2012): Im Blickpunkt: Migration. Eltern stärken - Teilhabe verbessern. Sinus Sociovision. https://familienbildung-in-nrw.de/fileadmin/user_upload/Images/Content/fachkraefte/ElternBroschre_web.pdf (24.06.2018).
Fried, L. (2006): Sprachförderung. In: Fried, L. & Roux, S. (Hrsg.): Pädagogik der Frühen Kindheit. Handbuch und Nachschlagewerk. Weinheim und Basel, S. 173–178.
Gomolla, M. & Radtke, F.-O. (2002): Institutionelle Diskriminierung. Die Herstellung ethnischer Differenz in der Schule. Opladen.
Kelle, H.; Schmidt, F. & Schweda, A. (2017): Entstehung und Abbau von Bildungsungleichheiten Herausforderungen für die empirische Bildungsforschung mit Fokus auf der frühen Kindheit. In: Diehm, I.; Kuhn, M. & Machold, C. (Hrsg.): Differenz - Ungleichheit - Erziehungswissenschaft. Wiesbaden, S. 63–79.
KMK/Interkulturelle Bildung (2013): Interkulturelle Bildung und Erziehung in der Schule Beschluss der Kultusministerkonferenz vom 25.10.1996 i. d. F. vom 5.12.2013. https://www.kmk.org/fileadmin/Dateien/pdf/Themen/Kultur/1996_10_25-Interkulturelle-Bildung.pdf
Krüger-Potratz, M. (2016): Migration als Herausforderung für öffentliche Bildung. Ein Blick zurück nach vorn. In: Doğmuş, A.; Karakaşoğlu, Y. & Mecheril, P. (Hrsg.): Pädagogisches Können in der Migrationsgesellschaft. Wiesbaden, S. 13–41.
Kuhn, M. (2011): Vom Tanzen in Russland und Lächeln in Japan. Ethnisierende Differenzinszenierungen im Kindergartenalltag. In: Diehm, I. & Panagiotopoulou, A. (Hrsg.): Bildungsbedingungen in europäischen Migrationsgesellschaften. Ergebnisse qualitativer Studien in Vor- und Grundschule. Wiesbaden, S.141–158.
Kuhn, M. (2013): Professionalität im Kindergarten. Eine Ethnographische Studie zur Elementarpädagogik in der Migrationsgesellschaft. Wiesbaden.
Lamm, B. (2017): Kultursensitive Frühpädagogik - Ansätze zum Umgang mit kultureller Vielfalt in der Frühpädagogik. In: Henkel, J. & Neuß, N. (Hrsg.): Kinder und Jugendliche mit Fluchterfahrungen. Pädagogische Perspektiven für die Schule und Jugendhilfe. Stuttgart, S. 111–120.
Maaz, K. & Jäger-Biela, D. (2016): Bildung und Migration: Schritte in die richtige Richtung, denen weitere folgen müssen. In: Deutsches Institut für Internationale Pädagogische Forschung (Hrsg.): DIPF informiert: Bildung in Deutschland. Befunde und Perspektiven aus dem Bildungsbericht 2016, Heft 24, S. 46–50.
Machold, C. (2015): Kinder und Differenz. Eine ethnografische Studie im elementarpädagogischen Kontext. Wiesbaden.
Nationaler Aktionsplan Integration (2011): Zusammenhalt stärken - Teilhabe verwirklichen. Herausgeber Presse- und Informationsamt der Bundesregierung; die Beauftragte der Bundesregierung für Migration, Flüchtlinge und Integration: Berlin.
Panagiotopoulou, A. (2016): Mehrsprachigkeit in der Kindheit. Perspektiven für die frühpädagogische Praxis. Weiterbildungsinitiative Frühpädagogische Fachkräfte. München: WiFF Expertisen, Band 46.

Panagiotopoulou, A. (2017): Mehrsprachigkeit und Differenzherstellung in Einrichtungen frühkindlicher Erziehung und Bildung. In: Diehm, I.; Kuhn, M. & Machold, C. (Hrsg.): Differenz – Ungleichheit – Erziehungswissenschaft. Wiesbaden, S. 257–274.

Panagiotopoulou, A. & Kassis, M. (2016): Frühkindliche Sprachförderung oder Forderung nach Sprachentrennung? Ergebnisse einer ethnographischen Feldstudie in der deutschsprachigen Schweiz. In: Geier, Th. & Zaborowski, K. U. (Hrsg.): Migration: Auflösungen und Grenzziehungen – Perspektiven einer erziehungswissenschaftlichen Migrationsforschung. ZSB-Reihe. Wiesbaden, S. 153–166.

Stanat, P. & Segeritz, M. (2009): Migrationsbezogene Indikatoren für eine Bildungsberichterstattung. In: Tippelt, R. (Hrsg.): Steuerung durch Indikatoren? Methodologische und theoretische Reflexionen zur deutschen und internationalen Bildungsberichterstattung. Opladen, S. 141–156.

Stošić, P. (2017a): Kinder mit »Migrationshintergrund«. Reflexionen einer (erziehungs-)wissenschaftlichen Differenzkategorie. In: Diehm, I.; Kuhn, M. & Machold, C. (Hrsg.): Differenz – Ungleichheit – Erziehungswissenschaft. Wiesbaden, S. 81– 99

Stošić, P. (2017b): Das Bildungsproblem der Kinder mit Migrationshintergrund. Eine empirische Studie zur Medialisierung wissenschaftlichen Wissens. Wiesbaden.

Westphal, M. (2018): Transnationaler Bildungsort Familie: Elterliche Erziehung und Bildung in der Migration. In: Glaser, E.; Koller, H.-Ch.; Thole, W. & Krumme, S. (Hrsg.): Räume für Bildung – Räume der Bildung. Beiträge zum 25. Kongress der Deutschen Gesellschaft für Erziehungswissenschaft. Schriften der DGfE. Opladen, S. 161–171.

Winter, J. & Panagiotopoulou, A. (2017): Wenn auch Kinder dabei sind, »die noch nicht schulreif waren, als sie eingeschult wurden« – Der Übergang in die inklusive Grundschule. Zeitschrift für Grundschulforschung (ZfG), 10. Jg., H. 1, S. 25–37.

Kinder in Armut und sozialer Benachteiligung. Konsequenzen für inklusive Kindertagesstätten

Hans Weiß

Zugespitzt gefragt: Bedarf es eines Buchbeitrags zum Thema *Kinder aus Armutsverhältnissen in inklusiven Kindertagesstätten* wirklich? Kinder stellen in Deutschland ein Armutsrisiko dar, d.h., mit wachsender Kinderzahl und zudem verschränkt mit der Form der Einelternfamilie steigt für Familien die Wahrscheinlichkeit einer Armutsgefährdung (Kap. 3.1).

> »Verschärft wird diese strukturelle Benachteiligung von Familien mit Kindern noch dadurch, dass sich aufgrund von Segregationsprozessen auch eine sozialräumliche Dimension von Armut und Unterversorgung herausgebildet hat. Familien und insbesondere arme Familien konzentrieren sich in Wohngebieten mit schlechter Infrastruktur und geringerer Lebensqualität« (Engelbert 2011, 3).

Zumindest für größere Städte ist zu fragen, ob auch unter diesem sozialräumlichen Segregationsaspekt Kinder in Armutslagen wirklich inklusive

Kindertagesstätten mit heterogener Zusammensetzung hinsichtlich (Nicht-) Behinderung, Sozialstatus und ethnischer Herkunft besuchen.

Um die Frage zu konkretisieren: Als eine Erfahrungsgrundlage für diesen Beitrag dienten Interviews in drei Kindertageseinrichtungen, die in sozial belasteten Stadtteilen Münchens liegen und nach der »Münchner Förderformel«[1] gefördert werden. In allen drei Kitas waren zum weitaus größten Teil Kinder mit ökonomischen Einschränkungen und Armut (90–95 Prozent) sowie Migrationshintergrund.

Die Eingangsfrage wird noch brisanter, wenn man von einem »starken« Inklusionsverständnis ausgeht, wie es von dem Soziologen Martin Kronauer (2015) vertreten wird. Er zeigt überzeugend auf, wie wichtig es ist, die beiden, in Deutschland oftmals getrennt geführten Inklusionsdiskurse – die Inklusion von Menschen mit Behinderung insbesondere auf der Basis der UN-Behindertenrechtskonvention *und* den soziologischen Diskurs von Inklusion und Exklusion gesellschaftlich benachteiligter Menschen – zusammenzuführen. Die Aufgabe einer inklusiven frühkindlichen Bildung von Kindern in Armutslagen fordert dies geradezu heraus, auch angesichts der noch zu zeigenden insgesamt höheren Auftretenshäufigkeit von manifesten Behinderungen innerhalb sozial benachteiligter Lebenslagen.

Aus den bisherigen Anmerkungen werden Spannungsmomente sichtbar; zwei davon sollen näher skizziert werden.

1 Familien in Armutslagen und ›öffentliche Kleinkinderziehung‹ – ein komplexes Spannungsverhältnis

Die erwähnte sozialräumliche Tendenz der Entwicklung von Kindertageseinrichtungen mit überwiegend bis fast ausschließlich Kindern aus deprivierten Lebensverhältnissen – kontrastierend zu einer gegenläufigen Tendenz in gut situierten Stadtteilen – zeigt Analogien zur Entstehungsgeschichte der *öffentlichen Kleinkinderziehung* (vgl. Reyer 2006, S. 13) in den deutschen Staaten des 19. Jahrhunderts, aus sich denen unser heutiges System der Kindertagesbetreuung und frühen Bildung entwickelt hat. Der so-

---

[1] Dabei handelt es sich um ein Finanzierungs- und Förderungskonzept mit dem Ziel größerer Bildungsgerechtigkeit (file:///C:/Users/Hans%20Wei%C3%9F/Downloads/lvo_foerderformel_web%20(4).pdf; Abruf: 06.07.2018). Frau Bodenmair, Frau Patorra-Prall und Herrn Waidacher danke ich für die Interviews.

zialhistorischen Studie von Jürgen Reyer (1983) zufolge verstanden sich die in dieser Zeit entstehenden Kindertageseinrichtungen als »nebenfamiliale Nothilfeeinrichtungen« (Reyer 2006, 64) für Kinder aus Familien, die in den sozialen Umwälzungen und Verwerfungen im Kontext der industriellen Revolution ökonomischen und psychosozialen Verarmungs- und Verelendungsprozessen ausgesetzt waren. Krippen, »Bewahranstalten«, »Volkskindergärten« usw. (Reyer 1983, S. 206) galten im Vergleich zur Sozialisation und Bildung eines Kindes in der Familie entsprechend dem bürgerlichen Familien- und Erziehungsideal der damaligen Zeit als »›Nothbehelf‹ von prinzipiell minderer Qualität« (ebd.). Zwei zentrale Ziele waren damit vor allem verbunden: Zum einen sollten die Kinder in ihren belastenden und deprivierenden Lebens- und Entwicklungsbedingungen zeitweise entlastet und im Sinne einer »proletarischen Sittlichkeit« (Reyer 1983, S. 173–175), also auf ihre spätere Lebensperspektive hin orientiert, erzogen werden. Zum anderen sollten diese Einrichtungen es den Müttern ermöglichen, einer außerhäuslichen Erwerbstätigkeit nachzugehen und dadurch zur materiellen Existenzsicherung der Familie beizutragen.

Die Argumente zur Begründung und Durchsetzung der öffentlichen Kleinkinderziehung entstanden fast durchgehend aus einem einseitig bürgerlichen Blick auf die Lebenszusammenhänge verarmter Familien im 19. Jahrhundert. Anstelle differenziert kritischer Analysen zu den Ursachen und Folgen zum Teil massenhafter proletarischer Verhältnisse und notwendiger politisch-gesellschaftlicher Maßnahmen verkürzten sich die Begründungsmuster auf individualisierende und moralisierende Vorhaltungen und Schuldvorwürfe an die betroffenen Eltern. Ihnen wurden ›Faulheit‹, ›Genußsucht‹, ›Mangel an Verstand und Willen‹ [...]« (ebd., S. 191) als Ursachen von Armut und unzureichende Erziehungsfähigkeit attestiert. Die pauschale Verknüpfung von Leben in Armut und sittlicher Unzulänglichkeit, beurteilt aus der Perspektive der damaligen bürgerlichen Schichten und unüberbietbar komprimiert in der additiven Verbindung »arme und verdorbene Menschenklasse« (zit. nach ebd., S. 184), mündete in der Folgerung,

> »[...] daß die Sittenlosigkeit der Menschen, und die Gestaltung der gesellschaftlichen Verhältnisse, Fälle herbeigeführt haben, in welchen die elterliche Erziehung nicht eintreten kann, oder Nachtheile darbietet, die sich durch nichts aufwiegen lassen. Füglich kann man diese Fälle in den beiden zusammenfassen:
> a) sie wollen nicht,
> b) sie können nicht ihre Kinder gut erziehen« (Wilderspin 1826, 201, zit. nach Reyer 1983, S. 178[2]).

---

2 Reyer, zitiert hier nach Wertheimer 1826, S. 201, verweist jedoch im Literaturverzeichnis direkt auf Wilderspin 1826.

Solche diskriminierenden Pauschalaussagen über Eltern und Familien in Armutssituationen des 19. Jahrhunderts ließen sich im Rückblick auf die Entstehung der öffentlichen Kleinkinderziehung, wie bei Reyer (1983) nachzulesen, beliebig fortsetzen. Wichtig und zugleich brisant ist eine solche sozialhistorische Rückschau auch deshalb, weil sie die Notwendigkeit einer öffentlichen Erziehung und Bildung für Kleinkinder in Armutslagen mithilfe einseitiger, klischeehafter Begründungen zulasten ihrer Familien und Eltern aufzuzeigen sucht. Durch eine solche vorurteilsbeladene Argumentation des *victim-blaming,* der einseitigen Schuldzuweisung an die Opfer (der wirtschaftlichen und gesellschaftlichen Verhältnisse), wird eine Zusammenarbeit mit diesen im Sinne einer Erziehungs- und Bildungspartnerschaft erheblich erschwert, wenn nicht gar verhindert.

Dieses Begründungsmuster wirkt jedoch – und darin liegt die Brisanz – bis in die Gegenwart hinein. So zeigte Johanna Mierendorff (2008) in ihrem Beitrag »Armut als Entwicklungsrisiko?« auf, dass der »politische Kinderarmutsdiskurs« (ebd.) etwa seit der Jahrtausendwende im Zuge des »Umbaus des Sozialstaates« hin zu einem »aktivierenden Sozialstaat« (ebd., S. 155) nicht mehr so intensiv wie in den 1980er- und 1990er-Jahren gesellschaftliche Bedingungen für die Entstehung von Armut und sozialer Benachteiligung im Blick hat. Stattdessen werden vorrangig die Entwicklungsrisiken von Kindern in Armutslagen und ihre familiären Sozialisationsbedingungen wiederum in einer verkürzenden, individualisierenden, d. h. auf die Eltern und den familiären Kontext zentrierten Weise herausgestellt:

> »Es sind weniger die finanziellen Transfers, die in der Kritik stehen, sondern zum einen Mütter, die nicht arbeiten (wollen) und einem klassischen Rollenmodell folgen, auch wenn ein zweites Erwerbseinkommen notwendig wäre, zum anderen Eltern, die nicht gewillt sind, in die Bildungskarrieren ihrer Kinder zu investieren. Die Interpretation von Armutsursachen als individuelles Verschulden und nicht als kollektive Lagen wird in der Armutsforschung bereits seit Mitte der 1990er Jahre als Individualisierung von Armut und Armutsrisiken diskutiert [...]. Etwas überspitzt formuliert könnte man sagen, dass nicht primär die gesellschaftlichen Verhältnisse wie Arbeitslosigkeit [oder Armut trotz Arbeit (»working poor«); H. W.] und monetäre Umverteilungssysteme in den Blick genommen werden, sondern eher die individuellen Bedingungen und Strategien, die mehr oder weniger erfolgreich sind, um mit ungewissen beruflichen und anderen biographischen Situationen umzugehen« (Mierendorff 2008, S. 153 f.).

Der vorliegende Beitrag soll solchen in der Geschichte der öffentlichen Kleinkinderziehung und -bildung immer wieder auftauchenden Verkürzungen in der Beschreibung und Analyse der Lebenswirklichkeiten von sozial benachteiligten Kindern und Familien nicht selbst Vorschub leisten, was angesichts der thematischen Komplexität (Kap. 3.2 und Kap. 3.3) nicht einfach ist. Dazu dienen auch die wiederholten Hinweise auf die Selbstreflexionskompetenz der pädagogischen Fachpersonen (Kap. 5.1).

2 Inklusion und Bildungsgerechtigkeit – ein spannungsvolles Verhältnis im Kontext frühkindlicher Bildung

Bereits seit dem Bekanntwerden der ersten PISA-Ergebnisse werden mit der frühkindlichen Bildung große Hoffnungen auf mehr Bildungsgerechtigkeit für Kinder in benachteiligten Lebenslagen, z. B. Armut, verbunden. So hat sich nach Stamm und Viehhauser (2008, S. 2) die »vielfach als Gewissheit postulierte Aussage« herausgebildet, dass »frühkindliche Bildung in der Lage sei, soziale Benachteiligung zu kompensieren und allen Kindern gleiche Startchancen für ihre Bildungslaufbahnen zu ermöglichen«. Diese »Argumentationsfigur« (ebd.) wirkt auch deshalb so plausibel, weil frühkindliche Bildung das erste institutionalisierte und breit zugängliche Bildungsangebot für im Prinzip *alle* Kinder – ungeachtet ihrer sozialen Lage – darstellt. Sie lässt sich auch empirisch untermauern (Kap. 4). Insofern ist der weitere qualitative und quantitative Ausbau der frühkindlichen Bildung – einschließlich der Kindertagesbetreuung der unter 3-Jährigen – dringend geboten. Ungeachtet dessen tun sich kritische Fragen auf, die auf relevante Spannungsmomente hinweisen. Zum einen ist zu fragen: Wird der frühkindlichen Bildung, speziell den Kindertageseinrichtungen, damit nicht eine unangemessene Hoffnungs- und Verantwortungslast aufgeladen, insbesondere wenn man die Vielschichtigkeit und Komplexität von Armuts- und Benachteiligungssituationen im Kontext von wirtschaftlichen und gesellschaftlichen Ungleichheitsstrukturen bedenkt. Diese erfordern – im Zusammenhang mit der Reduzierung von Bildungsarmut – komplexere Strategien auf verschiedenen Ebenen (vgl. Baader et al. 2011, S. 58). Der weitere Ausbau der frühkindlichen Bildung, so wichtig er ist, darf nicht als Alibi für das Fehlen solcher politischen Gesamtstrategien herhalten.

Wird die Ausgleichs- bzw. Kompensationsfunktion der frühkindlichen Bildung im Sinne größerer Bildungsgerechtigkeit für Kinder in Armutslagen hervorgehoben, ergibt sich ein weiteres Spannungsmoment zum Inklusionsgedanken in der frühkindlichen Bildung. ›Ausgleich‹, ›Kompensation‹ zielt darauf ab, als unzureichend eingeschätzte Entwicklungs- und Lernvoraussetzungen von Kindern an die in der Schule erwarteten – und damit als Leistungsnormen fungierenden – Kompetenzstandards so gut wie möglich heranzuführen. Dazu wird eine Vielzahl diagnostischer Einschätzungen vorgenommen, von den sog. U-Untersuchungen in der kinderärztlichen Praxis bis zu Entwicklungsbeobachtungen und Sprachstandserhebungen sowie regelmäßigen Entwicklungsgesprächen in der Kita. Wie jedoch passt zu einer »vermessenen Kindheit« (Hänssler 2015; vgl. Bollig & Ott 2008) und darauf aufbauenden kompensatorischen Bildungs- und Förderangeboten der inklusive Grundgedanke der Anerkennung von Vielfalt aller Kinder, gleich wo sie in ihrer Entwicklung stehen? Offenbar hat die Anerkennung von Heterogenität bereits im Elementarbereich ihre Grenzen, insofern »unerwünschte Ausprägungen von Verschiedenheit als bearbeitungsbedürftige Probleme angesehen werden« (Dederich 2013, S. 33). Das hier deutlich werdende Spannungsmoment dürfte letztlich unvermeidbar sein, und es wird darauf ankommen, produktiv damit umzugehen.

Ein zentraler Aspekt des produktiven Umgehens mit diesem Spannungsverhältnis besteht in einer engen Verknüpfung der Inklusionsphilosophie (vor allem im Sinne der UN-Behindertenrechtskonvention) mit dem Teilhabegebot (wie es im neuen Bundesteilhabegesetz dem Grunde nach verankert ist). Es geht darum, das Recht *jedes* Kindes auf umfassende Teilhabechancen im sozialen Kontext und speziell auch im Bildungsbereich konsequent umzusetzen, um damit Exklusionsgefahren zu reduzieren. Dies setzt voraus, Bedingungen für Exklusionsprozesse bei Kindern in Armutslagen (und deren Eltern/Familien) und daraus resultierende Teilhaberisiken im Bildungsbereich zu erkennen.

3 Armutslagen in Deutschland: Schlaglichter auf betroffene Familien und Kinder

3.1 Kriterien und Ausmaß von Armut und Armutsgefährdung

Einschätzungen darüber, was Menschen an materiellen Gütern für ein menschengerechtes und würdevolles Leben mindestens brauchen, unterliegen gesellschaftlichen Wertvorstellungen. Daher sind politische Festlegungen, unter welchen Bedingungen Menschen als arm gelten und ein Recht auf Hilfeleistungen haben, einem ständigen aushandelbaren gesellschaftlich-politischen Definitionsprozess unterworfen (vgl. Hübenthal 2009, S. 8). Zur Bestimmung von empirisch überprüfbarer Armut verwendet man in Deutschland – ähnlich wie in vergleichbaren modernen Industriestaaten – zwei Kriterien: das Konzept der relativen Armut (1) sowie die Berechtigung zum Bezug von sozialstaatlichen Grundsicherungsleistungen (2) (vgl. Hock, Holz & Kopplow 2014, S. 12).

Zu 1: Bei der *relativen Armut* wird ein Bezug (eine Relation) zum durchschnittlichen Einkommensniveau in der Gesamtbevölkerung hergestellt. Erst wenn ein bestimmter Schwellenwert, bezogen auf das Durchschnittseinkommen der in Haushaltsgröße und -zusammensetzung vergleichbaren Bevölkerungsgruppen, unterschritten wird, spricht man von Armut. In der Europäischen Union wird dazu die 60-Prozent-Einkommensquote verwendet. Diese soll, genau genommen, nicht Armut, sondern das *Armutsrisiko* bzw. die *Armutsgefährdung* bestimmen. Das heißt, Haushalte, die über höchstens 60 Prozent des mittleren Einkommens aller in ihrer Größe vergleichbaren Haushalte verfügen, sind armutsgefährdet. Sie befinden sich innerhalb des großen Ungleichheitsspektrums in Deutschland deutlich im unteren Einkommensbereich (vgl. Cremer 2016, S. 27) und geraten an oder in eine materielle Unterversorgung mit entsprechenden Auswirkungen auf die gesamte Lebenslage (Kap. 3.2).

Zu 2: Als weiteres Armutskriterium für Armut gelten sozialstaatliche Grund- bzw. Mindestsicherungsleistungen, in Deutschland insbesondere Arbeitslosengeld II/Sozialgeld (sog. »Hartz IV«) oder »Grundsicherung im Alter und bei Erwerbsminderung« (SGB II), Sozialhilfe genannt (Hock, Holz & Kopplow 2014, S. 13).

Gemäß der Armutsrisikoschwelle der EU ist die Armutsgefährdung in Deutschland seit der Wiedervereinigung von 11 Prozent (1991) auf 15,5 Prozent (2014) deutlich gestiegen (Cremer 2016, S. 31), allein zwischen 1998 und 2005 von 11 auf über 14 Prozent. Nach Cremer (ebd.) kann diese Entwicklung auf eine zunehmende ökonomische Ungleichheit und speziell auf eine wachsende Spreizung der Einkommen aus unselbstständiger Arbeit zurückgeführt werden. Ungeachtet von stichprobenspezifischen Detailunterschieden zeigen sich in Deutschland übereinstimmende Trends in der Entwicklung und Verteilung der Armutsgefährdung und Armutsbetroffenheit. Das Kinderarmutsrisiko (bezogen auf die 60-Prozent-Armutsrisikoschwelle) liegt seit vielen Jahren auf einem beständig hohen Niveau (2013: 19,2 %) und damit deutlich über dem Armutsrisiko der Gesamtbevölkerung (15,5 %; vgl. Der Paritätische Gesamtverband 2015, S. 18). Einelternfamilien mit einer Armutsrisikoquote von mehr als 30 Prozent (vgl. Heidenreich 2018), Zweielternfamilien ab drei Kindern und Migrantenfamilien sind besonders armutsgefährdet. Zusammen mit der Familienform spielt für das Armutsrisiko eine geringe Erwerbsbeteiligung der Eltern bis hin zur Erwerbslosigkeit eine Rolle (Hock, Holz & Kopplow 2014, S. 18). Für alleinerziehende Frauen ist es erheblich schwieriger, Erwerbsarbeit und Familienaufgaben zu vereinbaren (vgl. Heidenreich 2018).

Kinder stellen nicht nur ein Risiko für Armut dar, sie sind auch von familiärer Armut und Armutsgefährdung besonders betroffen. Nach der repräsentativen Kinderarmutsstudie von Tophoven et al. (2017) lebten 21 Prozent der einbezogenen Kinder innerhalb eines 5-jährigen Beobachtungszeitraums mit einem dauerhaften oder wiederkehrenden Armutsrisiko und weitere rund 10 Prozent mit einem temporären Armutsrisiko.

Zwar war auch bei den Kindern mit einem dauerhaften oder wiederkehrenden sowie einem temporären Armutsrisiko die existenzielle Grundversorgung in der Regel gewährleistet. Aber je länger Armutsrisiken andauerten, desto eher waren auch die Kinder mit einer materiellen Unterversorgung konfrontiert, die von sozialen und kulturellen Aktivitäten ausschließt. In der Studie wurde nach 23 Gütern und Aspekten sozialer Teilhabe gefragt. Dazu gehörten eine ausreichend große Wohnung, eine Waschmaschine, ein internetfähiger Computer, die Möglichkeit, monatlich einen festen Betrag sparen zu können, sowie soziale und kulturelle Aktivitäten, z. B. Kinobesuch und Einladen von Freunden zum Essen nach Hause. Es zeigte sich, dass durchschnittlich Kindern mit einem dauerhaften Armutsrisiko 7,3 der 23 materiellen und immateriellen Güter und Kindern mit einem kurzzeitigen Armutsrisiko 3,4 Güter fehlen. Hingegen mussten Kinder aus gesicherten Einkommensverhältnissen durchschnittlich nur auf 1,3 Güter verzichten.

3.2 Armut und Armutsgefährdung: Belastungen in einem Leben am Rande oder in materieller Unterversorgung

Armutsgefährdung und Armut als Leben am Rande oder in materieller Unterversorgung schränken die subjektiven Handlungsspielräume und Entfaltungsmöglichkeiten in den zentralen Lebensbereichen Arbeit, Versorgung, Sozialisation, Bildung und kulturelle Teilhabe, physische und psychische Regeneration, Kontakte und Beziehungen, Förderung individueller Neigungen und Fähigkeiten in aller Regel gravierend ein; »[...] gleichberechtigte Teilhabechancen an den Aktivitäten und Lebensbedingungen der Gesellschaft« sind dadurch oftmals ausgeschlossen« (BMAS 2013, S. 436).

Zwar ist nach dem »Befähigungsansatz« des Ökonomie-Nobelpreisträgers Amartya Sen (2010) zwischen Ressourcen und (Lebens-)Chancen bzw.

umfassenden Fähigkeiten (»Capabilities«) zu unterscheiden (ebd., S. 281). Letztere sind für ihn »Befähigungen und Handlungsspielräume, über die eine Person verfügt« (ebd., S. 258), um ein Leben führen zu können, das sie mit guten Gründen wertschätzt und ihr dadurch Selbstachtung ermöglicht. Aber Ressourcen und Befähigungen bedingen einander: Je länger und intensiver bei Armut ein (materieller) Ressourcenmangel vorliegt, umso eingeschränkter werden die Chancen sein, ein subjektiv begründetes Leben in Selbstachtung zu realisieren (vgl. ebd., S. 282–285).[3]

Mit dem Stichwort ›Selbstachtung‹ ist bereits eine mögliche problematische Konsequenz von Armut und ökonomischer Einschränkung für die betroffenen Menschen genannt. Einige seien kurz skizziert, weil sie für Kinder in Armut(sgefährdung) hoch bedeutsam sind.

Prozesse der (Selbst-)Beschämung

Armut und ökonomische Einschränkung in einem wohlhabenden Land gilt – trotz ihrer relativen Häufigkeit – als Minoritätsproblem, das oftmals individualisiert wird. Das heißt, die dahinterliegenden und sie mitbedingenden ökonomischen und gesellschaftlichen Strukturen werden auf die im Armutsrisiko lebenden Menschen selbst und ihre Lebensform bezogen und mit Schuldzuordnungen an sie gekoppelt. Zudem herrscht in der Öffentlichkeit das Bild vor, dass Staat und Gesellschaft Armut z. B. durch Hartz IV hinreichend ›bekämpfen‹ würden. In Deutschland müsse daher, so heißt es, niemand ›wirklich‹ arm sein. All dies führt dazu, dass sich Menschen in Armut und Benachteiligung im Grunde für ihre Situation selbst schämen, auch Beschämung erfahren. Sie werden in ihrer Bedürftigkeit, welche Gründe sie auch im Einzelnen hat, nicht anerkannt (vgl. Prantl 2005, S. 52).

Beschämt werden und sich selbst zu schämen bedingt mangelnden Respekt und Selbstrespekt – mit allen Folgen für die Betroffenen wie ihre Kinder. Wer über wenig Selbstrespekt und Selbstwert verfügt, hat es schwer, Respekt an seine Kinder weiterzugeben.

Mangel an Zeitstrukturen und zukunftsgerichteter Motivation

Mangelnde Handlungsspielräume in zentralen Bereichen der Lebensgestaltung erschweren es, längerfristige Zeitstrukturen und daran gebundene

---

3 Wie auch umgekehrt hinreichende Fähigkeiten es ermöglichen, Ressourcen zu erschließen.

Planungskompetenzen aufzubauen. Umgekehrt führt eine erhebliche Einschränkung bisheriger Handlungsspielräume, z. B. durch eintretende und länger andauernde Arbeitslosigkeit, oftmals zu einem Verlust bisheriger Zeitstrukturen bis hin zu resignativer Antriebslosigkeit, wie die schon klassische Feldstudie von Jahoda et al. (1933/1994) »Die Arbeitslosen von Marienthal« eindrucksvoll dokumentiert hat.

In dem Film »Abgehängt – Leben in der Unterschicht« (https://www.youtube.com/watch?v=r-YA5H33aY4) werden drei ›Hartz-IV-Familien‹ life vorgestellt, darunter auch die Familie Hensel mit der kleinen Tochter Melina. Im Rahmen der Eingliederung Melinas in den Kindergarten äußerte sich die Mutter Nicole (22 Jahre, ehemalige Förderschülerin) hinsichtlich ihrer Zeitvorstellungen:

> »Also, ich plan, wenn ich vorausplan [...], dann drei, vier Tage, länger nicht. Wenn ich jetzt plan, zum Beispiel lad ich jetzt da Bekannte ein, mache Küchen oder so, lad ich ein, dann ist kein Geld da für Kaffee oder Kuchen.«

Auf die Frage, wie das in fünf Jahren bei Frau Hensel aussehen sollte, antwortet sie:

> »Ach, das weiß ich nicht, was in fünf Jahren ist. Ich plan überhaupt nicht mehr im Voraus. Das hab ich mir abgewöhnt. Ich hab das die ganze Zeit gemacht. Das hat nicht so hingehauen, wie ich geplant hatte.«

Wenn durch ein fehlendes festes Arbeitsverhältnis vorgegebene (Zeit-)Strukturen entfallen und unsichere finanzielle Ressourcen nur geringen zeitlichen Spiel- und Handlungsraum ermöglichen (»dann ist kein Geld da für Kaffee und Kuchen«), können sich auch realitätsbezogene zukunftsgerichtete Perspektiven und entsprechende Verwirklichungschancen nur schwer entwickeln oder verlieren sich (vgl. Bourdieu 2001, S. 284).

Ausgrenzung und Nicht-Dazugehören

Entgegen vordergründiger Eindrücke sind Menschen in Armutslagen oftmals mit Isolierung und Ausgegrenztwerden konfrontiert. Dies hängt auch mit massiven Abgrenzungstendenzen der breiten Mittelschicht nach ›unten‹ zusammen (Merkle & Wippermann 2008, S. 50 f.). Eine »Demarkationslinie« trennt »sozial-hierarchisch die Ober- und Mittelschicht von den Milieus am unteren Rand der Gesellschaft« (ebd., S. 51) und symbolisiert deren Nicht-Dazugehören.

Menschen in Armut und Benachteiligung (einschließlich den Kindern und Jugendlichen) bleiben diese Ab- und Ausgrenzungstendenzen von ›oben‹ nicht verborgen – mit entsprechenden Konsequenzen für ihr Selbstbild und ihren Selbstrespekt in einer je individuell legierten Mischung von Abgehängtwerden und Sich-abgehängt-Fühlen.[4]

Diskrepanzerfahrungen und Erschöpfungszustände

Menschen im Armutsrisiko nehmen gesellschaftliche Erwartungen, die mit dem Leitbild des »unternehmerischen Selbst« (Bröckling 2007), des flexiblen, verantwortlichen Selbstmanagers für die Belange des eigenen Lebens und des Lebensglücks, verbunden sind, und speziell an sie gestellte Anforderungen des ›aktivierenden Sozialstaates‹ wahr. Gleichzeitig erleben sie tagtäglich die Kluft zwischen diesen Anforderungen und den ihnen verfügbaren Handlungsspielräumen und Verwirklichungschancen. Derartige Diskrepanzerfahrungen können »zum ständigen Hin und Her zwischen Wunschträumen und Selbstaufgabe, zwischen der Flucht ins Imaginäre und der fatalistischen Unterwerfung unter die Verdikte des Gegebenen« (Bourdieu 2001, S. 284) führen. Für Ronald Lutz sind solche Menschen mit *sozialer Erschöpfung* konfrontiert, die er folgendermaßen umschreibt:

> »Soziale Erschöpfung ist eine soziale Situation, in der Menschen zwar initiativ sind, aber nicht im Sinne von Teilhabe, Reflexion und Gestaltung, sondern lediglich hinsichtlich eines Kampfes, die Zumutungen des Alltags einigermaßen zu bewältigen. Der Blick auf die Zukunft fehlt, da die Gegenwart übermächtig wird. Sozial Erschöpfte verharren in einer Form der Verlangsamung, in einer Zeit ohne morgen [...]. Formen sozialer Erschöpfung zeigen sich als ein von verwundbaren und verwundeten Menschen erlebtes Drama der Unzulänglichkeit, des Scheiterns und der Einsamkeit. Erschöpfung wird zur Kehrseite des Menschen, der in den Aktivierungszumutungen der Politik das Ideal ist« (Lutz 2014b, S. 122).

Nicht alle Menschen, die (zeitweise) am Rande oder in materieller Unterversorgung leben, leiden unter sozialen Erschöpfungszuständen, »die das gesamte Leben, die sozialen Beziehungen und das Handeln durchdringen und prägen« (Lutz, 2014a, S. 100). Sie zeigen sich vor allem bei jenen Menschen, »die dem Tempo und den Zumutungen der Gesellschaft nicht mehr folgen können. Durch vielfältige Formen der Entmutigung, hervorgerufen durch höhere Verwundbarkeit, Verunsicherung, Statusverluste, Armut und dauerhafte Belastungen, sind sie immer weniger in der Lage, ihre alltäglichen Verrichtungen eigenständig, sinnvoll und nachhaltig zu organisieren, was vor allem zulasten der Kinder geht« (Lutz 2014b, S. 122).

---

[4] In einem Interview wird berichtet, dass viele Eltern der Kita, oftmals mit Migrationshintergrund, durch ihre soziale Isolierung in depressive Zustände kämen – mit entsprechenden Folgen für die Kinder.

Lutz verbindet mit dem Begriff der sozialen Erschöpfung keine individuellen Schuldzuschreibungen. Soziale Erschöpfung ist ein erklärend-analytischer Begriff, der dazu dient, die Verhaltensweisen von Menschen zu analysieren – erklärend, nicht beschuldigend und Raum lassend zum sensiblen Aufspüren von ›verschütteten‹ Ressourcen jenseits vorherrschender Erschöpfungszustände.

3.3 Kinderarmut und Entwicklungsgefährdungen

Kinderarmut und Entwicklungsrisiken in einem direkten Zusammenhang zu nennen ist nicht so zu verstehen, dass Kinderarmut pauschal die kindliche Entwicklung beeinträchtigte. Eine derartige Verkürzung dieses komplexen Zusammenhangs, die im politischen Kinderarmutsdiskurs durchaus vorkommt (vgl. Mierendorff 2008), würde Kinder in Armut nicht nur skandalisieren und ihre Eltern zusätzlich beschämen. Sie widerspräche auch den Ergebnissen der Kinderarmuts- und der Resilienzforschung, die eine erstaunliche Widerständigkeit von Kindern in widrigen Lebensbedingungen belegen konnten (vgl. z. B. Zander 2008). Umgekehrt dürfen kindliche Entwicklungsrisiken im Kontext von Armut nicht bagatellisiert werden. Sie entfalten oftmals bereits in der frühen Kindheit ihre problematischen Wirkungen. Einige seien stichwortartig genannt:

- Komplexe Armut, die nicht ›nur‹ das Einkommen, sondern weitere zentrale Lebensbereiche wie Wohnen, Ernährung, Gesundheit oder die familiären Sozialisationsbedingungen betrifft, führt die Kinder oftmals in eine multiple Deprivation mit entsprechenden psychosozialen Risiken. So wiesen in der bekannten AWO-ISS-Kinderarmutsstudie 36,1 Prozent der armen Vorschulkinder multiple Deprivationserscheinungen auf (vgl. Holz 2006, S. 7).[5]
- Frühe und lang andauernde Armut stellt einen besonders hohen Risikofaktor dar (vgl. Duncan & Brooks-Gunn 1997). »Je früher, je schutzloser

---

5 Viele Kinder der interviewten Münchner Kitas wohnen in beengten Wohnverhältnissen, z. T. 4 oder 5 Personen in 2 Zimmern, z. T. auch nur in einem Zimmer ohne individuelle Rückzugs- und Schutzmöglichkeiten und tagsüber an die Wand gelehnte Matratzen und unter Umständen ohne Tisch (hier handelt es sich um Familien mit Flüchtlings- oder sonstigen Migrationshintergrund und Armut). In diesen ›Wohnungen‹ fehlt es an Anregungsmöglichkeiten besonders auch im grobmotorischen Bereich und häufig werden sie auch durch außerhäusliche Bewegungsmöglichkeiten nicht hinreichend kompensiert.

und je länger Kinder einer Armutssituation ausgesetzt sind, [...] umso geringer wird die Möglichkeit, individuell die eigentlichen Potentiale herauszubilden und Zukunftschancen zu bewahren« (Holz 2006, S. 7).
- Armut, besonders in der Kumulation ökonomischer, sozialer und psychischer Belastungen, ist ein Nährboden für Kindesvernachlässigung, vor allem dann, wenn Eltern als Kinder eigene Vernachlässigungserfahrungen gemacht haben.
- Bei Kindern mit niedrigem Sozialstatus treten häufiger biologische Risiken, wie Frühgeburtlichkeit (vgl. Berger 2012) und niedriges Geburtsgewicht, prä-, peri- und postnatale Komplikationen, Fehlernährung und ein belasteter gesundheitlicher Status, auf als bei Kindern aus besser gestellten Familien (vgl. Haferkamp 2018). In den Einschulungsuntersuchungen des Bundeslandes Brandenburg wiesen »Kinder aus sozial benachteiligten Familien [...] dreimal häufiger frühförderrelevante Befunde auf als Kinder aus Familien mit mittlerem oder hohem Sozialstatus« (MASGF Brandenburg 2007, S. 58). Dazu gehören Sprach- und Sprechstörungen, intellektuelle Entwicklungsverzögerungen, Einschränkungen im Seh- und Hörvermögen, Wahrnehmungs- und psychomotorische Störungen sowie emotionale und soziale Störungen (vgl. ebd., S. 57).
- Deprivierende, stressreiche Umweltbedingungen haben problematische Einflüsse auf die Entwicklung des neurobiologischen Systems, insbesondere auf den präfrontalen Cortex, die Sprachregionen in der linken Hirnhälfte und den Hippocampus – mit Auswirkungen vor allem auf die exekutiven Funktionen (Planung der Handlungsabläufe, willentliche Aufmerksamkeitsfokussierung, soziale und emotionale Selbstregulierung), die sprachliche Entwicklung und das Gedächtnis (vgl. z. B. Noble et al. 2012). Dabei spielt auch der Zeitfaktor eine Rolle. So korreliert die Anzahl der Jahre, in denen Kinder in einem anregungsarmen familiären Milieu aufwachsen, mit einem verringerten Wachstum der Amygdala (vgl. ebd.). Die Forschungsergebnisse zum Zusammenhang von niedrigem Sozialstatus und neurologischer Entwicklung von Kindern hat die Neurowissenschaftlerin Martha J. Farah pointiert zusammengefasst: »Nirgends waren die Unterschiede [zwischen niedrigem und mittlerem sozialem Status; H. W] dramatischer als im Bereich der kindlichen Entwicklung« (Farah et al. o. J.).
- Im Wirkungsgeflecht von Armut und Entwicklungsgefährdung kommt Eltern eine wichtige moderierende Funktion zu. Viele versuchen, Belastungen von ihren Kindern fernzuhalten und durch eigenen Verzicht ihre Kinder hinreichend zu versorgen (BMAS 2013, S. 74). Jedoch drohen bei fehlenden Finanzressourcen auch familiäre Sozial-, Kultur- und Bildungs-

ressourcen zu sinken (vgl. Lanfranchi & Sempert 2012, S. 148). Mit der Komplexität und Dauer der Armut – gefangen in Alltagsproblemen und Konflikten, bedrängt von hoher existenzieller Unsicherheit, mangelnden oder verloren gegangenen Zeitstrukturen und zunehmender »sozialer Erschöpfung« – gelingt es Eltern immer weniger, sich auf ihre Kinder einzulassen, Bedürfnisse zu erkennen und halbwegs darauf einzugehen. Es fällt ihnen schwer, ohne genügend Selbstrespekt Respekt und ohne hinreichende Zukunftsperspektiven zukunftsgerichtete Motivation an die eigenen Kinder weiterzugeben[6] (Kap. 2.2).

Angesichts dieser facettenreichen Zusammenhänge erklärt sich, dass im Kontext von armutsbedingter Deprivation nicht nur Lern- und Verhaltensprobleme bis hin zu Schulversagen und Lernbeeinträchtigung (Lernbehinderung) überrepräsentiert auftreten, sondern auch, wenngleich in geringerem Ausmaß, körperliche, geistige und sinnesspezifische Behinderungen (BMFSFJ 2002, S. 222).

Was bedeuten diese Zusammenhänge für den Stellenwert institutioneller frühkindlicher Bildung beim Abbau von Benachteiligungen kindlicher Entwicklung und Bildungsarmut?

4 Die Bedeutung inklusiver Kindertageseinrichtungen für den Abbau von Bildungsbenachteiligung

Hinsichtlich der großen Hoffnungen, die man mit frühkindlicher Bildung zur Vergrößerung der Bildungsgerechtigkeit für sozial benachteiligte Kinder verbindet, lassen sich die Erkenntnisse der (Längsschnitt-)Forschung unter Bezug auf eine Reihe von Übersichtsarbeiten (u. a. Fuchs-Rechlin & Bergmann 2014; Roßbach 2005; Stamm & Viehhauser 2009) folgendermaßen zusammenfassen: Qualitativ hochwertige Kindertagesbetreuung ist in der Lage, »alle Kinder zu fördern und besonders benachteiligte Kinder im Sinne einer kompensatorischen Erziehung zu unterstützen« (Fuchs-Rechlin

---

6 Vor diesem Hintergrund ist der Hinweis der Leiterin einer Kita im Interview zu sehen, die von den 50 Kindern der Kita, die größtenteils einen Migrationshintergrund haben und in einkommensschwachen Familien aufwachsen, ca. 40 als »emotional bedürftig« einschätzt.

& Bergmann 2014, S. 98). Dies gilt für die sprachliche und soziale Entwicklung, vor allem aber die kognitive Entwicklung, in der nicht nur die über 3-Jährigen, sondern auch jüngere Kinder, jene in erschwerten Lebenslagen überdurchschnittlich, von guten Betreuungs- und Bildungsanregungen profitieren (vgl. ebd., S. 99). Ein früher beginnendes und damit bis zum Schuleintritt längeres, qualitativ wertvolles Betreuungs-, Bildungs- und Erziehungsangebot in Kindertageseinrichtungen trägt zu nachhaltigeren Wirkungen bei.

Bei diesen positiven Effekten institutioneller frühkindlicher Bildung auf Kinder in Armut und Benachteiligung bleibt jedoch »zu berücksichtigen, dass sie im Vergleich zu den Effekten der elterlichen Betreuungsqualität sowie den Effekten des sozioökonomischen Status der Familie als nachrangig einzuschätzen sind« (ebd., S. 99 f.). Unter Bezug auf US-amerikanische Studien veranschlagen Lanfranchi und Sempert (2012, S. 152) die Effekte in der außerfamiliären frühkindlichen Bildung als »gross genug, um die Leistungsdiskrepanzen zwischen Kindern aus sozial benachteiligten und solche[n] aus sozial privilegierten Familien um ein Drittel zu reduzieren«.[7] Zusammenfassend ist festzuhalten: Zwar können sozioökonomisch benachteiligte Kinder in Kindertagesstätten »ein vielfältigeres und breiteres Anregungsniveau erfahren [...], als dies in der Regel zu Hause möglich wäre« (ebd., S. 156), jedoch vermögen Einrichtungen der frühkindlichen Bildung die entwicklungs- und bildungsförderlichen oder -hemmenden Einflüsse des Elternhauses nur graduell auszugleichen (Peterander & Weiß 2017).

Aus diesen Befunden lassen sich wichtige Konsequenzen ableiten:

- Der Beitrag der institutionellen frühkindlichen Bildung für mehr Bildungsgerechtigkeit ist begrenzt, gleichwohl sehr wichtig – innerhalb eines Pakets aufeinander abzustimmender Maßnahmen zum Abbau von sozioökonomischer und sozialstruktureller Ungleichheit, auf deren Boden Armut(sgefährdung) und ihre Folgen gedeihen.
- Kindertagesstätten sollen nicht als schlichter kompensatorischer Ersatz für ein anregungsarmes Elternhaus verstanden werden. Sie verfehlen ein wesentliches Stück ihres Auftrags und ihrer Aufgabe, »wenn sozial benachteiligte Eltern nicht von Beginn an im Sinne von Bildungspart-

---

7 Allerdings sind solche quantifizierten Befunde aus dem US-amerikanischen vorschulischen Betreuungs-, Bildungs- und Erziehungssystem in das schweizer oder deutsche System wegen der unterschiedlichen Rahmenbedingungen mit Vorsicht zu übertragen.

nerschaften aktiv einbezogen und sie nicht im Ausbau ihrer Erziehungskompetenzen unterstützt werden« (Lanfranchi & Sempert 2012, S. 157).
- Im Rahmen einer differenzierten Sichtweise des Stellenwerts von Kindertagesstätten für Kinder in Armut und Benachteiligung jenseits einer überzogenen Hoffnungs- und Verantwortungslast gilt es, Einrichtungen der frühkindlichen Bildung quantitativ und qualitativ weiterzuentwickeln.

5 Handlungsorientierungen für die frühpädagogische Arbeit mit Kindern in Armut(sgefährdung) und deren Eltern/Familien

5.1 Vorurteilsbewusste Selbstreflexionskompetenz

Die Leiterin eines der drei von mir besuchten Kindergärten berichtete, dass die meisten Eltern ihrer Kita-Kinder einen *Betreuungs*platz suchen, keinen Platz in einer *Bildungs*einrichtung. Inwieweit ist hier die Forderung von Lanfranchi und Sempert (2012, S. 157), Eltern in prekären Lebenslagen »von Beginn an im Sinne von Bildungspartnerschaften« aktiv einzubeziehen, realistisch? Könnten damit – für Eltern in Armut und Benachteiligung ebenso wie die pädagogischen Fachkräfte – zu große Ansprüche verbunden sein, die beide Seiten zu überfordern drohen?

Überfordernd könnte eine auf Bildungspartnerschaft angelegte Kooperation mit den Eltern dann sein, wenn pädagogische Fachkräfte – gerade aus ihrem Engagement für die Kinder und ihrem eigenen lebensweltlich-kulturellen Hintergrund heraus – den Eltern Änderungswünsche ansinnen, die deren Lebenswirklichkeit nicht gerecht werden (können). In Verbindung mit unterschiedlichen lebensweltlich-kulturell bedingten Sichtweisen, Wert- und Normvorstellungen ist hier auch an Erschwernisse und Grenzen von Änderungen bei »erschöpften« und »verwundeten« Eltern im Sinne von Lutz (2014a, 2014b) zu denken. Daher bedürfen pädagogische Fachkräfte einer hohen Selbstreflexionskompetenz, um mit Menschen in prekären Lebenslagen und deren Verhaltensweisen angemessen umzugehen. Die ›Welt‹ dieser Menschen ist für Professionelle, sofern sie nicht selbst aus dieser ›Welt‹ kommen oder damit persönliche Erfahrungen gemacht haben, weitgehend fremd. Gegenüber dieser ›Welt‹ bestehen oftmals Distanz und mangelnde Kenntnis, damit aber auch (partielles) Unverständnis. Der

Grund liegt darin, dass pädagogische Fachleute meist in (klein-)bürgerlich-mittelschichtorientierten Lebenswelten aufwachsen und über tiefgreifende Sozialisationsprozesse von Kindheit an entsprechende Wertorientierungen und normative Handlungsmuster verinnerlichen. Daher laufen sie Gefahr, die Lebens- und Verhaltensweisen von Kindern und Familien in Armutsverhältnissen mit einer mittelschichtgeprägten Brille wahrzunehmen und zu beurteilen.

Pädagogische Fachkräfte sollten sich dieser zwar verständlichen, jedoch gefährlichen Tendenz bewusst werden, d. h. ein *Vorurteilsbewusstsein,* ein Bewusstsein der eigenen Vorurteilsbereitschaft entwickeln. Erst dadurch können sie leichter ihre eigenen Wahrnehmungen und Beurteilungen reflektieren und auf mögliche überfordernde Ansprüche an die Eltern und unangemessene Einschätzungen der familiären Situation hin kritisch überprüfen. Dazu bedürfen pädagogische Fachkräfte einer *doppelten reflexiven Distanz,* zum einen einer reflexiven Distanz zu den eigenen Wertvorstellungen und Normen, zum anderen zu den kulturellen Lebensmustern der Familie und ihrer Mitglieder:

Zum eigenen Werte- und Normensystem, zum eigenen Lebenskonzept in Distanz zu treten kann bereits damit beginnen, kritisch nach dessen Allgemeingültigkeit zu fragen. Dann muss man feststellen, dass die normale (klein-)bürgerliche Lebensform in der sog. Ersten Welt schon aus ökologischen Gründen keineswegs einen Universalanspruch haben kann (vgl. Weiß 2012).

In reflexive Distanz zu den subjektiven Deutungs- und Handlungsmustern sozial benachteiligter Menschen zu treten heißt, diese Muster als Ausdruck lebensweltlich geprägter und lebensgeschichtlich gewordener Strategien zu begreifen, mit denen diese Familien ihre prekäre Lebenswirklichkeit zu bewältigen suchen.

Durch kollegiale Beratung, Inter- und Supervision unterstützt, kann die Entwicklung einer solchen ›armutssensiblen‹ Sichtweise dazu beitragen, sich die ›guten Gründe‹ des Denkens und Handelns von Menschen in deprivierten Lebensverhältnissen bewusst zu machen, auch wenn sie den eigenen Werten und Normen nicht entsprechen mögen. Sie erleichtert es der Fachperson, jene auf den ersten, von der eigenen Lebenswelt und Kultur bestimmten Blick bei Menschen anderer soziokultureller Lebenswelten und Herkunft übersehen oder in Erschöpfungsprozessen ›verschütteten‹ Ressourcen zu entdecken. Sie erleichtert ferner eine nicht auf Änderungen fixierte professionelle Offenheit, die hilft, sog. ›overlooked positives‹ in Suchprozessen – auch gemeinsam mit einzelnen Eltern – aufzuspüren (vgl. Weiß 2018).

Es gibt durchaus niedrigschwellige Angebote für diese Eltern. Dazu gehören vor allem auch Elternnachmittage, die z. B. in einer der interviewten Kitas von bis zu 90 Prozent der Eltern besucht werden (Elternabende hingegen von höchstens 20 Prozent). Anlassbezogene Begegnungen (z. B. gemeinsames Frühstück nach der Übernachtung der Kinder in der Kita), Elterntreffs bzw. Elterncafés, Tür-und-Angelgespräche können Hemmschwellen der Eltern reduzieren (vgl. Hock, Holz & Koppold 2014, S. 58 f.; Weiß 2012, S. 72 f.) und eine Verständigungsbasis ermöglichen. Vermag die Fachperson in ihrem reflexiven Habitus authentisch zu verdeutlichen, dass sie keine Veränderungserwartungen an Eltern stellt, kann der paradoxe Effekt eintreten, dass Eltern Anstöße ihres Gegenübers eher aufnehmen.

5.2 Pädagogisches Arbeiten mit Kindern im Spannungsfeld von Vulnerabilität und Resilienz, Kategorisierung und De-Kategorisierung

Angesichts der belastenden Bedingungen, unter denen Kinder in Armut und Benachteiligung aufwachsen (Kap. 3.3) weisen diese Kinder oftmals eine erhöhte Verletzlichkeit (Vulnerabilität) auf. Diese kann sich z. B. in Entwicklungsauffälligkeiten zeigen, die über das individuelle Kind hinausgehen, etwa wenn in den drei besuchten Kitas berichtet wird, dass viele der Kinder aufgrund der beengten häuslichen Wohnverhältnisse von einem Bewegungsmangel betroffen sind, der sich auf die grobmotorische Entwicklung problematisch auswirkt. Dem wird durch viele Bewegungsangebote im Freien, besonders auch im Winter, entgegenzuwirken versucht.

Jenseits solcher das Individuum übergreifender, im Kontext von Armut und Benachteiligung häufiger auftretenden Entwicklungserschwernisse zeigen sich auch in der individuellen Lebenswelt und Lebensgeschichte des einzelnen Kindes verankerte Entwicklungsauffälligkeiten und Beeinträchtigungen biologischer, psychischer und sozialer Art – bis hin zu (drohender) Behinderung. Diese gilt es genauer zu beachten. Dabei genügt es oftmals nicht zu beobachten, wie ein Kind ›ist‹, sondern die möglichen (Hinter-)Gründe, individuellen und kontextuellen Bedingungen zu eruieren und zu analysieren. Dazu bedarf es entsprechender Definitionskriterien bzw. Kategorien, etwa im Rahmen einer medizinischen, psychologischen oder pädagogischen Analyse (Diagnose) eines Kindes in seinem Umfeld. Dies jedoch widerspreche – prominenten Vertreterinnen und Vertretern der Inklusiven Pädagogik, wie Annedore Prengel, zufolge – dem Prinzip einer Pädagogik der Vielfalt; denn wegen der »Unbestimmbarkeit des Menschen« (Prengel 1993, S. 191) könne man »nicht diagnostizieren, was jemand ist« (ebd.).

Dem ist zwar mit Dederich (2015, S. 29) entgegenzuhalten: »Wie soll es möglich sein, eine spezifische Hilfe zu planen, wenn nicht klar gesagt werden kann oder darf, wobei, wozu und mit welchen Mitteln die Hilfe erfolgen soll?« Gleichwohl bleibt ein Dilemma; denn die Attestierung beeinträchtigungs- und behinderungsspezifischer Kategorien betrifft einen Menschen in seinem Kern, als Person. Ein Ausweg aus diesem Dilemma kann darin bestehen, zwischen folgenden Ebenen zu unterscheiden:

- Begegnung und Beziehung mit dem Anderen (Anerkennung des Anderen in seiner Einmaligkeit),
- Zuschreibung von kontextbezogenen, relationalen Merkmalen ›im Blick‹ auf diesen Anderen andererseits (kontextbezogen meint hier, dass Merkmale immer im Zusammenhang mit Bezugsnormen, Entstehungsbedingungen stehen; sie weisen situationsbezogene Ausdrucksformen auf).

Die beiden Ebenen der Begegnung und der Zuschreibung erläutert Ursula Stinkes (2016, S. 38):

> »Konsequent verfolgt, bedeutet dies, dass z. B. die Würde des Menschen nicht gebunden wird an bestimmte Eigenschaften. Sie ist vielmehr gebunden an die Art, wie diesem Menschen begegnet werde. Das Paradigma der Eigenschaften ist zweitrangig. Vorrangig ist das Paradigma der Begegnung, der Beziehung. Alle Zuschreibungen von Eigenschaften, alle ›Einordnungen‹, ›Klassifizierungen‹ eines Menschen setzen eine Begegnung mit diesem Menschen voraus [...]. Die Vorrangstellung der Begegnung *vor* einer Zuschreibung würdigt, dass der Andere nicht per se ein ›Fall von ...‹ oder ein ›diagnostisches oder pädagogisches, therapeutisches Thema‹ ist, worüber wir schreiben und sprechen, sondern ein Gesprächspartner, und zwar noch bevor er von uns eingeschätzt und interpretiert wird: *Beachtung kommt vor Beobachtung* (Einschätzung, Interpretation, Zuschreibung)« (Hervorh. im Original).

Damit ist zwar das angesprochene Dilemma nicht aufgelöst. Wichtig bleibt die Einsicht in die »Unaufhebbarkeit der Dilemmata im pädagogischen Umgang mit Differenz« (Mecheril & Plößer 2009, S. 207; zit. nach Balzer 2012, S. 23).[8] Diese Einsicht kann jedoch dazu beitragen, sich der Priorität des Begegnungs- und Beziehungsaspekts gegenüber (notwendigen) Kategorisierungen bewusst zu werden. Gerade in Zeiten der ›vermessenen Kindheit‹

---

8 Vgl. die gerade im Blick auf Kinder in Armut und Benachteiligung anregenden Überlegungen zu (Um-)Wegen und Kritiken der *Anerkennung der Differenz*« von Balzer (2012; Hervorh. im Orig.).

ist zu betonen, dass die Begegnung der ›Vermessung‹, der *Zuspruch* dem *Anspruch* (Schorlemmer nach Finger 2017) vorausgeht und das Erste dem Zweiten übergeordnet ist. Kategorisierungen sind – im Spannungsfeld von Vulnerabilität *und* Resilienz – immer der Überprüfung und Revision auszusetzen.

5.3 Kontextsensitive Bildungsangebote auf der Grundlage der Anerkennung lebensweltspezifischer Erfahrungen

Ein halbwegs gelungenes Selbst- und Weltbild, mit dessen Hilfe Menschen mit der Not und Nötigung sowie den positiven Seiten ihres Lebens umgehen können, wird ihnen nicht in die Wiege gelegt. Vielmehr besteht gerade darin ihre Bildungsbedürftigkeit, dass sie ein solches Selbst- und Weltbild als Bildung selbsttätig entwickeln müssen (vgl. Zirfas 2012, S. 77). Nicht-exklusive Bildung wird hier verstanden als Notwendigkeit und Chance für *jedes* Kind, ein möglichst tragfähiges Selbst- und Weltbild zur *Orientierung seiner selbst in seiner Welt* mit ihren belastenden und schönen Seiten zu erwerben. Ein solches Bildungsverständnis wird die lebensweltspezifischen Erfahrungen von Kindern in (ökonomisch) prekären Lebenssituationen in Bildungsangebote der Kita einbeziehen, weil sie als ein Stück weit verarbeitetes Orientierungswissen zur Bewältigung ihres Alltags beitragen. Es geht darum – ähnlich wie es im Situationsansatz der Elementarpädagogik bereits angelegt ist –, von dem auszugehen, was Kinder in ihrem Lebenskontext situativ erleben und erfahren.

Die Überlegungen von Krappmann (2017, S. 17) zu einem ganzheitlich orientierten Bildungskonzept im Rahmen einer »menschenrechtlich begründeten Bildung« gehen in eine ähnliche Richtung, wenn er im Blick auf Kinder mit Behinderung feststellt:

»Eine engspurige Bildung beeinträchtigt alle Kinder. Ganz besonders schadet sie jedoch der Entwicklung der Kinder und späteren Erwachsenen mit Behinderungen. Sie sind vielen Situationen, Erlebnissen und Widerfahrnissen ausgesetzt, die nicht nur kognitiv bearbeitet werden können. Sie brauchen Zugang zu den unterschiedlichen Dimensionen der Sinn- und Selbstfindung, zu den vielfältigen Wegen der Verständigung mit anderen und zu den Problembearbeitungen, die Menschen in Spiel, Theater, Kunst, Musik, Tanz, Design oder Meditation zur Verfügung stehen« (ebd.).

Krappmanns Überlegungen aus dem Blickwinkel der Schule lassen sich auf die frühkindliche Bildung übertragen: Mit Kindern deren Situationen, Erlebnisse und Widerfahrnisse im Kontext ihrer erschwerten Lebenswirklichkeit nicht nur kognitiv zu bearbeiten, sondern vor allem auch im Spiel, in

Geschichten, mit Bilderbüchern etc. bietet ihnen Orientierungshilfen bei der Entwicklung ihres Selbst- und Weltverhältnisses.

Ein solches Bildungskonzept setzt voraus, dass pädagogische Fachpersonen, die mit Kindern in Armut und Benachteiligung arbeiten, sich hinreichende Kenntnisse über die Lebenswelt dieser Kinder erwerben – nicht aus einer voyeuristischen Perspektive, sondern aus der *doppelten reflexiven Distanz* (Kap. 5.1), einer ›armutssensiblen‹ Haltung. Eine solche Haltung kann dazu beitragen, dass pädagogische Fachkräfte bei der Einblicknahme in die Lebenswelt der Kinder in sozial deprivierten Verhältnissen und ihrer Familien, z. B. bei Elternbegegnungen und ggf. Hausbesuchen, nicht zusätzliche Klischees im Kontext der (klein-)bürgerlichen Lebenswelt verfestigen, sondern ein Stück weit aufbrechen. Nur dies ermöglicht es, mit Kindern über deren Lebenswelt respektvoll und zugewandt zu sprechen, ohne sie zu beschämen oder ihre Erschwernisse zu verbrämen.

Eine behutsame Begegnung mit derartigen Bildungsinhalten im Kontext von Armut und Benachteiligung kann auch für Kinder aus anderen Lebensverhältnissen anregend und im besten Sinne bildend sein.

6 Ausblick: Konsequenzen und Forderungen

Die mit inklusiver Bildung in Kindertageseinrichtungen verknüpften Hoffnungen auf eine größere Bildungsgerechtigkeit können nur dann realistisch sein, also ohne damit überhöhte Erwartungen zu verknüpfen, wenn dieses Betreuungs-, Bildungs- und Erziehungssystem quantitativ und qualitativ weiterentwickelt wird, und zwar zum einen innerhalb des Systems selbst (1) und zum anderen im Sinne einer Systeme übergreifenden Aufgabe (2).

Zu 1: Beim weiteren quantitativen und qualitativen Ausbau der Kindertageseinrichtungen ist der reellen Gefahr einer Spreizung der Qualität von Kitas in wohlhabenden Gebieten (auch mit privaten Kitas) und in benachteiligten Stadtvierteln gegenzusteuern. Wie viele Längsschnittstudien zeigen (Kap. 4), haben Kinder in prekären Lebenslagen vom Besuch einer Kita nur dann einen wirklichen Gewinn, wenn diese eine hohe Betreuungsqualität aufweist, also einen angemessenen Betreuungsschlüssel, eine hohe fachliche Qualifikation der frühpädagogischen Fachkräfte sowie deren Sensibilität für die Bedürfnisse der Kinder. Dies trifft jedoch gerade für Kitas in sozial benachteiligten Einrichtungen oftmals nicht zu (vgl. Kortas 2018). Punktuelle Fördermaßnahmen wie die »Münchner Förderformel«, um diesem Problem zu begegnen, reichen jedoch nicht aus und sind oftmals auf wohlhabendere Kommunen beschränkt.

Im Rahmen von Qualifizierungsmaßnahmen in der frühkindlichen Bildung erscheint es besonders wichtig, gerade auf die Aufgaben und Herausforderungen im Zusammenhang mit Kindern und Familien in Armut und Benachteiligung großes Augenmerk zu legen, und zwar über alle Berufsgruppen und Qualifikationsstufen hinweg. Das muss bereits im Rahmen der Ausbildung beginnen, in der die Auseinandersetzung mit inklusiver (Früh-)Pädagogik besonders auch Kinder mit armutsbedingten Entwicklungsrisiken und deren Familien im Blick hat. So wurde mir in einer der besuchten Kitas im Interview berichtet, dass Praktikantinnen schon ihr Praktikum mit der Begründung abgebrochen haben, dass sie auf solche Kinder zu wenig vorbereitet waren.

Diese als permanente Aufgabe zu verstehende Qualifizierung ist sowohl auf einrichtungsexterner wie einrichtungsinterner Ebene weiterzuführen, vor allem auch durch Inter- und Supervision und spezielle Fachdienste. Solche Fachdienste können innerhalb des Systems der Kindertageseinrichtungen oder als externe beratende Kooperationspartner Beratungsleistungen in der fachlichen Unterstützung bei der Betreuung, Bildung und Erziehung von Kindern mit armutsbedingten Risiken und (drohenden) Behinderungen tätig werden, wie z.B. in Bayern mobile Heilpädagogische Fachdienste (mHFD). Die Kitas, die mit dem mHFD zusammenarbeiten, bewerteten dessen fachliche Unterstützung im Vergleich zu den anderen Kooperationspartnern mit der höchsten Zufriedenheit, wie aus der IVO-Studie – »Integration vor Ort« (Wölfl, Wertfein & Wirts 2017, 36) – ersichtlich wird. Die derzeit 16 im Kontext von Interdisziplinären Frühförderstellen angesiedelten Fachdienste in Bayern können jedoch über das Land verteilt nur sehr fragmentarisch ihre Beratungsleistungen anbieten (vgl. ebd., S. 34). Hier zeigt sich ein hohes Ausbaudesiderat mit dem Ziel, die Qualität der inklusiven Bildung, Erziehung und Förderung bei Kindern in Armutslagen und speziell jenen mit Entwicklungsrisiken zu erhöhen.[9]

Zu 2: Mit dem Hinweis auf die Kooperation mit externen Fachdiensten ist bereits die Weiterentwicklung dieses institutionellen Feldes als Systeme

---

9 Es bietet sich an, eine z.B. heilpädagogische Erweiterung der fachlichen Kompetenz – neben externen Beratungsangeboten wie den mobilen Heilpädagogischen Fachdienst – wenn möglich primär durch die Anstellung einrichtungsinterner Mitarbeiterinnen und Mitarbeiter anzustreben. So beteiligte sich in einem Interview neben der Leiterin auch die Heilpädagogin einer Kita, die mit der Münchner Förderformel bezuschusst wird.

übergreifende Aufgabe angesprochen. Erinnert sei an den empirisch untermauerten Sachverhalt, dass die positiven Einflussmöglichkeiten der Eltern und Familie auf die Entwicklung der Kinder jene der Kindertageseinrichtungen auch bei qualitativ guten Bedingungen deutlich überwiegen. Daraus ergibt sich zwingend die Forderung, Eltern und/oder andere signifikante familiäre Bezugspersonen in ihren Erziehungskompetenzen zu stärken, denen es – aus welchen Gründen immer – schwerfällt, ihren Kindern hinreichende Entwicklungsanregungen zu geben. Es bedarf dazu eines mehrdimensionalen Systems der Unterstützung dieser Familien – eine Aufgabe, die Kindertageseinrichtungen nicht alleine leisten können. In diesem Sinne ziehen Fuchs-Redlin und Bergmann aus den Erkenntnissen ihrer Forschungsanalyse den Schluss:

> »Es geht nicht mehr nur alleine um die Perspektive der Institution Kindertageseinrichtung auf die Kinder und ihre Familien, sondern darum, eine auf Kind- und Elternbedarfe flexibel abgestimmte, netzwerkartige Struktur zu schaffen« (2014, S. 112).

Sie erwähnen dazu beispielhaft Opstapje als ein niedrigschwelliges spezielles Präventionsprogramm sowie Familienzentren (ebd.). Zu denken ist ferner an die Frühen Hilfen, ein flächendeckendes System lokaler Netzwerke auf der rechtlichen Grundlage des Bundeskinderschutzgesetzes (BuKiSchG). Es befindet sich unter der Federführung des Nationalen Zentrums Frühe Hilfen noch im Auf- und Ausbau und bietet niedrigschwellige Hilfeangebote im Sinne des präventiven Kinderschutzes für (werdende) Eltern bis einschließlich des 3. Lebensjahres ihrer Kinder an. Eine Aufgabe der Frühen Hilfen besteht darin, dass Kinder mit sich abzeichnenden Entwicklungsrisiken frühzeitig an für sie angemessene Einrichtungen wie Kitas oder ggf. auch Frühförderstellen vermittelt werden.

Ein wichtiges Element einer solchen auf Kind- und Elternbedarfe abgestimmten Struktur ist auch das flächendeckende System der Interdisziplinären Frühförderung für Kinder mit (drohender) Behinderung. Infolge der engen Zusammenhänge zwischen dem Aufwachsen in sozio-ökonomisch prekären Lebenslagen und einem erhöhten Auftreten biologischer und psychosozialer Risiken (Kap. 3.3) gehören entwicklungsgefährdete Kinder aus deprivierten Familien zum Klientel der Frühförderung. Das besonders auch in der Arbeit mit dieser Kindergruppe und ihren Familien erworbene beträchtliche Knowhow der Frühförder-Fachkräfte kann in die Kooperation von Frühförderstellen und Kitas gut eingebunden werden – mit entsprechendem Gewinn für alle Beteiligten, wie ebenfalls die IVO-Studie (Wölfl, Wertfein & Wirts 2017) zeigt. Da die befragten Kitas die Zusammenarbeit mit den Interdisziplinären Frühförderstellen mit hoher Zufriedenheit bewerteten, stellt auch diese Kooperation »[...] eine gute Unterstützungsmöglichkeit für die Inklusionsentwicklung der Kindertageseinrichtungen dar« (ebd., S. 38).

Dabei bleibt die Primäraufgabe der Frühförderung die Stärkung eines entwicklungsförderlichen Eltern-Kind-Systems und der Eltern in ihren intuitiven elterlichen Kompetenzen. Kind *und* Eltern sind also die Hauptbezugspersonen einer familienorientierten Frühförderung. Diese wird jedoch durch die Kooperation mit Kitas maßgeblich ergänzt (vgl. auch Peterander & Weiß 2017).

Hier sind das Netzwerk Frühe Hilfen und das System der Interdisziplinären Frühförderstellen als prinzipiell wichtige Elemente einer noch weiter auszubauenden inklusiven, auf Kind- und Elternbedarfe flexibel abgestimmten, netzwerkartigen Struktur für Kinder in Armut und Benachteiligung skizziert worden. Weitere, insbesondere kommunale Initiativen einer inklusionsorientierten Armutsprävention bilden sog. Präventionsketten. Ihre auf das Lebensalter bezogenen ›Kettenglieder‹ beginnen in der Schwangerschaft und reichen bis ins Schulalter. Sie bestehen ebenfalls aus kind- und familienzentrierten Angeboten, z. B. Beratungsangebote für schwangere Frauen, Hausbesuche nach der Geburt, Bildungsangebote für Eltern in Verbindung mit Elterncafés, Baby- und Krabbelclubs, Vermittlung von Kindern in Krippen und Kindergärten, wiederum verbunden mit Hausbesuchen. Als besonders bekannt gewordenes Beispiel ist das Modell »Mo.Ki – Monheim für Kinder« (vgl. Hock, Holz & Kopplow 2014, S. 46 ff.).

Aber auf dem Weg zu einem gemeindenahen und familienorientierten, auf Kind- und Elternbedarfe flexibel abgestimmten Gesamtsystem sind noch wichtige Schritte zu gehen. Dies betrifft zum einen den angemessenen Ausbau bereits bewährter Teilsysteme wie der Interdisziplinären Frühförderung und mobiler Heilpädagogischer Fachdienste, um ihre Beratungsexpertise für Kitas auch hinreichend einbringen zu können. Hier zeigt die IVO-Studie für Bayern weiteren erheblichen Bedarf (vgl. Wölfl, Wertfein & Wirts 2017). Auch aus dem Interview mit einer nach der Münchner Förderformel geförderten Kindertageseinrichtung geht dies hervor. Demnach wäre die Zusammenarbeit mit den drei in der Kita tätigen Fachpersonen der Frühförderstelle ›optimierbar‹. Die Frühförderinnen seien oftmals keine festangestellten Kooperationskräfte der Frühförderstelle; es bestehe wenig Zeit zum kindbezogenen und kindübergreifenden fachlichen Austausch mit dem Kindergartenpersonal. Dringlich ist auch eine stärkere konzeptionelle Zusammenführung der Interdisziplinären Frühförderung mit dem Netzwerk Frühe Hilfen.

In diesen Kritikpunkten und Desideraten spiegeln sich strukturelle, finanzielle und personelle Probleme wider. Letztere beziehen sich auf zu wenig und unzureichend qualifiziertes Personal in Kindertagesstätten zur angemessenen Betreuung, Bildung und Erziehung von Kindern mit Entwicklungsrisiken und (drohenden) Behinderungen im Kontext von Armut(sgefährdung). Zudem fallen nicht selten enggefasstes Fach- und Systemdenken (fachliche und systembezogene ›Rohrsichtigkeit‹) speziell zwischen Sozial- und Sonderpädagogik, Jugend- und Behindertenhilfe auf unterschiedlichen Hierarchieebenen und in der Folge ein unzureichender interdisziplinärer und interinstitutioneller Austausch auf. Dies jedoch erscheint gerade im Blick auf Kinder mit Entwicklungsgefährdungen, drohenden und manifesten Behinderungen in Armutslagen verhängnisvoll, weil es der Komplexität ihrer Lebenswirklichkeit nicht hinreichend gerecht wird. ›Starke‹ Inklusion im Sinne von Kronauer erfordert auch vielfältige ›starke‹ Konsequenzen für die weitere Entwicklung eines aufeinander abgestimmten, gemeindenahen Systems der frühen Bildung, Hilfe und Förderung für besonders vulnerable Kinder und ihre Familien. Darin spielen inklusive Kindertageseinrichtungen eine zentrale Rolle.

Literatur

Baader, M. S.; Cloos, P.; Hundertmark, M. & Volk, S. (2011): Frühkindliche Bildung, Betreuung und Erziehung aus der Perspektive sozialer Ungleichheit. Arbeitspapier 197. Hans-Böckler-Stiftung (Hrsg.). Düsseldorf.

Balzer, N. (2012): Die Vielfalt der Heterogenität. (Um-)Wege und Kritiken der Anerkennung von Differenz. In: Košinár, J.; Leineweber, S.; Hegemann-Fonger, H. & Carle, U. (Hrsg.): Vielfalt und Anerkennung. Baltmannsweiler, S. 12–25.

Berger, C. (2012): Soziale Aspekte der Frühgeburtlichkeit unter besonderer Berücksichtigung von Schwangeren mit Migrationshintergrund. Dissertation. Universität Osnabrück, Fachbereichen Humanwissenschaften.

BMAS – Bundesministerium für Arbeit und Soziales (Hrsg.) (2013): Lebenslagen in Deutschland. Der 4. Armut- und Reichtumsbericht in der Bundesrepublik. Bonn.

BMFSFJ – Bundesministerium Für Familie, Senioren, Frauen und Gesundheit (Hrsg.) (2002): Elfter Kinder- und Jugendbericht. Bonn.

Bollig, S. & Ott, M. (2008): Entwicklung auf dem Prüfstand: zum praktischen Management von Normalität in Kindervorsorgeuntersuchungen. In: Kelle, H. & Tervooren, A. (Hrsg.): Ganz normale Kinder. Heterogenität und Standardisierung kindlicher Entwicklung. Weinheim, München, S. 207–224.

Bourdieu, P. (2001): Meditationen. Zur Kritik der scholastischen Vernunft. Frankfurt a. M.

Bröckling, U. (2007): Das unternehmerische Selbst. Soziologie einer Subjektivierungsform. Frankfurt a. M.

Cremer, G. (2016): Armut in Deutschland. München.

Dederich, M. (2013): Philosophie in der Heil- und Sonderpädagogik. Stuttgart.

Dederich, M. (2015): Zwischen Wertschätzung von Diversität und spezialisierter Intervention. Ein behindertenpädagogisches Dilemma im Zeichen der Inklusion. In: Behinderte Menschen 38, 4/5, S. 27–32.

Der Paritätische Gesamtverband (Hrsg.) (2015): Die zerklüftete Republik. Bericht zur regionalen Armutsentwicklung in Deutschland 2014. Berlin.

Duncan, G. J. & Brooks-Gunn, J. (Eds.) (1997): Consequences of growing up poor. New York.

Engelbert, A. (2011): Die Familiensituation von Kindern mit Behinderungen. Ministerium für Kinder, Familie, Flüchtlinge und Integration des Landes Nordrhein-Westfalen. URL: http://www.familie-in-nrw.de/vertiefungstext-kinder-behinderungen.html [abgerufen am 23.07.2018].

Farah, M. J.; Noble, K. G. & Hurt, H. (o. J.): Poverty, privilege, and brain development: empirical finding and ethical implications. URL: http://www.psych.upenn.edu/ (letzter Zugriff:19.06.2015).

Finger, E. (2017): Renaissance des Nordens. In: Die Zeit vom 26.10.2017. Nr. 44, 52.

Fuchs-Rechlin, K. & Bergmann, C. (2014): Der Abbau von Bildungsbenachteiligung durch Kindertagesbetreuung für unter 3-Jahrige – zwischen Wunsch und Wirklichkeit. In: Zeitschrift für Erziehungswissenschaft, Sonderheft 24, 95–118.

Haferkamp, F (2018): Gesundheitliche Ungleichheit und neue Morbidität. In: Huster, E.-U.; Boeckh, J. & Mogge-Grotjahn, H. (Hrsg.): Handbuch Armut und soziale Ausgrenzung. Wiesbaden, S. 479–502.

Hänssler, B. (2015): Vermessene Kindheit. In: Süddeutsche Zeitung vom 18.07.2015, 33.

Heidenreich, U. (2018): Jede vierte Alleinerziehende arbeitslos. In Süddeutsche Zeitung vom 03.08.2018, Nr. 177, 1.

Hock, B.; Holz, G. & Kopplow, M. (2014): Kinder in Armutslagen. Grundlagen für armutssensibles Handeln in der Kindertagesbetreuung. Weiterbildungsinitiative Frühpädagogische Fachkräfte, WiFF Expertisen, Bd. 38. München.

Holz, G. (2006): Lebenslagen und Chancen von Kindern in Deutschland. In: Aus Politik und Zeitgeschichte 56, 26, S. 3–11.

Hübenthal, M. (2009): Kinderarmut in Deutschland. Expertise im Auftrag des Deutschen Jugendinstituts.

Jahoda, M.; Lazarsfeld, P. F. & Zeisel, H. (1994): Die Arbeitslosen von Marienthal. 11. Auflage (1. Aufl. 1933). Frankfurt a. M.: Suhrkamp.

Kortas, O. (2018): Beschäftigt – oder aufbewahrt. Kitas sollen alle Kinder fördern. Dafür müssen sie aber gut sein. Und das ist das Problem. Besuch in zwei Frankfurter Einrichtungen. In: Die Zeit vom 03.05.2018, 65.

Kronauer, M. (2015): Wer Inklusion möchte, darf über Exklusion nicht schweigen. Plädoyer für eine Erweiterung der Debatte. In: Kluge, S.; Liesner, A. & Weiß, E. (Hrsg.): Jahrbuch für Pädagogik 2015. Inklusion als Ideologie. Frankfurt a. M., S. 147–158.

Lanfranchi, A. & Sempert, W. (2012): Wirkung frühkindlicher Betreuung auf den Schulerfolg. Bern.

Lutz, R. (2014a): Soziale Erschöpfung. Kulturelle Kontexte sozialer Ungleichheit. Weinheim, Basel.
Lutz, R. (2014b): Das aktuelle Thema: Soziale Erschöpfung. In: Sonderpädagogische Förderung heute, 59, 2, S. 21-122.
MASGF Brandenburg (2007): Wir lassen kein Kind zurück. Soziale und gesundheitliche Lage von kleinen Kindern im Land Brandenburg. Potsdam.
Mecheril, P. & Plößer, M. (2009): Differenz. In: Andresen, S.; Casale, R.; Gabriel, T.; Horlacher, R.; Larcher Klee, S.; Oelkers, J. & Othmer, R. (Hrsg.): Handwörterbuch Erziehungswissenschaft. Weinheim, Basel, S. 194-208.
Merkle, T. & Wippermann, C. (2008): Eltern unter Druck. Selbstverständnisse, Befindlichkeiten und Bedürfnisse von Eltern in verschiedenen Lebenswelten. Stuttgart.
Mierendorff, J. (2008): Armut als Entwicklungsrisiko? Der politische Kinderarmutsdiskurs. In: Kelle, H. & Tervooren, A. (Hrsg.): Ganz normale Kinder. Heterogenität und Standardisierung kindlicher Entwicklung. Weinheim, München, S. 147-163.
Noble, K. G.; Houston, S. M.; Kann, E. & Sowell, E. R. (2012): Neural correlates of socioeconomic status in the developing human brain. In: Developmental Science 15, S. 516-527.
Peterander, F. & Weiß, H. (2017): Wirksamkeit Familienorientierter Frühförderung. In: Frühförderung interdisziplinär 36, 34-36.
Prantl, H. (2005): Kein schöner Land. Die Zerstörung der sozialen Gerechtigkeit. München.
Prengel, A. (1993): Pädagogik der Vielfalt. Wiesbaden.
Reyer, J. (1983): Wenn die Mütter arbeiten ging ... Eine sozialhistorische Studie zur Entstehung der öffentlichen Kleinkinderziehung im 19. Jahrhundert in Deutschland. Köln.
Reyer, J. (2006): Einführung in die Geschichte des Kindergartens und der Grundschule. Bad Heilbrunn.
Roßbach, H.-G. (2005): Effekte qualitativ guter Betreuung, Bildung und Erziehung im frühen Kindesalter auf Kind und ihre Familien. In: Ahnert, L.; Roßbach, H.-G.; Neumann, U. & Koletzko, B.: Bildung, Betreuung und Erziehung von Kindern unter sechs Jahren. München, S. 55-174.
Sen, A. (2010): Die Idee der Gerechtigkeit. München.
Stamm, M. & Viehhauser, M. (2009): Frühkindliche Bildung und soziale Ungleichheit. Analysen und Perspektiven zum chancenausgleichenden Charakter frühkindlicher Bildungsangebote. In: Zeitschrift für Soziologie der Erziehung und Sozialisation, 29, 4, S. 403-418.
Stinkes, U. (2016): Der ambivalente Status des Menschen: Verwundbarkeit und Selbstverwirklichung. In: behinderte menschen 39, S. 33-39.
Tophoven, S.; Lietzmann, T.; Reiter, S. & Wenzig, C. (2017): Armutsmuster in Kindheit und Jugend Längsschnittbetrachtungen von Kinderarmut. Gütersloh.
Weiß, H. (2012): Zusammenarbeit mit Eltern in schwierigen sozialen Lagen. In. Hess, S. (Hrsg.): Grundwissen Zusammenarbeit mit Eltern in Kindertageseinrichtungen und Familienzentren. Berlin, S. 62-73.
Weiß, H. (2018): Armut und Empowerment. In: Hoffmann, T.; Jantzen, W. & Stinkes, U. (Hrsg.): Empowerment und Exklusion. Gießen, S. 103-131.
Wilderspin, S. (1826): Über die frühzeitige Erziehung der Kinder und die englischen Klein-Kinder-Schulen, oder Bemerkungen über die Wichtigkeit, die kleinen Kinder

der Armen von anderthalb bis sieben Jahren zu erziehen, nebst einer Darstellung der Spitalfielder Klein-Kinder-Schule und des daselbst eingeführten Erziehungssystems. Aus dem Englischen, nach der dritten, sehr vermehrten und verbesserten Auflage frei übertragen und mit Anmerkungen und Zusätzen versehen von Joseph Wertheimer. Wien.

Wölfl, J; Wertfein, M. & Wirts, C. (2017): IVO – Eine Studie zur Umsetzung von Inklusion als gemeinsame Aufgabe von Kindertageseinrichtungen und Frühförderung in Bayern. Kita-Ergebnisbericht. Staatsinstitut für Frühpädagogik.

Zander, M. (2008): Armes Kind – starkes Kind? Die Chance der Resilienz. Wiesbaden.

Zirfas, J. (2012): Eine Pädagogische Anthropologie der Behinderung – Über Selbstbestimmung, Erziehungsbedürftigkeit und Bildungsfähigkeit. In: Moser, V. & Horster, D. (Hrsg.): Ethik der Behindertenpädagogik, Menschenrechte, Menschenwürde, Behinderung. Eine Grundlegung. Stuttgart, S. 75–89.

Intersektionalität reloaded. Ableismus und Rassismus in der Frühen Kindheit

Donja Amirpur

Einleitung

Seit Erscheinen der für die WiFF erstellten Expertise mit dem Titel »Migration und Behinderung – eine intersektionale Analyse im Kontext einer inklusiven Frühpädagogik« (2013) hat sich einiges getan. Die 2012 verfasste Expertise dokumentiert Anfänge einer Forschungsarbeit zu Migration und Behinderung und damit auch den Beginn der Suche nach theoretischen Zugängen und empirisch belegten Antworten auf die Fragen: ›Wie wollen Familien an der Schnittstelle von Migration und Behinderung leben? Und was hindert sie daran, ihre Vorstellungen von einem guten Leben umzusetzen?‹. Die Arbeit rund um die Veröffentlichung unterstützte diese Suche, die Expertise und dokumentiert, wie sich Fokussierungen,

Forschungsfragen und Analysen im Laufe eines Forschungsprozesses verschieben.

Es sind allerdings nicht nur Forschungsergebnisse und -zugänge, die sich im Rahmen der Forschungsarbeit ausdifferenziert haben: Die Schnittstelle von Migration und Behinderung ist seitdem zunehmend in die öffentliche Wahrnehmung gerückt (ausführlich dazu Wansing & Westphal 2018). Durch Kooperationen und Vernetzungen sowohl auf bundes-, landes- und kommunalpolitischer Ebene soll heute den Ausschließungen im Kontext von Migration und Behinderung begegnet werden. Rechtliche Neuerungen lieferten dafür bereits 2006 (Allgemeines Gleichbehandlungsgesetz (AGG)) und 2008 (UN-Behindertenrechtskonvention (UN-BRK)) die Grundlage. Insbesondere die Ratifizierung der UN-BRK hat einen Beitrag dazu geleistet, dass der Ruf nach einer so genannten interkulturellen Öffnung der Behindertenhilfe lauter wurde (vgl. Artikel 5). Dies mag ein Grund sein, warum die Initiativen dafür und Publikationen zum Thema vor allem aus den Praxisfeldern der Behindertenhilfe zu kommen scheinen und sich die Vorreiter*innen empirischer Studien zunächst in den Rehabilitationswissenschaften oder der Sonderpädagogik finden lassen (vgl. Halfmann 2013; Sarimski 2013). Allerdings, so zeigt sich, ziehen die Migrant*innenorganisationen, die Migrationssozialarbeit und auch die Migrationsforschung nach, die sich von den Vorreiter*innen insofern unterscheiden, als sie ihre Überlegungen mit denen der Disability Studies verbinden (vgl. etwa Gummich 2015; Amirpur & Platte 2015; Attia 2013; Dannenbeck 2014; Köbsell 2018; Wansing/Westphal 2014, 2018) und eine intersektionale Perspektive (vgl. Winker & Degele 2009) zur Grundlage ihrer Analysen machen.

Trotz dieser Dynamik bleibt es weiterhin eine zentrale Forderung – wie schon 2013 hervorgehoben – die Datenlage an der Schnittstelle von Migration und Behinderung für eine intersektionale Perspektive zu differenzieren.

In den folgenden Ausführungen wird die derzeitige Datenlage (Kap. 1) kurz dargestellt. Darauf folgen die unterschiedlichen Zugänge von Praxis und Forschung (Kap. 2, 3 und 4) zur Schnittstelle von Migration und Behinderung sowie der Frühen Kindheit und anschließend die intersektionale Analyse ›reloaded‹ (Kap. 5), in der Ergebnisse der eigenen empirischen Arbeit vorgestellt werden.

1 Daten und Fakten

2009 stellt Judy Gummich fest, dass die Verwobenheiten der Kategorien Behinderung und Migration bislang nur wenig berücksichtigt wurden, obwohl »sie die Lebensrealitäten der betreffenden Personen wesentlich beeinflussen« (Gummich 2009, S. 1).

2016 hat sich der Bundesteilhabebericht auf rund 50 Seiten mit den Verwobenheiten von Migration und Behinderung als einem von zwei Schwerpunkten befasst – darin enthalten ausführliche Analysen unter den Gesichtspunkten der schulischen Bildung, Erwerbstätigkeit, Gesundheit und Teilhabe an Politik sowie des zivilgesellschaftlichen Engagements (vgl. BMAS 2016, S. 452 ff.).

Die Datenlage über die Lebenslage im Kontext von Behinderung und Migration wird aber auch heute noch als insgesamt unbefriedigend beurteilt (vgl. Wansing & Westphal 2018). Die Daten, so heißt es, würden benötigt für »differenzierte, hypothesenbasierte Analysen zur Aufklärung der faktischen Gründe für die Diskrepanz zwischen der Häufigkeit von anerkannten Behinderungen bei Menschen mit Migrationshintergrund im Vergleich zur Bevölkerungsgruppe der Menschen ohne Migrationshintergrund« (BMAS 2016, S. 489). Von den 16,6 Mio. Menschen mit Migrationshintergrund hatten 1.580.120 Menschen eine Beeinträchtigung, dies entspricht einem Anteil von 9,5%. Dieser Anteil ist niedriger als der Anteil der Menschen mit Beeinträchtigungen an der Bevölkerung ohne Migrationshintergrund (16,7%)[1] (ausführlich dazu BMAS 2016, S. 455 ff.).

In diesen Zahlen wird ein ›Zugangsproblem‹ angedeutet. Denn Leistungen des Hilfesystems für beeinträchtigte Personen sind auch immer abhängig von der sozialrechtlichen Definition von Behinderung. Die Landesregierung NRW vermutet, dass die geringere Attestierung von Behinderung auch in Zugangsbarrieren zum Hilfesystem begründet sein kann. So heißt es im Aktionsplan Inklusion des Landes NRW: »Im Hinblick auf die Zugänglichkeit der Hilfeangebote werden bei Menschen mit Behinderungen und Migrationshintergrund – im Vergleich zur deutschstämmigen Bevölkerung – besondere Barrieren angenommen« (Land NRW 2012, 166). D. h., dass Menschen mit so genanntem Migrationshintergrund seltener Unterstützung durch das Hilfesystem in Anspruch nehmen.

---

1 Von den Menschen mit Beeinträchtigungen und Migrationshintergrund sind 1,4 Mio. Personen selbst zugewandert (mit eigener Migrationserfahrung) und rd. 180.000 Personen in Deutschland geboren (ohne eigene Migrationserfahrung).

Andererseits zeigen diverse empirische Studien, dass die Wahrnehmung eines Kindes als ›mit Migrationshintergrund‹ die Wahrscheinlichkeit erhöht, dass ihm ein sonderpädagogischer Förderbedarf zugeschrieben wird (vgl. Powell & Wagner 2014, S. 83). Dies gilt vor allem für den Förderschwerpunkt Lernen. Erhebungen der KMK zeigen zudem, dass Kinder, die als ›mit Migrationshintergrund‹ gelten, häufiger an Förderschulen beschult werden als Kinder ohne Migrationshintergrund (ausführlich dazu BMAS 2016, S. 461 ff.). Damit haben die Kinder eine deutlich geringere Chance auf eine inklusionsorientierte Bildung. Des Weiteren ist bekannt, dass etwa die Hälfte der deutschen Schüler*innen mit sonderpädagogischem Förderbedarf im Förderschwerpunkt Lernen in inklusiven Schulformen unterrichtet werden, dagegen besuchen drei Viertel der ausländischen Schüler*innen im selben Förderschwerpunkt Förderschulen (vgl. Autorengruppe Bildungsberichterstattung 2016). Diese Kinder sind wiederum überproportional häufig von Armut betroffen.[2] Susanne Miller konstatiert: »Diese Zusammenhänge sind keineswegs neu oder überraschend« (Miller 2017, S. 275). Allerdings gibt es eine Verschiebung: Auf die überproportionale Repräsentanz von Kindern ›mit Migrationshintergrund‹ auf Förderschulen haben Powell und Wagner bereits 2001 hingewiesen. Neu ist, dass Kindern ›mit Migrationshintergrund‹ der Weg in den so genannten ›inklusiven Unterricht‹ auch überproportional häufig verschlossen bleibt.

Einerseits existiert also eine Überrepräsentanz von Kindern ›mit Migrationshintergrund‹ auf Förderschulen, andererseits zeigen die Daten, dass behinderte Menschen mit Migrationshintergrund zu einem auffällig geringeren Anteil eine amtlich festgestellte Behinderung haben.[3] Bereits hier deutet sich die Komplexität an, die bei der Betrachtung von Migration und

---

2 Zudem beträgt die Armutsrisikoquote bei Menschen mit Migrationshintergrund 25% (ohne Beeinträchtigungen) bzw. 32% (mit Beeinträchtigungen) und ist etwa doppelt so hoch wie die der Menschen ›ohne Migrationshintergrund‹. »Wenn Menschen mit Migrationshintergrund keine Beeinträchtigungen haben, können auch sie ihre Armutsrisikoquote von 29% in der Kindheit auf 20% im höheren Erwerbsalter absenken. Diese Entwicklung verläuft bei Menschen mit Beeinträchtigungen anders – unter ihnen weisen diejenigen im jüngeren Erwachsenenalter mit 30% (ohne Migrationshintergrund) bzw. 39% (mit Migrationshintergrund) das höchste Armutsrisiko auf« (BMAS 2016, 471).
3 Westphal und Wansing weisen zudem auf die hohe »Non-Response Rate« mit insgesamt 18 bzw. 21% bei Menschen mit Migrationshintergrund hin, denn Fragen zur Behinderung und Gesundheit erfolgen im Mikrozensus (2012, S. 366) auf Basis einer freiwilligen Selbstauskunft und in deutscher Sprache, was im Kontext von Migration eine zusätzliche Einschränkung bedeuten kann.

Behinderung als diskriminierungsrelevante Positionierungen in Erscheinung tritt. Dort, wo Leistungen der Behindertenhilfe in Anspruch genommen werden könnten, findet eine amtliche Attestierung seltener statt. Die Feststellung eines sonderpädagogischen Förderbedarfs im Förderschwerpunkt Lernen, Sprache oder soziale und emotionale Entwicklung und damit einhergehend die Aussonderung auf Förderschulen hingegen scheint gut zu funktionieren. Hier, so Wocken, sinke zunehmend die »Normalitätstoleranz« der Pädagog*innen (Wocken 1996, S. 35 f.).

2 Theoretische Zugänge

Erste qualitative Erhebungen (vgl. Halfmann 2012; Kohan 2012; Sarimski 2013) können dazu beitragen, gängige Klischees und pauschale Urteile zum ›Umgang mit Behinderung‹ in den Familien zu hinterfragen, und konkrete Hinweise auf Bedarfe der Familien geben. Die Studien zeigen, dass Eltern sich mehr Unterstützung bei der Bewältigung ihres Alltags und bei der Beantragung von Hilfen wünschen. Allerdings treten auch in diesen Studien defizitorientierte Perspektiven in der Analyse des erhobenen Materials zutage (ausführlich dazu Amirpur 2015, 2016): Barrieren der Teilhabe werden auch hier vor allem in den Familien verortet.

Hier zeigt sich zum einen ein Desiderat, diese Kategorien als diskriminierungsrelevante Positionierungen zu betrachten und Macht-, Herrschafts- und Normierungsverhältnisse, die soziale Strukturen, Praktiken und Identitäten reproduzieren, zu analysieren. Zum anderen fehlt eine Betrachtung der Wechselbeziehungen von Kategorisierungen, die sich aufgrund von Überkreuzungen abschwächen oder verstärken können. Mit dem Intersektioanlitätsansatz wird die additive Perspektive auf Migration und Behinderung als eine ›doppelte Benachteiligung‹ ersetzt durch den Fokus auf das gleichzeitige Zusammenwirken von Benachteiligungen (Walgenbach 2012, 81). Dabei wendet sich die Intersektionalitätstheorie gegen jegliche Form naturalisierender Zuschreibungen, untersucht stattdessen soziale Positionierungen (Lutz 2001, S. 221) und rückt Macht- und Ungleichheitsstrukturen in den Fokus der Analyse.

Mit einer konkreten Bezugnahme auf diese »herrschaftskritische Tradition« (Smykalla & Vinz 2011, S. 11) sind in den letzten Jahren insbesondere Arbeiten zu Geschlecht und Migration (z. B. Huxel 2014), Behinderung und Geschlecht (Köbsell 2010), Klasse und Geschlecht (z. B. Schrader 2013) oder eine mehrdimensionale Kombination unterschiedlicher Differenzkategorien (z. B. Walgenbach 2005; Windisch 2014) erschienen. Noch wenig Beachtung hat im Intersektionalitätsdiskurs die Schnittstelle von Migration und Behinderung unter ableismus- und rassismuskritischen Perspektiven gefunden (Ausnahmen vgl. Gummich 2018; Köbsell 2018). *Ableism* wird dabei verstanden als Perspektive und Kritik an gesellschaftlichen Fähigkeitsordnungen (vgl. Campbell 2009) und der Einordnung von Individuen nach Verfasstheit, Leistung, Fähigkeit sowie – bei Nicht-Anerkennung dieser als ›nützlich‹ – deren Abwertung und Exklusion. Die Mitte der Gesellschaft dient dabei als Maßstab für die vermeintlich natürlichen »Zugehörigkeitsindikatoren« und fungiert gleichzeitig als »Abgrenzungsmarkierer« (Buchner & Pfahl 2017, S. 212). Daneben gilt *Rassismus* als eine Form der willkürlichen Markierung von ›Unterschieden‹ (wie Hautfarbe, Religion, Nationalität), die dazu verwendet wird, um sich gegenüber anderen abzugrenzen. Die Markierung dient dazu, »soziale, politische und wirtschaftliche Handlungen zu begründen, die bestimmte Gruppen vom Zugang zu materiellen und symbolischen Ressourcen ausschließen und dadurch der ausschließenden Gruppe einen privilegierten Zugang« zu sichern (Rommelspacher 2009, S. 25). Es handelt sich bei Rassismus demnach um ein »Prädikat, das Denkinhalten, Handlungen, Personen, Symbolen und Institutionen zugeschrieben werden kann« (Schrödter 2014, S. 54). Diskriminierungen beruhen auf diesen Formen kategorialer Unterscheidungen (vgl. Scherr 2012).

Eine intersektionale Perspektive (vgl. Riegel 2016) an der Schnittstelle von Migration und Behinderung berücksichtigt u. a. die Verwobenheit der Herrschaftsverhältnisse hinter Rassismus und Ableismus mit der Idee, Ansatzpunkte für ein politisches Handeln bzw. die Notwendigkeit von strukturellen Veränderungen aufzuzeigen.

Nach Riegel (2016) fragt sie dabei:

- Wie werden soziale Differenzkonstruktionen (situativ, habituell, diskursiv) hergestellt und reproduziert? Welche sozialen Differenzkonstruktionen und Macht- und Herrschaftsverhältnisse werden wie relevant? Wie wirken diese zusammen?
- Aus welcher sozialen Positionierung heraus werden Differenzkonstruktionen vorgenommen und in welchem Kontext erfolgt das? Welche Funktionen und welche Folge hat dies für die beteiligten Subjekte und für die hegemoniale Ordnung?
- In welcher Weise (und in welchen Kontexten) zeigen sich dabei gegenüber hegemonialen Strukturen, Diskursen und Repräsentationen affirmative, hinterfragende, widerständige und verschiebende Praktiken?

Damit verbindet sich der Ansatz mit dem Anliegen von Inklusion und einer diskriminierungskritischen Pädagogik.

Bisherige professionelle Strategien verfolgen allerdings einen anderen Weg: Hier dominieren weiterhin kulturalistische Deutungsansätze zum ›Umgang mit Behinderung‹.

3 ›Professionelle‹ Strategien

Nicht nur Behindertenhilfe und Migrationssozialarbeit, auch die Felder der Frühen Kindheit setzen sich verstärkt mit der Schnittstelle von Migration und Behinderung und der Frage nach dem Gelingen einer so genannten interkulturellen Öffnung der Behindertenhilfe auseinander. Diese wird in den letzten Jahren auch vermehrt zum Thema in Fort- und Weiterbildungen. Zentral ist hier meist die Bearbeitung von Fragen zum »Umgang« mit Differenz: Wie »umgehen« mit Migrantenfamilien, die ein behindertes Kind haben? Welches Wissen benötige ich im Umgang mit den Familien? Worauf muss ich vorbereitet sein? Wie kann ich eine Haltung entwickeln, die die Familien unterstützt? Oder noch spezifischer: Wie gehen muslimische Familien mit einem behinderten Kind um? Diese Fragen, so den Programmflyern zu entnehmen, werden im Laufe einer Fortbildung bearbeitet, bestenfalls beantwortet. Grundsätzlich ist es eine positive Entwicklung, dass die Schnittstelle von Migration und Behinderung ihr Schattendasein zu überwinden scheint. Gleichzeitig suggeriert diese Fortbildungsstrategie, man könne durch das Erlernen bestimmter (in diesem Fall interkultureller) Kompetenzen und auf eine spezifische, festgeschriebene Zielgruppe fokussierend – nämlich Migrantenfamilien mit einem behinderten Kind – pädagogisch erfolgreich sein. Dabei werden vor allem sogenannte Kulturkonzepte im Kontext von Migration diskutiert, die von einer kulturellen Differenz zwischen ›eingewanderten‹ und ›alteingesessenen‹ Familien ausgehen (vgl. Amirpur 2015, 2016). Diese wird als mögliche Ursache für die mangelnde Inanspruchnahme des Hilfesystems in Betracht gezogen (vgl. Van Dillen 2008; Beyer 2003). Die Autor*innen dieser Kulturkonzepte befassen sich insbesondere mit Familien türkischer Herkunft bzw. muslimischer Religionszugehörigkeit in Deutschland und versuchen, den Einfluss von ›kulturell geprägten‹ Behinderungs- und Krankheitskonzepten auf den Umgang mit Behinderung in der Familie herauszuarbeiten. Die Ontologisierung der ›muslimischen Familie‹ wird dabei in zwei Schritten vollzogen:

3 ›Professionelle‹ Strategien

Zunächst werden für das Praxisfeld (vgl. z. B. Lanfranchi 1998; Rauscher 2003; Kauczor 2003; Yenice-Cağlar 2008; Langenohl-Weyer o. J.; Diakonisches Werk Schleswig-Holstein 2012) allgemeine Untersuchungen, die sich mit Behinderung und Krankheitsbildern im Islam, dem sogenannten Volksglauben und der Volksmedizin in islamischen Kulturkontexten (böser Blick, Heiler und Hodschas, schwarze Magie etc.) befassen, herangezogen. So schreibt bspw. Rauscher in ihrem Aufsatz zur Situation von türkischen Migrantenfamilien mit behinderten Kindern: »Für das Verstehen des Umgangs mit behinderten Kindern in türkischen Familien muss sich schließlich mit dem Bild von Behinderung, wie dies in der Religion und Kultur der Türkei gezeichnet wird, auseinandergesetzt werden« (Rauscher 2003, S. 410).

Die Forschungen zum Umgang mit Behinderung im Islam bzw. in der islamischen Theologie und die ethnologischen Beobachtungen sogenannter ›islamischer Kulturkreise‹ werden in einem zweiten Schritt in diversen Publikationen und in Fortbildungen als spezifisch für eine türkische Herkunft bzw. für muslimische Familien in Deutschland beschrieben und als Ratgeber an Fachkräfte vermittelt.

Eine intersektionale Perspektive auf die Schnittstelle von Migration und Behinderung findet bislang kaum statt. Stattdessen wird ein durch Ratgeberliteratur und Handreichungen vermitteltes ›Wissen über‹ herangezogen, das in einem von Ungewissheiten geprägten pädagogischen Alltag durchaus entlastend wirken kann. Schließlich bietet es Orientierung. Aber »wohnt dem Bezug auf kategorial gefasstes Wissen [nicht, D.A.] immer ein einschränkender, festlegender und auch gewaltförmiger Zug inne« (Georgi & Mecheril 2018, S. 64)? Tatsächlich wird mit dem Wissen über ›die Anderen‹ vor allem eine »vermutete und zugeschriebene Abweichung von Normalitätsvorstellungen in Hinblick auf Biografien, Identität und Habitus« (Castro Varela & Mecheril 2010, S. 38) artikuliert. Mit Hilfe von ›mit Migrationshintergrund‹ oder ›mit Behinderung‹ wird auch eine Nicht-Zugehörigkeit nicht nur in pädagogischen Kontexten hergestellt. Bedauerlich ist es da, dass sich in den letzten Jahren wieder verstärkt die Forderung nach ›Interkultureller Kompetenz‹ beobachten lässt, mit der ein »›Comeback‹ der Fokussierung ›der Anderen‹« einhergeht (vgl. Steinbach 2017, S. 400). So verweisen bspw. empirische Studien darauf, dass pädagogische Fachkräfte mit dem Aufkommen der Fluchtmigration nach Deutschland und bezogen auf ihre Aufgabe des »Umgang[s] mit Heterogenität« (Betz & Bischoff 2017) den Wunsch nach »Sicherheit im pädagogischen Alltag« (MFKJKS NRW 2016) äußern, um Handlungssicherheit (wieder-)herzustellen. Damit zeigt sich auch ein Desiderat im Hinblick auf differenzsensibles und diskriminierungskritisches Wissen für pädagogische Professionalität, das Mecheril und Georgi als ein

Nicht-Wissen umreißen, das »vielmehr jene Art von Wissen [ermöglicht], die ein Wissen um die Grenzen des Wissens, seiner Anwendbarkeit und seiner Eingebundenheit in Verhältnisse der Macht und Ungleichheit ist« (Georgi & Mecheril 2018, 66).

4 Institutionelle Praktiken

Bei der Aufnahme von Kindern orientieren sich die meisten Einrichtungen des Elementarbereichs (Kindertageseinrichtungen) immer weniger an fähigkeitsbezogenen Vorgaben (vgl. Buchner & Pfahl 2017). Die Separation in ›Sonderkindergärten‹ oder ›Heilpädagogische Kindergärten‹ findet immer seltener statt. In diesem Punkt unterscheiden sie sich deutlich vom Primar- und noch mehr vom Sekundarbereich (vgl. Prengel 2010, S. 16), in denen bereits zu Beginn der schulischen Laufbahn eine Trennung bzw. Etikettierung nach einem objektivierenden Leistungsprinzip vorgenommen wird (vgl. Solga 2008). Auch wenn strukturelle Segregationen in Sondereinrichtungen im Elementarbereich immer seltener zu finden sind (vgl. Autorengruppe Bildungsberichterstattung 2016), werden Kinder dennoch auch während ihrer frühen Bildungsschritte aufgrund vermeintlich »beobachtbarer Merkmale« voneinander unterschieden. Häufig im Blick sind die Deutschkenntnisse der Kinder. Sprachliche Bildung wird häufig reduziert auf eine vermeintliche »Deutschförderung«. Dabei dominieren ebenso, wie im Schulbereich, strukturelle Faktoren der Bildungsbenachteiligung und monolinguale Praktiken (vgl. Gogolin 2008). Nathalie Thomauske z. B. beschreibt in ihrer Studie eindrücklich am Beispiel des internationalen Forschungsprojektes »Children Crossing Borders« institutionelle Diskriminierung im Bereich der frühkindlichen Bildung, wobei der Fokus insbesondere auf Sprachpolitiken in Kindertagesstätten liegt. Anderssprachige werden mithilfe subtiler Bildungs- und Erziehungspraktiken hierarchisiert, normiert oder exkludiert, um so eine sprachliche und damit soziale Ordnung aufrechtzuerhalten.

> »Sowohl von pädagogischen Fachkräften als auch von Eltern wird thematisiert, dass es Anderssprachige Kinder gibt, die im Kontext der Einrichtung schweigen oder verstummen. Fachkräfte berichten, dass Kinder scheinbar zunächst in ihrer favorisierten Sprache kommunizieren. Wenn sie jedoch bemerken, dass sie von Normsprachigen Fachkräften nicht verstanden werden, verstummen sie und meiden den Kontakt« (Thomauske 2017, S. 263).

Sie bezeichnet diesen Prozess als »Silencing«.

Auch die »altersgemäße kindliche Entwicklung« (Kelle 2010) ist ein Raster für pädagogische Blicke, durch das in normal und anormal unterschieden wird. Die Beobachtung der Pädagog*innen wird »zum Schlüssel und zur Grundvoraussetzung adäquaten pädagogischen Handelns« (Schmidt, Schulz & Graßhoff 2016, S. 10). Vom Blick auf das Kind geht eine »eigentümliche Kraft« aus, die »in einer gewissen Weise immer auch das herzustellen scheint, was man meint, bloß wahrzunehmen« (Ricken 2016, S. 40). Wenn das Kind dem altersgemäßen Entwicklungsstand nicht entspricht, beginnen die »Interventionen, die darauf abzielen, [das] Kind zu einer ›normalen Performanz‹ zu bewegen« (Buchner & Pfahl 2017, S. 216). Die kindliche Entwicklung ›mit Behinderung‹ gilt es dann weiter zu beobachten, zu bewerten, objektivierbar zu machen und zu messen (vgl. ebd.). Die Problematik besteht darin, dass mit dem Fokus auf die Entwicklung und die mutmaßlichen Defizite die Anerkennung des Kindes mit seinen individuellen Aneignungs- und Ausdrucksformen in den Hintergrund des pädagogischen Handelns tritt. Hier wird die Komplexität an der Schnittstelle von Migration und Behinderung und die Verwobenheit beider Positionierungen sichtbar: Für die Kinder z. B., die zunächst ›gesilenced‹ werden, folgt in nicht seltenen Fällen ein Verfahren zur Feststellung eines sonderpädagogischen Förderbedarfs aufgrund einer vermeintlichen Sprachbehinderung bzw. Sprachentwicklungsverzögerung und einer nicht ›altersgemäßen Entwicklung‹. Wansing et al. konstatieren, dass bei Kindern ›mit Migrationshintergrund‹ in Entscheidungsverfahren über den Förderort die sprachlichen Voraussetzungen weitgehend ignoriert und auch die Vorgaben zum Schutz vor einer Überweisung in die Förderschule häufig umgangen werden – trotz »der bildungspolitischen (zumindest rhetorischen) Weiterentwicklungen« (Wansing et al. 2016, S. 78).

Erste Interviewauswertungen einer Studie zur Schnittstelle von Migration und Behinderung im Kontext der frühen Kindheit[4] weisen darauf hin, dass die Integration von Kindern mit so genanntem sonderpädagogischen Förderbedarf in vielen Kitas als selbstverständlicher Teil der pädagogischen Arbeit angesehen wird: »*Das gehört, ja, schon immer, seit, ach, seitdem ich denken kann, kommt immer mal jemand, ne, ja*« (INT6). Von den Empfehlungen für eine Förderschule nehmen allerdings auch die Kindertagesstätten keinen Abstand, die, nach eigenem Anspruch, inklusionsorientiert sind. Dies ist auch deswegen bemerkenswert, als sich hier die Frage stellt: Was kann Kita, was Schule nicht kann? Die Entdeckung der Frühen Jahre nach

---

4 Durchgeführt vom Forschungsschwerpunkt Bildungsräume in Kindheit und Familie der TH Köln, Laufzeit 2018–2021

PISA (vgl. Kahl 2006) hat für die Kindheitspädagogik weitreichende Konsequenzen. Trotz Inklusion sind »präventive und diagnostische Ansätze auf den Plan getreten, die – vormals klar dem Integrationsparadigma zuzurechnen – in einer reformierten Form auch in der Kindheitspädagogik auftauchen und die scheinbar die als inklusiv dargestellten Adressat*innenkonstruktionen teilen« (Krönig 2017, 55). Das Bilden »defizitorientierter Fördergruppen« ist bildungspolitisch gewollt und wird zu einer Präventionsmaßnahme für »potentielle Abweichler« (ebd., S. 57). Die »gesteigerte Anerkennung der Bedeutung früher Bildung« korrespondiert dabei »mit einer zunehmenden Nicht-Anerkennung und diskursiven Abwertung der pädagogischen Arbeit der Professionellen« (Kuhn 2013, S. 17). Die Erzieher*innen und die neu in Erscheinung tretenden ›Inklusionsfachkräfte‹ in den Kitas geraten in dieser Diskussion zunehmend unter Druck. Von ihnen wird verlangt, in den bildungspolitischen Förderkanon einzustimmen und eine ›qualitativ hochwertige frühe Bildung‹ zu ermöglichen, die gesellschaftliche Benachteiligung abbaut (vgl. Herwartz-Emden & Mehringer 2011). Die Inklusionsfachkräfte im besagten Forschungsprojekt beschreiben ihr Bemühen um Förderung, Entwicklung, ein Fit-Machen für die Schule und ein »Weiterkommen« der Kinder (vgl. INT5): »*Da haben wir richtig etwas reingebuttert, damit er es bis zur Schule schafft*« (INT1). Ihre Warnung »*Ihr Kind ist jetzt ein Vorschulkind*« führe letztlich auch bei den Eltern zu einem Einlenken (»*es legt sich da ein Schalter um*«, INT1), die sich zuvor der Attestierung eines sonderpädagogischen Förderbedarfs verweigert haben. Dabei stehen die Kinder, die als ›mit Migrationshintergrund und Behinderung‹ positioniert werden und als mehrsprachig gelten, besonders im Fokus, weil auf sie »*so viele Sprachen hineinprasseln*« (INT5):

> »[...] *[D]ie Mutter hat albanisch und spanisch gesprochen mit ihm, der Vater armenisch und, ich glaube, da war noch was, und dann, ja hier dann deutsch, kam das Deutsche, und dann hat er gar nichts mehr gesagt, so ungefähr, und jetzt versuchen wir gerade das Spanische zu festigen, da geht er halt auch zu einer spanischen Logopädin, um da erst mal die kann er halt, also, damit das erstmal gefestigt wird, weil, ja, er ist halt jetzt, also wird jetzt Vorschulkind und spricht hier kaum.*«

Die Sprachenvielfalt der Familien wird auf ein Minimum reduziert, weil behinderte Kinder dieser Anforderung als nicht gewachsen gelten. Sie sind es dann auch, die mit dem Hinweis auf die kleineren Klassengrößen eine Empfehlung für eine Förderschule erhalten, weil es für sie »*wirklich [...] besser*« (INT5) wäre.

In der im Folgenden dargestellten Studie zu Familien an der Schnittstelle von Migration und Behinderung zeigt sich, dass die Familien sich für ihre Kinder eine inklusionsorientierte Bildung wünschen, ihnen gelingt es aufgrund lingualer Machtstrukturen und rassistischer Ausgrenzungen allerdings nur äußerst schwer, sich gegen Maßnahmen der Separation aufzulehnen.

5 Die Perspektive der Eltern

Eine von 2012–2015 durchgeführte Studie zur Lebenssituation von Familien im Kontext von Migration und Behinderung aus einer intersektionalen Perspektive (vgl. Winker & Degele 2009) analysiert anhand biografisch ausgerichteter Interviews die lebensgeschichtlichen Erfahrungen (vgl. Alheit 1992, S. 20) von Familien türkischer und iranischer Herkunft im Kontext von Behinderung. Insbesondere die Othering-Prozesse im Bildungs- und Hilfesystem, denen die *Eltern (bzw. Großeltern)* an der Schnittstelle von Migration und Behinderung ausgesetzt sind, waren der ausschlaggebende Punkt für das Forschungsinteresse der Studie, die dahintersteckenden Mechanismen genauer zu untersuchen.[5]

5.1 Zusammenfassende Ergebnisse

Aus den Interviews mit den Familien lassen sich zusammenfassend drei zentrale Orientierungen der Eltern im Hilfesystem erkennen, die im Folgenden näher beschrieben werden:

1. Suche nach sozialer Absicherung,
2. Suche nach Möglichkeiten der Handlungsbefähigung,
3. Suche nach Entlastung.

Orientierung »Suche nach sozialer Absicherung«

Viele Migrant*innen sind in Deutschland mit einem Verlust unterschiedlichster Ressourcen konfrontiert. Durch eine schwierige sozioökonomische Situation (z. T. auch bedingt durch den Flüchtlingsstatus) sind die Familien sozial heruntergestuft und stehen finanziell oder aus aufenthaltsrechtlichen

---

5 Damit gelingt mit der Studie kein Gesamtblick auf Familie unter Bezugnahme auf die behinderten Angehörigen.

Gründen unter Druck. Für viele ist es schwierig, an ihre beruflichen Tätigkeiten anzuknüpfen, die sie erfolgreich im Herkunftsland ausgeübt haben. Häufig werden ihre Qualifikationen und Abschlüsse nicht anerkannt. Wenn die Pflegebedürftigkeit (SGB XI) der Kinder nicht anerkannt wird, versuchen die Eltern unter schwierigen Umständen, etwas zur Seite zu legen, aus Sorge, dass ihnen etwas zustößt und die Kinder dann finanziell nicht abgesichert sind.

Die Betroffenen empfinden die Situation häufig als ein unlösbares Dilemma. Viele sind zu wenig über Möglichkeiten der Rehabilitation und Teilhabe für behinderte Angehörige informiert. Und selbst für diejenigen, die diese Möglichkeiten kennen, ist der bürokratische Aufwand, der mit der Beantragung und Durchsetzung der Ansprüche verbunden ist, mit großen Schwierigkeiten verbunden. Selbst wenn sie die deutsche Sprache alltagstauglich beherrschen, stellt die Verwaltungssprache eine Hürde dar. Die Familien können ihre Anliegen oft nicht ausreichend differenziert vortragen und ihre Bedürfnisse nicht in einer von den Institutionen gewünschten Form mitteilen. Für Menschen ohne ausgefeilte Deutschkenntnisse ist es ohne Unterstützer*innen kaum möglich, Ansprüche geltend zu machen.

Mehrere Befragte sprechen von Rassismus- und Diskriminierungserfahrungen bei Behörden und in Bildungsinstitutionen und von Vorurteilen, die ihnen entgegengebracht werden. Das führt auf längere Sicht dazu, dass sich die Eltern gedemütigt und isoliert fühlen. Ihre Handlungsmöglichkeiten, eine soziale Absicherung für ihre Kinder zu erreichen, werden dadurch geschwächt.

Rassismus- und Diskriminierungserfahrungen machen insbesondere Eltern, die sich nicht differenziert erklären können, deren Kinder keine sofort offensichtliche Behinderung haben, sowie muslimische Frauen, die ihre Religiosität durch ihre Kleidung offenlegen. Zwar werden nur an wenigen Stellen Geschlechterverhältnisse explizit thematisiert, dennoch zeigen die Interviews mit alleinerziehenden Müttern deutlich, unter welcher Belastung gerade sie stehen, die sich dafür verantwortlich sehen, ihre Kinder zu versorgen, ihr Leben abzusichern und die rechtlichen Rahmenbedingungen für eine Existenz in Deutschland zu schaffen.

Orientierung »Suche nach Möglichkeiten der Handlungsbefähigung«

In den Gesprächen mit den Eltern zeigt sich, dass die Familien hohe Bildungsaspirationen haben. Das Gros der Eltern – insbesondere der Mütter – bemüht sich, Teilhabechancen für ihre Kinder über Bildung zu erwirken.

Die meisten Eltern positionieren sich kritisch gegenüber Sonderstrukturen des Bildungssystems und kämpfen um gute Bildungsmöglichkeiten für ihre Töchter und Söhne. Die Suche nach adäquaten Fördermöglichkeiten und der Wunsch nach Selbstständigkeit und Handlungsbefähigung hängen eng mit den zuvor geschilderten Schwierigkeiten bei der Inanspruchnahme von Hilfen zusammen. Das Streben nach einem höheren Maß an Selbstständigkeit soll die Söhne und Töchter unabhängig vom Bildungs- und Hilfesystem machen, auf das sie sich aus Sicht der Eltern nicht verlassen können. Doch viele der Eltern werden immer wieder mit Machtasymmetrien konfrontiert, die sie auf ihrer Suche nach Handlungsbefähigung behindern, die zur strukturellen Benachteiligung der Kinder beitragen und Barrieren für ihre gesellschaftliche Partizipation darstellen. Das Projekt »Migration« wird dann als gescheitert erlebt.

Einige Eltern empfinden den Kontakt zum Hilfesystem, insbesondere zu den Bildungsinstitutionen, als Belastung: Diese greifen plötzlich in ihr Leben und in das ihres Kindes ein und beginnen in den meisten Fällen, ihr Kind vom bisherigen Umfeld in Kita und Schule zu separieren.

Drei Mütter, die über gute Deutschkenntnisse verfügen, berichten im Rahmen der Studie jeweils von einer Fachkraft (bei der ersten handelt es sich um die Autismusbeauftragte der Stadt, die zweite Mutter hat gute Kontakte zur Behindertenbeauftragten, die dritte Mutter wird durch eine engagierte Erzieherin unterstützt), die sie zu Behörden und Institutionen begleitet hat und die sie sehr schätzen. Sie erleben sich ab dem Zeitpunkt der Begleitung als erfolgreich im Hilfesystem. Hier deutet sich ein Zusammenhang zwischen den durch die Fachkräfte bei den Eltern wahrgenommenen geringen Deutschkenntnissen an und der Bereitschaft, sie auf dem Weg durch das Hilfesystem zu begleiten. So scheinen die Fachkräfte des Hilfesystems davon auszugehen, dass die Sprachkenntnisse im Deutschen vollkommen sein müssen, um Ansprüche geltend machen bzw. um Informationen vermitteln zu können. Andere unter den befragten Eltern beklagen sich, nicht systematisch begleitet und informiert worden zu sein.

Die Unrechts- und Diskriminierungserfahrungen, die Eltern auf der »Suche nach sozialer Absicherung« in Behörden gemacht haben, können zu einem generellen Misstrauen gegenüber Behörden und Bildungsinstitutionen auf der Suche nach Handlungsbefähigung führen. Angebote der Behindertenhilfe werden dann nicht mehr eingefordert und ein weiterer Kontakt vermieden.

Die Eltern betrachten die Bildung ihrer Kinder als Schlüssel zu deren Handlungsbefähigung und zur Verbesserung ihrer Zukunftsaussichten – und das unabhängig von ihrem eigenen Bildungshintergrund. Dabei fordern sie einen Zugang zu inklusiver Bildung anstelle von »besondernden« Strukturen. Fast einheitlich stehen sie der Struktur des Förderschulsystems kritisch gegenüber.[6]

Orientierung »Suche nach Entlastung«

Die Familien zeigen trotz sprachlicher und bürokratischer Barrieren und des Gefühls der Machtlosigkeit Durchhaltevermögen. Hier werden insbesondere die Mütter aktiv, während die Väter für den Erwerb des Lebensunterhalts zuständig sind. Bei ihren Unternehmungen steht vor allem die Förderung ihrer Kinder im Vordergrund. Deutlich seltener sprechen die befragten Eltern von dem Wunsch nach Entlastung als betreuende Person. Es sind insbesondere die Familien, die sich Entlastung wünschen, die nicht oder nur eingeschränkt auf Ressourcen, wie bspw. ein unterstützendes Netzwerk, zurückgreifen können und die auf der Suche nach sozialer Absicherung nur bedingt erfolgreich sind. Sie sind sozialen Benachteiligungen ausgesetzt, was sich auch in den Möglichkeiten der adäquaten Betreuung und der Handlungsbefähigung ihrer Kinder widerspiegelt. Charakteristisch sind für diese Familien aber vor allem traumatische Erfahrungen, die sie im Zusammenhang mit der Behinderung des Kindes gemacht haben – sei es durch die Schwere der Behinderung bzw. Krankheit oder durch die daraus resultierenden Kämpfe auf Strukturebene, die die Eltern austragen mussten. Insbesondere die Mütter und Eltern, die ihre Kinder über längere Zeit im Krankenhaus begleiten mussten und bei denen das Überleben der Kinder bedroht war bzw. nach wie vor ist, wünschen sich eine psychosoziale Begleitung, eine psychologische Betreuung oder eine Entlastung im Alltag bei der Versorgung ihrer Kinder – bspw. im Rahmen eines familienunterstützenden Dienstes. In den meisten Fällen treffen beide Faktoren aufeinander: die fehlende soziale Absicherung und die traumatischen Erfahrungen.

---

6 Ausnahmen bilden zwei Mütter, die insbesondere die mit der Förderschule verbundenen geringen Gruppengrößen loben: Die eine weiß um ihre eigenen mangelnden Deutschkenntnisse und hofft, dass ihre Tochter in kleinen homogenen Schulklassen in der Förderschule ausreichend Aufmerksamkeit erhält, um ihre Deutschkenntnisse zu verbessern, die sie ihr selbst nicht vermitteln kann. Die andere Mutter hat das Gefühl, dass ihre Tochter in Bezug auf ihre Hämophilie durch bspw. überschaubare Klassengrößen sicherer aufgehoben ist.

5.2 Vertiefende Einblicke

Exemplarisch wird im Folgenden ein Interview mit Familie Bahmani herangezogen, weil es insbesondere die Separation in das Förderschulsystem analysiert und die Verwobenheiten von ableistischen und rassismusorientierten Ordnungen verdeutlicht. Eine ausführliche Analyse findet sich in Amirpur (2016, S. 151 ff).

Mohsen und Parissa Bahmani und ihre beiden Söhne Schayan und Schahriar sind 1998 nach Deutschland migriert. Sie haben Iran als ›politische Flüchtlinge‹ verlassen und in Deutschland Asyl beantragt. Die beiden Kinder waren zu diesem Zeitpunkt sieben und knapp zwei Jahre alt. Zum Interviewzeitpunkt ist Schayan 20 und Schahriar 14 Jahre alt. Kern des Interviews ist der Vergleich ihrer Möglichkeiten und der ihrer Söhne in Iran und in Deutschland. Dabei kommen sie zu der Erkenntnis, dass ihnen in Iran alle Möglichkeiten offen standen, in Deutschland aber Barrieren in der Teilhabe ihrer Söhne existieren, deren Abbau sich aufgrund der Migrationssituation ihren Einflussmöglichkeiten entzieht.

Bereits in Iran bemerkt Parissa Bahmani, dass ihr Sohn nicht der ›altersgemäßen kindlichen Entwicklung‹ entspricht. In Iran blickt sie auf ein Leben zurück, in dem ihr und ihren Söhnen Möglichkeiten und Handlungsspielräume offen standen. Nach den ersten hektischen Aktivitäten kann sie dort die Kontrolle über ihr Leben zurückerlangen. Als sie bemerkt, dass sie die partizipativen Prozesse ihres Sohnes bzw. beider Söhne unterstützen kann und ihre Söhne zunehmend zufriedener auf sie wirken, rückt das zuvor dringende Anliegen einer Diagnostik in den Hintergrund. Sie beruhigt sich, als sie die aktive Mitwirkung in Beziehungen, die Interaktionen mit anderen und die Wiederherstellung ihres emotionalen Gleichgewichts feststellen kann und verbucht dies als ihren Erfolg.

Durch die Migration muss sie allerdings erfahren, dass ihre individuellen Rechte und die ihrer Familie außer Kraft gesetzt werden. Als die Familie aufgrund der politischen Situation das Land verlässt, leben sie als ›politische Flüchtlinge‹ in den ersten beiden Jahren in Deutschland in einer Unterkunft für Geflüchtete und sind den restriktiven Auflagen ausgesetzt, mit denen Menschen, die nur geduldet sind, zu kämpfen haben.

> »[pers.] Da [Flüchtlingsheim] war die Situation überhaupt nicht in Ordnung. Es war sehr schwierig. Da gab es sogar eine Messerstecherei zwischen den anderen Familien. Das wurde durch den ganzen Stress verursacht« (4, 173 M).

Neben dem unsicheren Aufenthaltsstatus wird die Familie durch rechtliche Auflagen in ihren grundlegenden Handlungsmöglichkeiten eingeschränkt.

Während des zweijährigen Heimaufenthaltes scheint Schahriar isoliert und ausgegrenzt von anderen Kindern leben zu müssen:

»[pers.] Am Anfang konnte man ihn [Schahriar] auch gar nicht in den Kindergarten bringen, weil es keinen Platz gab. Es dauerte bis er 4 Jahre alt war, bis er einen Platz bekam. Er hatte Angst vor Kindern, er hatte keine Kinder gesehen, er fing an zu schreien« (4, 175 M).

Sie erleben eine soziale Herabstufung und machen Erfahrungen mit Diskriminierungen und Ausgrenzungen.

»[pers.] Als wir dann hier ankamen, der Umzug, hat unser Leben verändert. Wir wurden mit den Problemen hier konfrontiert. Es hat unser Leben verändert. Plötzlich war er mit zwei Sprachen konfrontiert« (4, 75 M).

Das machtvolle Instrument der Diagnostik und das Konstrukt der ›altersgemäßen kindlichen Entwicklung‹ wird zur Grundlage einer Auslese. Ohne Diagnostik keine ›Förderung‹. Die in Deutschland stattfindende Diagnostik allerdings vermag es nicht, die ›Fähigkeiten‹ der Kinder zu ›erkennen‹ bzw. zählten diese nicht zu den anerkannten Leistungen.

Alles, was sie ihren Söhnen in Iran beigebracht hatte, verliert in Deutschland seinen Wert. Ihre Sprachfähigkeit in der Erstsprache Persisch wird in der Diagnostik nicht berücksichtigt. Parissa Bahmani erkennt, dass die Möglichkeiten einer ›guten‹ Beschulung davon abhängen, ob ihre Kinder über gesprochene Sprache verfügen. Sie weiß um die Schwierigkeit, die Sprachkompetenz in der Erstsprache der Kinder nachzuweisen, vor allem, weil die Logopäd*innen nicht entsprechend geschult oder mehrsprachig sind und weil entsprechende Materialen fehlen.

Die Mutter gerät erneut in eine diagnostische Hektik und einen Förderungszwang, um sich den Normen der ›altersgemäßen Entwicklung‹ zu nähern. Sie weiß um ihre Defizite im Deutschen, lässt sich davon aber nicht einschüchtern, wie sie in einer weiteren Sequenz eindrücklich zeigt:

»[pers.] Daraufhin bin ich selber zum Schulamt gegangen, habe mit meinen bescheidenen Mitteln in der Sprache mit dem Mann gesprochen und habe ihn gefragt: ›Ist es für Sie wichtig, dass er ein Deutscher ist oder zählt, dass er ein Mensch ist?‹ Und er sagte: ›Was sagen Sie da? Natürlich ist es für uns wichtig, dass er ein Mensch ist.‹ Ich sagte ihm: ›Ja dann lassen Sie mich ein Beispiel nennen aus meinen Erfahrungen und Studien, die ich in Iran gemacht habe: Wenn einer eine Depression hat und psychisch krank ist und der andere vielleicht auch darunter leidet, finden Sie es dann richtig, den einen zu dem anderen, der auch eine Depression hat, zu stecken oder vielleicht auch anderswo, wo andere Menschen fröhlich sind, wo er auf andere Gedanken kommen kann?‹ Daraufhin sagte er: ›Ja natürlich zu den Fröhlichen.‹ Sie machen doch aber genau das Gegenteil davon, indem sie ein Kind, das nur ein leichtes Problem hat, weil er aktiv ist, stecken Sie es zu den anderen, die riesige Probleme haben. Was er ja noch gar nicht erlebt hat. Statt jetzt von den anderen, den intelligenteren Personen, etwas mehr zu lernen, musste er dann bei den anderen bleiben. Warum tun Sie das?« (4, 198 M).

Parissa Bahmani befindet sich in einer Gesprächssituation in einem institutionellen Setting mit formalhierarchischen Strukturen: im Schulamt, das über die Beschulung des Sohnes entscheidet. Zu diesem Ungleichgewicht kommen zum einen die von ihr selbst als bescheiden charakterisierten Deutschkenntnisse hinzu, mit denen sie gezwungen ist, das Gespräch im Schulamt zu führen, zum anderen die fehlende Vertrautheit mit den Institutionen sowie den Rechtsansprüchen für behinderte Kinder. Der durch die Verwobenheit der Kategorien Migration und Behinderung entstehenden Asymmetrie ist sich Parissa Bahmani durchaus bewusst. Mit der von ihr verwendeten Differenz »Deutscher« (zu »Nichtdeutscher«, die sie hier nicht explizit nennt) und der Positionierung ihres Sohnes als nichtdeutsch unterstreicht Parissa Bahmani nochmals, dass sie die Anweisung, Schahriar auf dieselbe Schule zu schicken, die bereits ihr älterer Sohn besucht, als Diskriminierung charakterisiert. Ihren Sohn in seiner Weiterentwicklung zu behindern, sei eine Entscheidung, die vielmehr im Zusammenhang mit der Wahrnehmung einer iranischen Herkunft denn Schahriars Fähigkeiten bzw. seinen Deutschkenntnissen stehe. Nun appelliert sie an den Mitarbeiter des Schulamtes, sich das Menschsein ihres Sohnes ins Bewusstsein zu rufen und erst dann eine Entscheidung zu treffen. Hat sie sich bei Schayan Bahmanis Beschulung noch abfertigen lassen, versucht sie hier, die Asymmetrie des Gesprächs zu verringern, indem sie sich mit ihrer Expertise hervortut, die sie aus Iran mitbringt und von der das deutsche Bildungssystem lernen sollte. Durch ihre Erläuterungen über gute Lernsettings versucht sie, Überzeugungsarbeit zu leisten: Kinder sollen voneinander lernen. Wie an anderer Stelle im Interview zieht sie dabei Iran als ihr Referenzsystem heran. Auch an späterer Stelle thematisiert sie in einer stark argumentativ geprägten Sequenz ihre Vorstellung von Bildung und Teilhabe und greift damit – wenn auch unbewusst – den Diskurs um ein inklusives Schulsystem sowie anregende, heterogene Lernsettings auf:

> »[pers.] Warum versucht man nicht, mehr Kontakt herzustellen? Dass diese Kinder isoliert werden und nicht wissen, was sie mit ihrer Zeit anfangen sollen? Die Klassifikation ist aber nicht ganz in Ordnung. Statt dem Kind die Möglichkeit zu geben, bei etwas Höherem drin zu sein in der Klasse oder so, wird er so klassifiziert, dass er sogar in unteren Klassen rein kommt und er so überhaupt nichts lernt. So wird es nicht besser« (4, 390 M).

Diese Aussage verdeutlicht abermals, dass der Einsatz der Mutter gegen die Beschulung auf dieser speziellen Förderschule nicht mit einem Nichtwahrhabenwollen der Behinderung im Zusammenhang steht, sondern mit ihrer kritischen Haltung gegenüber den segregierenden Maßnahmen im Schulsystem und den Verfahren der Behindertenhilfe in Deutschland, die ihrer

Meinung nach ineffektiv sind und nicht ihrem Anspruch von Bildung genügen (4, 232 M).

Letztlich kann sie nicht verhindern, dass ihre Söhne auf die Förderschule geschickt werden; gleichzeitig nimmt sie sich vor, die (Aus-)Bildung ihres Sohnes selbst in die Hand zu nehmen.

An dieser Stelle zeigen sich sehr deutlich die Auswirkungen der Verwobenheit von rassismus- und fähigkeitsorientierten Ordnungen auf die Identitätskonstruktion als Mutter zweier behinderter Kinder. Der Eindruck der »zwanghaft Kontrollierenden«, den Parissa Bahmani in dem Interview erweckt, ist vor dem Hintergrund des totalen Kontrollverlustes durch die Migration zu lesen, ihr Misstrauen gegenüber den Institutionen vor dem Hintergrund ihrer Erfahrungen und Enttäuschungen im Kontakt mit ebendiesen. Sie hat die Erfahrung gemacht, dass über ihren Kopf hinweg Entscheidungen getroffen oder ihre Wünsche bei Entscheidungen nicht berücksichtigt werden. Sie hat gelernt, dass sie in Deutschland am Ball bleiben und sich informieren muss, um sicherzustellen, dass an der Schule die grundlegenden Therapien durchgeführt werden, die Behindertenhilfe gut mit ihren Kindern umgeht oder die Ärzt*innen die richtigen Untersuchungen durchführen für eine Diagnostik, die ›anerkennt‹. Die Entwicklung ihrer Kinder wird zu ihrem Projekt.

Es ist nicht die Beeinträchtigung der Kinder, es ist vor allem der Ableismus im Kontext der Migrationssituation, der die Mutter vor unüberwindliche Probleme stellt. Zwar scheitern viele ihrer Versuche, die Kontrolle zurückzugewinnen, sie positioniert sich aber immer wieder als eine Person, die ihre Bedürfnisse und Interessen gegenüber staatlichen Stellen offen und selbstbewusst kommuniziert. Dennoch muss sie feststellen, dass sie als Person in Deutschland nur in geringem Maße Einfluss ausüben kann:

> »[pers.] Ich habe ein regelrecht schlechtes Gewissen, dass wir überhaupt hier hergekommen sind.« (4, 353 M).

6 Fazit

Es konnten viele Merkwürdigkeiten und Schieflagen aufgezeigt werden, die mit der Ratifizierung der UN-BRK einhergingen: Die Ratifizierung der UN-BRK hat zu einer verstärkten Auseinandersetzung mit der Schnittstelle von Migration und Behinderung geführt. Dabei wurde erkannt, dass Menschen im Kontext von Migration in puncto Leistungsbezug durch die Eingliederungshilfe deutlich unterrepräsentiert sind. In den letzten Jahren sind viele Initiativen entstanden, die Familien bei Antragstellungen unterstützen und darum bemüht sind, Zugangsbarrieren im Hilfesystem abzubauen. Federführend waren hier zunächst die Impulse aus Heil- und Sonderpädagogik und der Behindertenhilfe. Die entwickelten Strategien zur interkulturellen Öffnung haben die Schnittstelle allerdings kaum aus intersektionaler Perspektive betrachtet. Mit dem zunehmenden Interesse der Migrationsforschung und Migrationssozialarbeit für das Thema wird das Feld um eine notwendige, rassismuskritische Perspektive ergänzt. Doch hier zeigt sich wiederum, dass ableismuskritische Analysen fehlen (vgl. Amirpur i.E.).

Trotz der geringeren Repräsentanz im Leistungsbezug wird bei Kindern ›mit Migrationshintergrund‹ im Vergleich zu Kindern ›ohne Migrationshintergrund‹ aber häufiger ein sonderpädagogischer Förderbedarf in den Schwerpunkten Lernen, Sprache und soziale/emotionale Entwicklung diagnostiziert, der Weg in den so genannten ›inklusiven Unterricht‹ bleibt ihnen überproportional häufig versperrt.

Mehr als je zuvor steht Inklusion unter Kritik. Diese Kritik, das zeigt Andrea Platte in ihrem Beitrag »Zwischen Renitenz und Übergabe: Wer und was will ›die Inklusionsdebatte‹, ist eigentümlich verkürzt und wenig differenziert (ausführlich dazu Platte 2018). Am prominentesten sind wohl die Kritiker*innen aus der Heil- und Sonderpädagogik zu hören mit dem Ziel »gesellschaftlicher Integration« auf getrennten (Schul-)Wegen oder die Vertreter*innen einer ›gemäßigten Inklusion‹, die der von ihnen als ›radikal‹ bezeichneten Inklusion nicht folgen« (vgl. ebd., S. 240): Beide Positionen befürworten nach wie vor differenzpädagogische, integrierende Strategien (vgl. ebd.).

Daneben stehen Familien bzw. die Eltern, wie die in oben genannter Untersuchung, die gegen Segregationen kämpfen (ihr Einsatz häufig als ein migrationsspezifisches »Nicht-Akzeptieren« der Behinderung des Kindes interpretiert), aber sich selbst als machtlos bezeichnen. Sie wünschen sich für ihre Kinder gesellschaftliche Teilhabe und sind die Verlierer*innen im Ringen um inklusive Bildung, denn, so Lisa Pfahl:

> »Sonderschulen brauchen Schüler, damit sie nicht geschlossen werden [...]. Kinder aus ökonomisch benachteiligten Familien sind das Hauptklientel von Sonderschulen, weil die Eltern sich nicht gegen die Schulüberweisungen zur Wehr setzen können oder inklusive beziehungsweise integrative Schulplätze fehlen« (Pfahl 2018, o. S.).

Doch eine inklusive Bildung sei dann erst möglich, so das Credo der Gegner*innen, wenn es zu einer Kompetenzentwicklung kommt, die sich als umfassende Handlungsfähigkeit und damit als professionelles pädagogisches Handeln kennzeichnen lässt. Die Unvollständigkeit von Wissen und Kompetenz wird in der Folge zu einem »bedrohenden und Unsicherheiten auslösenden Faktor« (Georgi & Mecheril 2018, 66). Das gilt für die so genannte interkulturelle Kompetenz als ›Umgang mit den Migranten‹ wie für die so genannte Inklusionskompetenz als ›Umgang mit den Behinderten‹.

Dabei wird an der Auseinandersetzung mit der Schnittstelle von Migration und Behinderung besonders deutlich, dass Pädagogik und professionelles Handeln nicht einfach durch Kompetenzentwicklung und durch Konzepte mit ›Wissen über‹ gelingen kann. Erst »die Anerkennung des Restes – die Anerkennung von Nicht-Wissen – ermöglicht eine Bezugnahme auf den Anderen, die ihn nicht von vornherein in den Kategorien des Bezugnehmenden darstellt« (ebd., S. 66).

Zwar ereignet sich pädagogisches Handeln »im Feld der Ungewissheit und Unbestimmtheit« (ebd., S. 67), allerdings lässt sich nicht daraus schließen, dass Kontexte, in denen Familien an der Schnittstelle von Migration und Behinderung leben, ignoriert werden sollten, wenn es um die Ermöglichung von Teilhabe geht. Dafür ist die Auseinandersetzung mit sozialen Ungleichheitslagen, Diskriminierungserfahrungen, mit rassistischen und ableistischen Wissensstrukturen notwendig. Der intersektionalen Perspektive als Analysefolie kann hier ein gewisses Potential zugeschrieben werden (vgl. Riegel 2016). Allerdings ist sie auch kein Allheilmittel. Neben den oben aufgeführten Fragen zur intersektionalen Analyse bedarf es nämlich einer weiteren: Sind wir in der Lage, die »Existenz verschiedener, darunter auch gegenläufiger Wahrheiten und Diskurse zu ertragen« – oder beharren wir darauf, »dass die jeweilige Wahrheit oder Moral eine Monopolstellung innehat« (Weidner 2011, o. S.)? Die Vereinnahmung des Intersektionalitätsansatzes hat in den letzten Jahren zu einer Verdinglichung der Diskussion geführt (vgl. kritisch dazu Knapp 2013): Es geht zunehmend um Identitätspolitiken und »rutscht ab in Opferdynamiken oder identitäres Gehabe« (ausführlich dazu Boger 2017, S. 76). Intersektionalität, einst revolutionär und progressiv, bedient heute plötzlich die Sehnsucht nach Vereindeutigung (Disambiguierung). Doch

> »ohne Bezug zu den Herrschaftsverhältnissen und ihren Strukturkategorien, in deren Zusammenhang sie stehen, können die individuellen Erfahrungen lediglich als subjektive Befindlichkeiten und partikulare handycaps erfasst werden – daran vermag der gute Wille, das hohe moralische Pathos, von dem die Debatte getragen wird, nichts zu ändern« (Klinger 2012, o. S.).

Literatur

Alheit, Peter (1992): Biographizität und Struktur. In: Altheit, P.; Dausien, B.; Hanses, A. & Scheuermann, A. (Hrsg.): Biographische Konstruktionen. Beiträge zur Biographieforschung. Werkstattberichte des Forschungsschwerpunkts Arbeit und Bildung. Bd. 19. Universität Bremen, S. 10–36.

Amirpur, Donja (2013): Behinderung und Migration – eine intersektionale Analyse im Kontext inklusiver Frühpädagogik. München.

Amirpur, Donja (2015): »Hier geht alles ziemlich langsam voran...« – Der Transnationale Soziale Raum als Ressource für Familien im Kontext von Migration und Behinderung. In: Attia, I., Köbsell, S. & Prasad, N.: Dominanzkultur reloaded. Neue Texte zu gesellschaftlichen Machtverhältnissen und ihren Wechselwirkungen. Bielefeld.

Amirpur, Donja (2016): Migrationsbedingt behindert? Familien im Hilfesystem. Eine intersektionale Perspektive. Bielefeld.

Amirpur, Donja (i.E.): Normalisierung, Othering, Sortierung – Behinderung durch ›mit Migrationshintergrund‹.

Amirpur, Donja & Platte, Andrea (2015): Allianzen für die Inklusionsentwicklung: Intersektionale und interdisziplinäre Forschung. In: Schnell, I. (Hrsg.): Zur Logik der Widrigkeiten – Theoriefundamente der Inklusion. Bad Heilbrunn, 431–438.

Amirpur, Donja & Platte, Andrea (2017): Handbuch Inklusive Kindheiten. Leverkusen.

Attia, Iman (2013): Rassismusforschung trifft auf Disability Studies. http://www.ash-berlin.eu/hsl/freedocs/265/Attia_ZeDiS_Rassismusforschung_trifft_auf_Disability_Studies_2013.pdf (letzter Zugriff am 15.05.2014).

Autorengruppe Bildungsberichterstattung (2016): Bildung in Deutschland 2016. https://www.bildungsbericht.de/de/bildungsberichte-seit-2006/bildungsbericht-2016/pdf-bildungsbericht-2016/bildungsbericht-2016 (letzter Zugriff am 26.07.2016).

Betz, Tanja & Bischoff, Stefanie (2017): Heterogenität als Herausforderung oder Belastung? Zu den Perspektiven frühpädagogischer Fachkräfte auf Differenz in Kindertageseinrichtungen. In: Stenger, U.; Edelmann, D.; Nolte, D. & Schulz, M. (Hrsg.): Diversität in der Pädagogik der frühen Kindheit. Im Spannungsfeld zwischen Konstruktion und Normativität. Weinheim, S. 101–118.

Beyer, Ina (2003): Im besten Sinne bunt. In: DAS BAND, Zeitschrift des Bundesverbandes für Körper- und Mehrfachbehinderte e. V., 3/2003, S. 9–12.

BMAS (2016): Teilhabebericht der Bundesregierung über die Lebenslagen von Menschen mit Beeinträchtigungen 2016. http://www.bmas.de/SharedDocs/Downloads/DE/PDF-Publikationen/a125-16-teilhabebericht.pdf?__blob=publicationFile&v=9 (letzter Zugriff am 26.07.2018).

Boger, Mai-Anh (2017): Notizen zur Phänomenologie und Psychodynamik intersektionaler Identitätspolitik. In: Arnold, A.; Luckgei, V. & Ruck, N. (Hrsg.): Psychologie & Gesellschaftskritik. Heft 2017-2 (162): Intersektionalität, 67–91.

Buchner, Tobias & Pfahl, Lisa (2017): Ableism und Kindheit: Fähigkeitsorientierte Praktiken in Medizin und Pädagogik. In: Amirpur, D. & Platte, A. (Hrsg.): Handbuch Inklusive Kindheiten. Leverkusen, S. 210–224.

Campbell, Fiona (2009): Contours of Ableism. The production of Disability and Abledness. Heidelberg.

Castro Varela, María do Mar & Mecheril, Paul (2010): Grenze und Bewegung. Migrationswissenschaftliche Klärungen. In: Mecheril, P.; Castro Varela, M.; Dirim, I.; Kalpaka, A. & Melter, C. (Hrsg.): Bachelor, Master: Migrationspädagogik. Weinheim, S. 23–42.

Dannenbeck, Clemens (2014): Vielfalt neu denken. Behinderung und Migration im Inklusionsdiskurs aus Sicht der Sozialen Arbeit. In: Wansing, G. & Westphal, M. (Hrsg.): Behinderung und Migration. Inklusion, Diversität, Intersektionalität. Wiesbaden, S. 83–96.

Diakonisches Werk Schleswig-Holstein (2012): Migration und Behinderung – Einladung zum Dialog, http://www.diakonie-sh.de/assets/PDF/Migration/Doku.8.pdf, letzter Zugriff am 19.02.2016.

Die Bundesregierung (2012): Unser Weg in eine inklusive Gesellschaft. Der Nationale Aktionsplan der Bundesregierung zur Umsetzung der UN-Behindertenrechtskonvention. www.bmas.de/SharedDocs/Downloads/DE/PDF-Publikationen/a740-nationaler-aktionsplan-barrierefrei.pdf?__blob=publicationFile (letzter Zugriff am 07.01.2013).

Georgi, Viola B. & Mecheril, Paul (2018): (De)Kategorisierung im Licht der Geschichte und Gegenwart migrationsgesellschaftlicher Bildungsverhältnisse oder: Widerspruch als Grundfigur des Pädagogischen. In: Musenberg, O.; Riegert, J. & Sansour, T. (Hrsg.): (De)Kategorisierung in der Pädagogik. Notwendig und riskant? Bad Heilbrunn.

Gogolin, Ingrid (2008): Der monolinguale Habitus der multilingualen Schule. Münster u. a.

Gummich, Judy (2009): Migrationshintergrund und Beeinträchtigung – eine vielschichtige Herausforderung. Unveröffentlichter Vortrag. Diversity-Training zum Schwerpunkt Menschen mit Behinderung und Migrationshintergrund für die Landesstelle für Gleichbehandlung – gegen Diskriminierung Berlin und die AWO LV Berlin, 02./03.11.2009.

Gummich, Judy (2015): Verflechtungen von Rassismus und Ableism. Anmerkungen zu einem vernachlässigten Diskurs. In: Attia, I.; Köbsell, S. & Prasad, N. (Hrsg.): Dominanzkultur reloaded. Neue Texte zu gesellschaftlichen Machtverhältnissen und ihren Wechselwirkungen. Bielefeld, S. 143–154.

Halfmann, Julia (2012): Migration und Komplexe Behinderung. Eine qualitative Studie zu Lebenswelten von Familien mit einem Kind mit Komplexer Behinderung und Migrationshintergrund in Deutschland. http://kups.ub.uni-koeln.de/4950/ (letzter Zugriff am 01.03.2013).

Herwartz-Emden, Leonie & Mehringer, Volker (2011): Multikulturelle Kindheit. Lebenswelt und Sozialisationsbedingungen von Kindern mit Migrationshintergrund aus der Sicht aktueller Kinderstudien. In: Wittman, S.; Rauschenbach, T. & Leu, H. R. (Hrsg.): Kinder in Deutschland. Eine Bilanz empirischer Studien. Weinheim, S. 234–247.

Huxel, Katrin (2014): Männlichkeit, Ethnizität und Jugend. Präsentationen von Zugehörigkeit im Feld Schule. Wiesbaden.

Kahl, Reinhard (2006): Die Entdeckung der frühen Jahre: Die Initiative McKinsey bildet. Zur frühkindlichen Bildung (Archiv der Zukunft). Weinheim.

Kauczor, Cornelia (2003): Ausblick: »Kontakt, der klappt!« – Zusammenarbeit mit Migrantenfamilien gestalten. Sonderpädagogik oder Pädagogik der Vielfalt? http://www.hannover.de/content/download/224479/3520241/version/1/file/paedagogik_der_vielfalt.pdf (letzter Zugriff am 30.05.2014).

Kelle, Helga (2010): Age-appropriate development as measure and norm. An ethnographic study of the practical anthropology of routine paediatric checkups. In: Childhood 17 (1), S. 9–25.

Klinger, Cornelia (2012): Für einen Kurswechsel in der Intersektionalitätsdebatte. Online-Publikation. http://portal-intersektionalitaet.de/theoriebildung/ueberblickstexte/klinger/ (letzter Zugriff am 02.07.2017).

Knapp, Gudrun-Axeli (2013): Zur Bestimmung und Abgrenzung von »Intersektionalität«. Überlegungen zu Interferenzen von »Geschlecht«, »Klasse« und anderen Kategorien sozialer Teilung. In: Erwägen – Wissen – Ethik, 24, 3, S. 341–354.

Köbsell, Swantje (2010): Gendering Disability: Behinderung, Geschlecht und Körper. In: Jacob, J.; Köbsell, S. & Wollrad, E. (Hrsg.): Gendering Disability. Intersektionale Aspekte von Behinderung und Geschlecht. Bielefeld, S. 17–35.

Köbsell, Swantje (2018): »Disabled asylum seekers? ... They don't really exist«. Zur Unsichtbarkeit behinderter Flüchtlinge im Hilfesystem und im behindertenpolitischen Diskurs. In: Westphal, M. & Wansing, G. (Hrsg.): Migration, Flucht und Behinderung. Wiesbaden, S. 63–80.

Kohan, Dinah (2012): Migration und Behinderung: eine doppelte Belastung? Freiburg.

Krönig, Franz Kasper (2017): Inklusion, Prävention und Diagnostik. Ein Rekonstruktionsversuch verdeckter Widersprüche. In: Amirpur, D. & Platte, A. (Hrsg.): Inklusive Kindheiten. Leverkusen, S. 51–63.

Kuhn, Melanie (2013): Professionalität im Kindergarten. Eine ethnographische Studie zur Elementarpädagogik in der Migrationsgesellschaft. Wiesbaden.

Lanfranchi, Andrea (1998): Vom Kulturschock zum Behinderungsschock. Beratung in der Frühförderung mit »Fremden«. In: Frühförderung interdisziplinär: Zeitschrift für Frühe Hilfen und frühe Förderung benachteiligter, entwicklungsauffälliger und behinderter Kinder, 1998/3, S. 116–124.

Langenohl-Weyer, Angelika (o.J.): Behinderte Schülerinnen und Schüler mit Migrationshintergrund im Übergang Schule – Beruf. http://www.lwl.org/star-download/pdfs/RAA_PowerPoint-LWL.pdf (letzter Zugriff am 29.09.2014).

Lutz, Helma (2001): Differenz als Rechenaufgabe: über die Relevanz der Kategorien Race, Class, Gender. In: Lutz, H. & Wenning, N. (Hrsg.): Unterschiedlich verschieden. Differenz in der Erziehungswissenschaft. Opladen, S. 215–231.

Mecheril, Paul (1997): Rassismuserfahrungen von anderen Deutschen – eine Einzelfallbetrachtung. In: Mecheril, P. & Teo, T. (Hrsg.): Psychologie und Rassismus. Reinbek, S. 175–202.

Miller, Susanne (2017): Risikofaktor Armut gleich Risikofaktor Förderschule. In: Amirpur, D. & Platte, A. (Hrsg.): Handbuch Inklusive Kindheiten. Leverkusen, S. 272–286.

Ministerium für Familie, Kinder, Jugend, Kultur und Sport (MFKJKS) NRW (2016): »Integration von Kindern mit Fluchterfahrung«. www.kita.nrw.de/node/406 (Abfrage: 26.02.2017).

Platte, Andrea (2018): »Zwischen Renitenz und Übergabe: Wer und was will ›die Inklusionsdebatte‹?« In: Gemeinsam leben. Vorsicht Falle! Kritik an der Inklusionskritik, 26, 4, S. 239–249.

Pfahl, Lisa (2018): »Sonderschulen brauchen Schüler, damit sie nicht geschlossen werden.« https://www.sueddeutsche.de/bildung/diagnose-lernbehinderung-sonderschu

len-brauchen-schueler-damit-sie-nicht-geschlossen-werden-1.4057639 [Zugriff: 18.03. 2019].

Powell, Justin J. W. & Wagner, S. (2001): Daten und Fakten zu Migrantenjugendlichen an Sonderschulen in der Bundesrepublik Deutschland. Selbständige Nachwuchsgruppe Working Paper 1/2001. Berlin.

Powell, Justin J. W. & Wagner, Sandra J. (2014): An der Schnittstelle von Ethnie und Behinderung benachteiligt. Jugendliche mit Migrationshintergrund an deutschen Sonderschulen weiterhin überrepräsentiert. In: Wansing, G. & Westphal, M. (Hrsg.): Behinderung und Migration. Wiesbaden, S. 177–202.

Prengel, Annedore (2010): Inklusion in der Frühpädagogik. Bildungstheoretische, empirische und pädagogische Grundlagen. München.

Rauscher, Iris (2003): Zur Situation von türkischen Migrantenfamilien mit behinderten Kindern in der BRD. In: Behindertenpädagogik 42, S. 402–416.

Ricken, Norbert (2016): Die Macht des pädagogischen Blicks: Erkundungen im Register des Visuellen. In: Schmidt, F.; Schulz, M. & Graßhoff, G. (Hrsg.): Pädagogische Blicke. Weinheim, S. 40–53.

Riegel, Christine (2016): Bildung. Intersektionalität. Othering. Pädagogisches Handeln in widersprüchlichen Verhältnissen. Bielefeld.

Rommelspacher, Birgit (2009): Was ist eigentlich Rassismus? In: Melter, C. & Mecheril, P. (Hrsg.): Rassismuskritik, Band 1: Rassismustheorie und -forschung. Schwalbach am Taunus: Wochenschau Verlag, 25–38.

Sarimski, Klaus (2013): Wahrnehmung einer drohenden geistigen Behinderung und Einstellungen zur Frühförderung bei Eltern mit türkischem Migrationshintergrund. In: Frühförderung interdisziplinär, 1/2013, S. 3–16.

Scherr, Albert (2012): Diskriminierung: Die Verwendung von Differenzen zur Herstellung und Verfestigung von Ungleichheiten. Vortrag, 36. Kongress der Deutschen Gesellschaft für Soziologie. Plenum Diversity und Intersektionalität.

Schmidt, Friederike; Schulz, Marc & Graßhoff, Günther (2016): Erziehungswissenschaftliche Perspektiven auf Wahrnehmung. In: dies. (Hrsg.): Pädagogische Blicke. Weinheim, S. 7–25.

Smykalla, Sandra & Vinz, Dagmar (2011): Einleitung. Geschlechterforschung und Gleichstellungspolitiken vor neuen theoretischen, methodologischen und politischen Herausforderungen. In: Smykalla, S. & Vinz, D. (Hrsg.), Intersektionalität zwischen Gender und Diversity. Münster: Westfälisches Dampfboot, S. 7–16.

Schrader, Katrin (2013): Drogenprostitution. Eine intersektionale Betrachtung zur Handlungsfähigkeit drogenbrauchender Sexarbeiterinnen. Bielefeld.

Schrödter, Mark (2014): Dürfen Weiße Rassismuskritik betreiben? Zur Rolle von Subjektivität, Positionalität und Repräsentation im Erkenntnisprozess. In: Borden, A. & Mecheril, P. (Hrsg.): Solidarität in der Migrationsgesellschaft. Bielefeld, S. 53–72.

Solga, Heike (2008): Meritokratie – die moderne Legitimation ungleicher Bildungschancen. In: Berger, P. A. & Kahler, H. (Hrsg.): Institutionalisierte Ungleichheiten. Wie das Bildungssystem Chancen blockiert. Weinheim, München: Juventa, S. 19–38.

Steinbach, Annika (2017): »Je unterschiedlicher die Schüler sind, desto unterschiedlicher sind natürlich auch die Probleme, die sie mit sich bringen.« – Pädagogische Professionalisierung in migrationsgesellschaftlichen Differenzverhältnissen: diskursanalytisch, selbstreflexiv und anrufungssensibel. In: Amirpur, D. & Platte, A. (Hrsg.): Handbuch Inklusive Kindheiten. Leverkusen.

Sulzer, Annika & Wagner, Petra (2011): Inklusion in Kindertageseinrichtungen – Qualifikationsanforderungen an die Fachkräfte. München.

Thomauske, Nathalie (2017): Die Normierung ›Anderssprachiger‹ Kinder. In: Amirpur, D. & Platte, A. (Hrsg.): Inklusive Kindheiten. Leverkusen, Toronto, S. 252–271.

Van Dillen, Ton (2008): Erfahrungen aus Europa: Migration und Behinderung. Ein Thema in den Niederlanden, dem multikulturellen Staat? In: Kauczor, C.; Lorenzkowski, S. & Al-Munaizel, M. (Hrsg.): Migration, Flucht und Behinderung. Essen: Behinderung und Entwicklungszusammenarbeit, S. 39–46.

Wansing, Gudrun & Westphal, Manuela (2014): Behinderung und Migration. Kategorien und theoretische Perspektiven. In: dies. (Hrsg.): Behinderung und Migration. Inklusion, Diversität, Intersektionalität. Wiesbaden, S. 17–48.

Wansing, Gudrun & Westphal, Manuela (2018): Migration, Flucht und Behinderung. Wiesbaden.

Wansing, Gudrun; Westphal, Manuela; Jochmaring, Jan & Schreiner, Mario (2016): Herstellungsweisen und Wirkungen von Differenzkategorien im Zugang zu beruflicher (Aus-)Bildung. In: Bylinski, U. & Rützel, J. (Hrsg.): Inklusion als Chance und Gewinn für eine differenzierte Berufsbildung. Bonn: Bundesinstitut für Berufsbildung, S. 71–85.

Weidner, Stefan (2011): Islamische Wahrheit. https://www.deutschlandfunkkultur.de/islamische-wahrheit.950.de.html?dram:article_id=140224 (letzter Zugriff am 26.07.2018).

Winker, Gabriele & Degele, Nina (2009): Intersektionalität. Zur Analyse sozialer Ungleichheiten. Bielefeld.

Wocken, Hans (1996): Sonderpädagogischer Förderbedarf als systemischer Begriff. In: Sonderpädagogik 1996, 26. Jg. H. 1, S. 34–38.

Yenice-Cağlar, Yüksel (2008): Sozialpädagogische Familienberatung für türkische Familien mit behinderten Kindern. In: Kauczor, C.; Lorenzkowski, S. & Al-Munaizel, M. (Hrsg.): Migration, Flucht und Behinderung. Essen: Behinderung und Entwicklungszusammenarbeit, S. 139–148.

Inklusion und Übergang von der Kita in die Grundschule – Analyse aktueller Bedingungen und zukünftiger Entwicklungsaufgaben

Michael Lichtblau & Timm Albers

1 Einleitung

Mit der Ratifizierung der UN-Behindertenrechtskonvention (UN-BRK) (Vereinte Nationen, 2006) im Jahr 2009 und dem darin in § 24 verankerten Recht auf inklusive Bildung werden umfangreiche institutionelle Veränderungsprozesse für Kindertageseinrichtungen und Grundschulen angestoßen. Ein besonderes Augenmerk ist hierbei auf die Transition vom Elementar- zum Primarbereich zu richten, da dieser bildungssystemische Übergang auch 10 Jahre nach in Kraft treten der UN-BRK mit einem erhöhten Risiko für Kinder verbunden ist, selektiert und in Fördereinrichtungen separiert zu werden (Autorengruppe Bildungsberichterstattung 2018). Diese Handlungspraxis widerspricht den Anforderungen eines inklusiven Bildungssystems, das die Voraussetzungen schaffen muss, kontinuierliche inklusive Bildungsentwicklungsverläufe zu gewährleisten. Als wesentliche Entwicklungsaufgabe betrachtet Maria Kron (2013) in diesem Kontext die Intensivierung der Kooperation von frühpädagogischen Fachkräften und Lehrkräften des Primarbereichs sowie die gezielte Einbeziehung der Familien in pädagogische Prozesse dieser Transitionsphase. Dieser Beitrag fokussiert auf der Grundlage der Wiff-Expertise »Inklusion und der Übergang von der Kita in die Grundschule: Kompetenzen pädagogischer Fachkräfte« (Albers & Lichtblau 2014) Hemmnisse und Barrieren bei der Umsetzung von Inklusion an dieser Schnittstelle und beschreibt unter inklusiver Perspektive zukünftige Entwicklungsaufgaben.

2 Theoretische Perspektiven einer inklusiven Transition vom Elementar- zum Primarbereich

2.1 Definitionen von Inklusion

Sowohl für die Frühpädagogik als auch für die Pädagogik des Primarbereichs nehmen die Arbeiten zur »Pädagogik der Vielfalt« von Annedore Prengel (1993, 2016) eine zentrale Rolle in der Theoriebildung ein. Im Verständnis der Pädagogik der Vielfalt wird ein Begriff von Normalität und Unterschiedlichkeit in einer Gesellschaft definiert, der von einer grundsätzlich heterogenen Gesellschaftsstruktur ausgeht, in der sich Menschen in vielfacher Hinsicht (z. B. Schicht-/Milieuzugehörigkeit, kulturelle/ethnische Zugehörigkeit, Gender, sexuelle Orientierung, Religion) in ihren Voraussetzungen voneinander unterscheiden (Prengel 2016). Annedore Prengel kennzeichnet diese Perspektive auf die Heterogenität gesellschaftlicher Gruppen mit dem Begriff der »egalitären Differenz« (Prengel 2016, S. 22). Sie versteht darunter, die Anerkennung der Gleichheit aller Menschen, bei gleichzeitiger Akzeptanz und Wertschätzung der Differenzen, die sich infolge der Einzigartigkeit jedes Individuums ergeben. Insofern sind Menschen grundsätzlich gleich in ihren Rechten und different in ihren individuellen Persönlichkeitsmerkmalen. Berücksichtigt man internationale Begriffsbestimmungen (Nutbrown, Clough & Atherton 2013), kann Inklusion als das Streben nach größtmöglicher, gesellschaftlicher Teilhabe und minimaler Exklusion über die gesamte Lebensspanne verstanden werden. In diesem Sinne folgt Inklusion dem Ziel, allen Kindern eines Einzugsgebietes unabhängig von ihren individuellen Voraussetzungen die kontinuierliche Teilhabe an Bildungsprozessen ihrer Alterskohorte zu ermöglichen und Selektion und Separation in Fördereinrichtungen grundsätzlich zu vermeiden (König, A. 2014; König, L. & Weiß 2015).

2.2 Theoretische Konzeptionen der Transition Kita-Schule

Auch in Anbetracht der Ergebnisse internationaler Vergleichsstudien, wie PISA (OECD 2001) oder TIMMS (Mullis, Martin, Foy & Arora 2012), setzt sich die Forschung seit geraumer Zeit intensiv mit Transitionen im Bildungssystem auseinander, und zum Übergang in die Schule kann auf eine umfangreiche Datenlage zurückgegriffen werden. Ein aktuelles Review der internationalen Veröffentlichungen zur Transition Kita – Schule der Jahre 2000 bis 2015 von Boyle, Grieshaber und Petriwskyj (2018) zeigt, dass die Beiträge anstelle von entwicklungs- und schulfähigkeitsbezogenen Perspektiven vermehrt ökologische und soziokulturelle Inhaltsschwerpunkte setzen. Zudem werden Einflüsse sozialer Herkunftsfaktoren verstärkt systemkritisch diskutiert und unter inklusiver Perspektive die Bedeutung kontinuierlicher Bildungsentwicklungsverläufe betont.

In der theoretischen Auseinandersetzung mit dem Thema »Transition« wird im englischsprachigen Raum einer soziologisch-anthropologischen Tradition gefolgt, die maßgeblich auf die Arbeiten von Urie Bronfenbrenner (1993) Bezug nimmt (Fabian & Dunlop 2002). Sara Rimm-Kaufman und Robert Pianta (2000) übertrugen diese systemtheoretische Perspektive im Kontext der umfangeichen Untersuchungen des Early Child Care Research Network (NICHD, 2005) gezielt auf die Transitionsphase von der Kita in die Schule und entwickelten das »Ecological and Dynamic Model of Transition« (Abb. 1). In diesem Modell wird die Transition vom Elementarbereich in die Schule als ein Prozess beschrieben, der durch die Wechselwirkungen der beteiligten Mikrosysteme – Familie, (Vor-)Schule, Peergroup, Nachbarschaft – bestimmt wird und sich unmittelbar auf das Kind auswirkt.

Die Entwicklung des Kindes und speziell die erfolgreiche Bewältigung der Transition in die Schule gestaltet sich als direkter und indirekter transaktionaler Prozess der einzelnen Mikrosysteme. In der zeitlichen Ausdehnung entstehen so Beziehungen der prozessbeteiligten Mikrosysteme zueinander und Verhaltensmuster, die zum einen die Bewältigung der Transition in die Schule beeinflussen, gleichzeitig aber auch selbst Ergebnis dieses Prozesses sind (Rimm-Kaufmann & Pianta 2000). Die erfolgreiche Be-

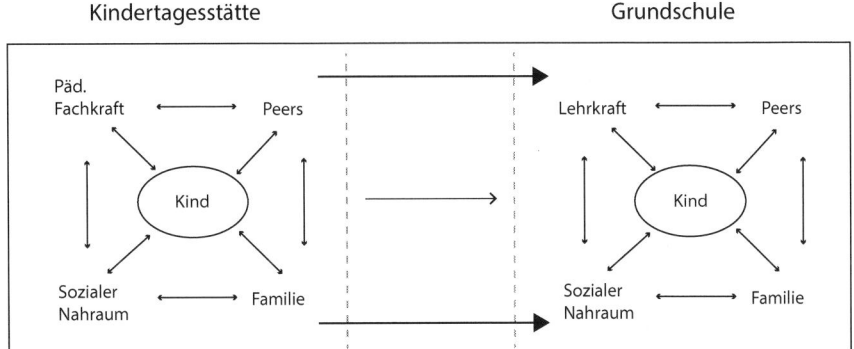

Abb. 1: Ökologisches und dynamisches Modell der Transition (eigene Darstellung in Anlehnung an Rimm-Kaufmann & Pianta 2000, S. 497).

wältigung der Transition ist unter dieser theoretischen Konzeption eine Funktion aus:

a) den individuellen Kompetenzen des Kindes, die sich in strukturellen Kopplungsprozessen in den unterschiedlichen Mikrosystemen ko-konstruktiv entwickeln, sowie
b) von Kopplungsprozessen zwischen den Systemen, die sich in zeitlicher Ausdehnung über die Transitionsphase prozessual und transaktional gestalten.

Auf der Basis dieses Transitionsmodells wird die Bedeutung von Interaktion und Kooperation zwischen den Systemen Familie, Kita, Schule und Sozialraum (»Neighborhood«) betont, um anschlussfähige Lernbedingungen zu schaffen. Zudem spielt die Entwicklung einer geteilten pädagogischen Förderpraxis, die an den Stärken und Bedürfnissen des Kindes ansetzt, eine wichtige Rolle. Mit dieser theoretischen Konzeption folgt man keiner »Kontinuitätsdoktrin« (Dollase, 2000), und Diskontinuität infolge unterschiedlicher Lernsettings in Kita und Schule wird auch nicht als etwas grundsätzlich Schlechtes angesehen. Die Transition von der Kita in die Schule ist in der aktuellen strukturellen Gestaltung in Deutschland jedoch auch 10 Jahre nach in Kraft treten der UN-BRK in einem Maße von Diskontinuität bestimmt (Albers & Lichtblau 2015; Wildgruber & Griebel 2016), dass es unter inklusiver Perspektive zielführend sein muss, die Anschlussfähigkeit der Mikrosysteme Kita und Schule zu erhöhen und die Einbindung der Familie in kooperativ gestaltete Bildungsprozesse bewusster zu gestaltet und auszubauen (Kron 2012; Wilder & Lillvist 2017).

2.3 Theoretische Konzeption einer inklusiven Transition Kita-Schule

Bisher existiert keine theoretische Konzeption einer inklusiven Transition, deren Gestaltung gezielt auf die Situation von Kindern mit besonderem Unterstützungsbedarf eingeht und die Vielfalt (früh-)pädagogisch relevanter Heterogenitätsdimensionen berücksichtigt. Ein Kritikpunkt an ökosystemisch orientierten Transitionstheorien unter inklusiver Perspektive ist, dass diese nicht hinreichend langzeitliche Verlaufsformen berücksichtigen (Petriwskyj 2014). Kay Margetts (2003) betont in diesem Kontext, dass Entwicklungsauffälligkeiten möglichst frühzeitig diagnostiziert werden sollten, damit bereits weit vor dem Eintritt in die Schule Intervention und Prävention stattfinden kann, um möglichen Schwierigkeiten bei der Einschulung entgegenzuwirken. Für Kinder mit einem besonderen Unterstützungsbedarf kann sich dadurch die Transitionsphase deutlich ausweiten, und viel früher können schulvorbereitende Unterstützungsmaßnahmen erforderlich sein als bei entwicklungsunauffälligen Kindern.

Ein weiterer Kritikpunkt betrifft die unzureichende Beachtung individualspezifischer Einflüsse u. a. aufgrund heterogener kultureller und sozialer Familienhintergründe von Kindern oder physiologischer und psychologischer Beeinträchtigungen. So weist Hilary Fabian (2007, S. 9) auf die Diversität der Entwicklungsverläufe von Kindern aus Familien mit kontrastierenden sozioökonomischen und soziokulturellen Familienbedingungen hin und betont die Varianz von Erfahrungen innerhalb von Transitionsprozessen (Lichtblau 2014, 2015). Die Komplexität und Differenz kindlicher Lebenslagen werden in den aktuellen Theorien zur Transition simplifiziert und erschweren dadurch die Übertragbarkeit auf die Lebenssituation von Kindern und ihren Familien, die in der Transition aufgrund besonderer Belastungen auf spezifischen Unterstützungsbedarf angewiesen sind. Unter dieser Perspektive müssen auch externe Unterstützungssysteme, z. B. therapeutische Systeme oder Systeme im Kontext der Erziehungshilfe beachtet und in die inklusive Gestaltung der Transition einbezogen werden.

3 Hemmnisse und Barrieren einer inklusiven Transition

Leider erschwert die aktuelle gesetzliche Situation die Entwicklung einer ressourcenorientierten Haltung im Feld, unter der Vielfalt »normal« ist (Prengel 1993, 2016) und Heterogenität als spannende professionelle Herausforderung und im besten Fall als Bereicherung angesehen wird. Denn nur aufgrund einer klassifizierenden Diagnose werden zusätzliche heil- und sonderpädagogische Unterstützungsressourcen in die Kindertagesstätten und Schulen transferiert und zeitlich begrenzt integrative Förderung ermöglicht. Bereits 1993 haben Hans-Peter Füssel und Rudolf Kretschmann auf das damit verbundene »Etikettierungs-Ressourcen-Dilemma« hingewiesen: Die unzureichende inklusiv-pädagogische (Personal-)Ausstattung der Bildungssysteme führt dazu, dass immer mehr Kinder als »behindert« diagnostiziert werden, da Einrichtungen nur so notwendiges heil- und sonderpädagogische Personal erhalten. Dies ist kritisch zu bewerten, denn einerseits werden Chancen, einen höherwertigen Bildungsabschluss zu erlangen, minimiert (Ditton, 2010) und andererseits die Entwicklung eines erfahrenen multiprofessionellen Teams erschwert, da Heil- und Sonderpädagogen*innen nicht dauerhaft in den Systemen tätig sind und kein selbstverständlicher Bestandteil eines Kita- bzw. Schulteams werden.

Betrachtet man die statistische Datenlage zur Inklusion in der Kita, fällt auf, dass erst seit 2006, dem Jahr der Unterzeichnung der UN-BRK, die in diesem Bereich geleisteten Eingliederungshilfen aufgrund geistiger oder körperlicher Behinderung nach SGB XII (§ 53) und drohender oder seelischer Behinderung nach SGB VIII (§ 35a) in der Kinder- und Jugendhilfestatistik erfasst werden (Lotte 2013). In dieser relativ kurzen Zeitspanne zeigt sich jedoch bereits der angesprochene Trend, dass die Gruppe von Kindern, die Eingliederungshilfen in Kitas erhalten, stetig wächst. Insgesamt vergrößert sich der Anteil von Kindern mit einer Behinderung von ca. 53.000 im Jahr 2007, auf ca. 85.000 im Jahr 2017. Dabei überwiegt der Anteil von Jungen (66,5 %) deutlich gegenüber dem der Mädchen (33,5 %) (Autorengruppe Bildungsberichterstattung, 2018). Erklärungsansätze dafür sind u. a. eine erhöhte genetische Vulnerabilität und geschlechtsstereotypes Rollenverhalten mit einer Tendenz zu externalisierendem Verhalten von Jungen (Ettrich & Ettrich 2006). Bundesweit erhalten im Jahr 2017 insgesamt 2,3 % aller Kinder im Elementarbereich eine Eingliederungshilfe, wobei sich im Bundesländervergleich deutliche Differenzen in der Betreuungssituation von Kindern mit (drohender) Behinderung zeigen (Bertelsmann-Stiftung 2017).

Im schulischen Bereich stellt sich diese Situation different dar, und im Schuljahr 2016/17 werden nur 2,8 % (205 811) Schüler*innen mit sonderpädagogischen Förderbedarf (523 813) in allgemeinen Schulen unterrichtet, während 4,3 % (318 002) weiterhin separiert in Förderschulen untergebracht sind (Autorengruppe Bildungsberichterstattung 2018). Zudem wird auch in diesem Bereich die Gruppe von Kindern und Jugendlichen mit sonderpädagogischem Förderbedarf stetig größer. Erhielten im Jahr 2001 5,3 % sonderpädagogische Unterstützung, stieg dieser seit 2006 kontinuierlich an und betrug im Jahr 2017 7,1 %.

Vergleicht man die statistischen Daten zur frühkindlichen und schulischen Situation fällt zudem auf, dass die Betreuungssituation in frühkindlichen Einrichtungen insofern vergleichsweise inklusiv ist, da eine Vielzahl von Kindern in Kitas betreut wird, die erst in der Transition bzw. nach Einschulung in Anbetracht veränderter Lernumweltbedingungen und schulischer Leistungsanforderungen auffällig werden und aufgrund einer normabweichenden Lernentwicklung sonderpädagogischen Förderbedarf benötigen (Arndt, Rothe, Urban & Werning 2013, Niklas et al. 2018). So entsteht die mit Abstand größte Gruppe von Kindern mit sonderpädagogischen Förderbedarf im Bereich »Lernen«, die ca. 40 % aller Kinder mit diagnostiziertem sonderpädagogischem Förderbedarf ausmacht, erst im Übergang von der Kindertagesstätte in die Schule bzw. nach der Einschulung (Lichtblau 2018b).

Trotz der in der Behindertenrechtskonvention verankerten Forderung, inklusive Bildungsbiografien sicherzustellen, werden in der Transitionsphase Kita – Schule Selektions- und Separationstendenzen des deutschen Bildungssystems offensichtlich. Im Schuljahr 2016/17 wurden von allen Kindern im Einschulungsalter 7,7 % verspätet und 3 % direkt in die Förderschule eingeschult und dadurch eine kontinuierliche inklusive Bildungsentwicklung innerhalb der Alterskohorte verhindert (Autorengruppe Bildungsberichterstattung 2018, S. 83). Transitionen im deutschen Bildungssystem fungieren somit als »selektive Filter«, in dem eben nicht alle Kinder und Jugendlichen die normativen Eintrittskriterien der aufnehmenden Bildungseinrichtungen erfüllen, aus ihrer Peer-Kohorte »ausgefiltert« und in »Sondereinrichtungen« separiert werden. Es muss daher festgestellt werden, dass mit der Transition vom Elementar- in den Primarbereich leider noch zu häufig ein Bruch in der individuellen Lernbiografie von Kindern verbunden ist. Verbunden sind damit aber auch immer negative Konsequenzen für die Entwicklung des (schulischen) Selbstkonzepts, indem Kindern anhand der Zurückstellung bzw. Einschulung in die Förderschule zwangsläufig bewusst wird, dass ihre individuellen Fähigkeiten defizitär abweichen und nicht den Normvorstellungen entsprechen. Unter dieser Perspektive sind diejenigen länderspezifischen Transitionskonzepte vorbildlich (z. B. Brandenburg, Berlin), die grundsätzlich auf eine Zurückstellung sowie eine frühe Feststellung sonderpädagogischen Förderbedarfs verzichten und im Rahmen einer flexiblen Eingangsphase individuellen Lernentwicklungsverläufen Raum geben (Albers & Lichtblau 2014).

Neben Kindern mit einer diagnostizierten Behinderung treten in der Phase der Einschulung auch weitere Heterogenitätsdimensionen bildungsbenachteiligend in den Vordergrund (Amirpur 2013). So resultiert bei Kindern mit nichtdeutscher Herkunftssprache die Diskrepanz zwischen den Anforderungen der unterschiedlichen Institutionen überhäufig in der Rückstellung vom Schulbesuch. Und auch nach Einschulung haben Schüler*innen mit Migrationshintergrund ein signifikant höheres Risiko, sonderpädagogischen Fördermaßnahmen zugewiesen zu werden (Avci-Werning, Dirim, Lütje-Klose & Willenbring 2006; Werning & Avci-Werning 2015).

4 Forschungsergebnisse zur Transition Kita – Schule unter inklusiver Perspektive

In Deutschland und auch international befindet sich die Forschung zur Gestaltung eines inklusiven Übergangs in die Schule erst in den Anfängen (Boyle et al. 2018; Petriwskyj 2010, 2014). Dabei steht die inklusionsbezogene Transitionsforschung vor der Herausforderung, die Heterogenität von kindlichen Lebenslagen insgesamt zu betrachten (Petriwskyj 2014), was sich aus forschungsökonomischer Sicht hoch anspruchsvoll und sehr ressourcenintensiv darstellt (Cloos & Becker-Stoll 2015; Lichtblau 2018a). Infolgedessen richtet sich die Forschung auf bestimmte Formen von Heterogenität (z. B. Geschlecht, Behinderung, soziokulturelle Benachteiligung) und liefert umfangreiche Ergebnisse für einzelne Gruppen von Kindern. Aus diesem Grund wird im weiteren Verlauf ein Überblick zu aktuellen Kernergebnissen geboten und bei weiterführendem Interesse auf die Expertise der Autoren dieses Beitrags verwiesen (siehe Albers & Lichtblau, 2014, S. 19ff).

4.1 Ergebnisse zur Bewältigung der Transition Kita – Schule

Studien belegen, dass der gelingende Start in die Schule eine prognostische Funktion für die weitere, erfolgreiche Bildungsentwicklung besitzt (Iorio & Parnell 2015; Rothe, Urban & Werning 2014; Spies 2015). Die Transition zur Schule gilt dabei als eine Phase, die besondere Anforderungen an das Kind und seine Familie stellt und mit einer erhöhten Stressbelastung verbunden ist (Cairns & Harsh 2014; O'Farrelly & Hennessy 2014). In der Studie von Wolfgang Beelmann (2006) zeigen ein Drittel der Kinder ein konstant niedriges und ein Drittel ein konstant hohes Level an Anpassungsproblemen, während jeweils bei einem Sechstel der Kinder die Anpassungsstörungen zu- bzw. abnahmen. Auch in der von Tanja Grotz (2005) durchgeführten Studie zu Anpassungsproblemen im Übergang zur Schule in Abhängigkeit von der Unterstützungsleistung in den Systemen Familie und Kita fällt ein Drittel der Kinder durch Schwierigkeiten auf. In der Längsschnittstudie »Bildungsprozesse, Kompetenzentwicklung und Selektionsentscheidungen im Vorschul- und Schulalter« (BiKS) zeigten nur wenige Kinder – und diese bereits länger anhaltend – Verhaltens- und Persönlichkeitsprobleme, die im Übergang zu negativen Effekten der Anpassung führten, während alle anderen Kinder der Untersuchung ohne Probleme in die Schule wechselten (Faust, Kratzmann & Wehner 2011). Auch in internationalen Studien unterscheiden sich die Ergebnisse, und die Anteile von Kindern, die den Übergang nicht erfolgreich bewältigen, schwanken zwischen 20 % (O'Kane & Hayes 2006) und 40 % (Kienig 2006).

Die deutliche Mehrheit der Kinder bewältigt den Übergang jedoch erfolgreich. Dazu tragen spezifische Einstellungen und Kompetenzen von Kindern bei, die im Rahmen der pädagogischen Förderung besondere Beachtung finden sollten (Eckerth & Hanke 2015). In Untersuchungen wurden entsprechende Resilienz-Faktoren (u. a. positive Einstellung zur Schule, starkes Selbstwertgefühl) und Kompetenzen der Kinder nachgewiesen (u. a., schulische Vorläuferfähigkeiten, individuelle Interessen, prosoziales Verhalten), die eine erfolgreiche Bewältigung des Übergangs von der Kita in die Schule positiv unterstützen (siehe Albers & Lichtblau 2014, S. 21).

Günstig wirken sich zudem positive Bindungserfahrungen des Kindes zu den pädagogischen Bezugspersonen sowie allgemein ein positives soziales Klima in den Systemen Kindergarten und Schule aus (Perry, Dockett & Petriwskyj 2014; Wadepohl & Mackowiak 2016). Auch die Beziehungen zu Gleichaltrigen und die Anwesenheit vertrauter anderer Kinder in der Schule fördern die Anpassung an die neue Umgebung nach der Einschulung (Margetts 2003). Einen besonderen Einfluss auf die Bewältigung der Transition üben die familiären Verhältnisse aus (Dockett et al. 2011). Kinder aus bildungsnahen und sozioökonomisch gut gestellten Familien zeichnen sich durch ein hohes Maß an »Transitionskapital« (Dunlop 2002) aus, das den erfolgreichen Start in der Schule unterstützt. Im Gegensatz dazu haben Kinder aus bildungsfernen, soziokulturell und sozioökonomisch benachteiligten Verhältnissen ein erhöhtes Risiko, im Übergang in die Schule zu scheitern (Petriwskyj 2014; Rothe et al. 2014). Wie Studien zeigen, führen multiple familiäre Belastungen zu weniger lernförderlichen Bedingungen und haben insgesamt einen negativen Effekt auf die Qualität der sozialen Interaktion in den Familien (Lichtblau 2014). Geringes sozioökonomisches Kapital limitiert zudem die Zugangsmöglichkeiten zu Angeboten mit schulvorbereitenden Eigenschaften (z. B. musikalische Früherziehung).

4.2 Ergebnisse zur Kooperation zwischen den Systemen Kita und Schule

Erschwert werden gelingende Kooperationsprozesse zwischen Elementar- und Primarbereich durch vielfältige personelle, curriculare und strukturelle Differenzen der beiden traditionell getrennten Systeme (Kron 2009). In Bezug auf die Kooperationspraxis von pädagogischen Fachkräften der Systeme Kita und Schule lassen sich spezifische Problembereiche identifizieren, die sich negativ auf professionsbezogene strukturelle Kopplungsprozesse im Übergang auswirken (Rothe 2013). So wird der Austausch durch differente Konstruktionen vom lernenden Kind deutlich erschwert und unterschiedliche Kompetenzbereiche stehen im Fokus der pädagogischen Förderung (Geiling & Liebers 2014). Während in der Kita eine ganzheitliche Förderung von Kompetenzbereichen und eine Orientierung an den individuellen Interessen der Kinder die pädagogische Praxis kennzeichnet (König 2014), fokussieren Lehrkräfte akademische Kompetenzbereiche und orientieren sich an curricularen Förderzielen (Lichtblau, Thoms & Werning 2013). Die Verpflichtung, curriculare Vorgaben erfüllen und im Sinne der Äquifinalität alle Kinder am Ende einer Klassenstufe auf ein vergleichbares Fähigkeitsniveau bringen zu müssen, wird unter inklusiver Perspektive von Lehrkräften als belastend dargestellt.

Negativ beeinflusst wird die Kommunikation zwischen den Systemen auch durch gegenseitige Vorbehalte und unterschiedliche Fachsprachen (Cloos, Manning-Chlechowitz & Sitter 2011). Maria Kron (2013, S. 217) betont in diesem Kontext, dass sich insgesamt unterschiedliche Darstellungen zum Kooperationsklima finden lassen. Die Bandbreite reicht von sehr vertrauensvollen Beziehungen, die auch gemeinsame Fortbildungsmaßnahmen beinhalten, bis hin zu deutlich ausgeprägten gegenseitigen Vorbehalten und fehlender Wertschätzung, die aber durch die Einführung intensiverer Kooperationsstrukturen abgebaut werden können (Hartmann & Lichtblau 2017). Nach Maria Kron (2013) besteht aufseiten der Schule häufig ein Informationsmangel in Bezug auf die geleistete Förderung in der Kita. Gleichzeitig besteht aufseiten der frühpädagogischen Fachkräfte eine Unsicherheit darüber, was unter schulischer Perspektive von ihnen erwartet wird. Nicht zuletzt wird die Kooperation zwischen den beiden Professionsgruppen in Kita und Schule auch durch Unterschiede in der Ausbildung (Fachschule vs. Hochschule), im Einkommen und daraus resultierenden Differenzen des gesellschaftlichen Status im Sinne eines Hierarchiegefälles erschwert.

5 Zukünftige Entwicklungsaufgaben unter inklusiver Perspektive

Empirisch belegt, sind die nachhaltigsten Effekte für einen erfolgreichen Start in die Schule damit verbunden, ein Netzwerk der Mikrosysteme Familie, Kindertageseinrichtung und Schule zu installieren, das unterstützt und die Transition kooperativ gestaltet (Betz, Bischoff & Eunicke 2017; Docket et al. 2017; LoCasale-Crouch et al. 2012). Entsprechende Vorgaben und Maßnahmen sind in nahezu allen länderspezifischen Bildungsplänen und schulgesetzlichen Regelungen verankert (vgl. Albers & Lichtblau 2014, S. 28). Speziell im Hinblick auf Kinder mit besonderem Unterstützungsbedarf sind auch externe Unterstützungssysteme (z. B. Therapiesettings, Soziale Dienste) miteinzubeziehen. Innerhalb der Zusammenarbeit gilt es, eine gemeinsame pädagogisch-konzeptionelle Grundlage für die Gestaltung des Übergangs zu erarbeiten und diese kontinuierlich zu reflektieren. Michael-Sebastian Honig und Bianca Kreid (2008) weisen dabei auf die Notwendigkeit hin, professionelle Einstellungsebenen bei der Planung und Umsetzung von Kooperationsstrukturen gezielt zu berücksichtigen. In den letzten Jahren wurden in Deutschland bereits theoretisch fundierte Konzepte z. B. Frühes Lernen (Carle & Samuel 2006), ponte (Ramseger & Hoffsommer 2008), TransKiGs (Lenkungsgruppe TransKiGs 2009) zur Übergangsgestaltung entwickelt und in einzelnen Regionen implementiert. International haben sich ebenfalls gezielte Förderprogramme, die auf die Transition vorbereiten, als effektiv erwiesen (Bierman et al. 2013). Entsprechende Interventionen z. B. Head Start

REDI Program (Bierman et al. 2008) beziehen sich einerseits auf die Entwicklung sozial-emotionaler Kompetenzen (Jones et al. 2015) und andererseits auf die Förderung schulischer Vorläuferfähigkeiten. Spezifische Konzepte zur Gestaltung von Transitionsprozessen in inklusiven Bildungssettings sucht man jedoch national und international weiterhin vergeblich (Albers & Lichtblau 2014).

Denn bei Kindern mit Entwicklungsgefährdungen sollte der Transitionsprozess möglichst frühzeitig in der Kita vorbereitet und in der Schuleingangsphase besonders aufmerksam begleitet werden (Heimlich 2013). Der frühe Austausch über die individuelle Situation des Kindes zwischen Bezugspersonen entwicklungsrelevanter Systeme (u. a. Familie, Kita, therapeutische Settings) und zukünftigen Lehrkräften ist die Grundlage für die erfolgreiche, kooperative Bewältigung der Transition. Auf diesem Weg werden wichtige Informationen über die individuellen Bedürfnisse und Ressourcen des Kindes und seiner Familie sowie erfolgreiche Unterstützungsmaßnahme auf Basis langfristiger Praxiserfahrungen in den Kitas an die Schule weitergegeben (Lichtblau & Hartmann 2017). Leider fehlen häufig die personalen Ressourcen in Kita und Schule, um eine solche intensive und fallbezogene Kooperation umzusetzen. Verhindert wird eine frühe Kontaktaufnahme auch dadurch, dass die Klassenlehrkräfte i. R. erst kurz vor der Einschulung feststehen und viel zu spät bekannt ist, welche Lehrkraft zukünftig für ein Kind in der Schule als Bezugsperson fungieren wird (ebd.). Das Projekt »Das letzte Kindergartenjahr als Brückenjahr zur Grundschule« in Niedersachsen hat in diesem Kontext gezeigt, dass durch eine deutliche Aufstockung der personalen Ressourcen zur Gestaltung des Übergangs, wesentlich intensivere Kooperationsmaßnahmen etabliert werden können (Cloos et al. 2011). Leider wurden diese Strukturen nicht dauerhaft beibehalten und mit dem Ende der Projektförderung war vielerorts das Ende dieser intensivierten Kooperation zwischen Kita und Schule verbunden.

Um die Kooperation zwischen Kita und Schule zu vereinfachen, erscheint auch das Konzept des »Lernens unter einem Dach« richtungsweisend, wie es im Modellprojekt »Bildungshäuser von 3–10« (Strätz, Solbach & Holst-Solbach 2009) des Landes Baden-Württemberg umgesetzt wird. Wenn Elementar- und Primarbereich in einem Gebäude untergebracht sind, sinken strukturelle Hürden der Kooperation, und Transitionsprozesse können abhängig von den individuellen Bedarfen von Kindern und ihren Familien bereits frühzeitig leichter geplant und umgesetzt werden. Die Idee von Patenschaften zwischen Kindern des Primar- und Elementarbereichs, die in Bildungshäusern umgesetzt wird, sowie der Einsatz von »erfahrenen« Eltern als Begleiter im Übergangsprozess führen zu einem niedrigschwelligen Eintritt in den Primarbereich (ebd.).

Besonders wichtig für eine erfolgreiche Transition in die Schule ist es, die Familien in diesen Prozess einzubinden (Galindo & Sheldon 2012). In der Übergangsphase sind Eltern auf Informationen, zum Beispiel im Hinblick auf die Schulwahl, angewiesen und an diesen sehr interessiert (Hartmann & Lichtblau 2017). Intensivere, individualisierte Maßnahmen führen in diesem Kontext zu besonders positiven Effekten (Wildenger & McIntyre 2011) und sehr förderlich ist es, wenn Eltern gezielt in Angebote zur Gestaltung des Übergangs einbezogen werden (Dockett & Perry 2004, 2007). Auf die Heterogenität soziokultureller Lebensverhältnisse und individueller familiärer Schulvorerfahrungen muss dabei Rücksicht genommen und diese bewusst reflektiert werden (Betz et al. 2017). Unter inklusiver Perspektive sind speziell benachteiligte Familien zu fokussieren. Dabei kann auf konzeptuelle Modelle zur Elterneinbindung z. B. »Interactive Systems Framework« (Smythe-Leistico et al. 2012) zurückgegriffen werden. Wenn benachteiligte Familien konkret in Förderprozesse einbezogen werden, führt dies zu positiven Effekten für die Eltern-Kind-Beziehung und zu einer besseren Anbindung der Familie an die Systeme Kita und Schule (Potter, Walker & Keen 2013). Eine erfolgreiche Kooperation mit Familien baut grundsätzlich auf Respekt und Wertschätzung auf und beachtet die individuellen Stärken des Kindes und seiner Familie (Dockett et al. 2011). Auch Ergebnisse längsschnittlicher Einzelfallstudien veranschaulichen, wie positive Kooperationsstrukturen zwischen soziokulturell benachteiligten Familien und den Bildungseinrichtungen erfolgreiche Transitionsprozesse moderieren und im Gegensatz dazu negative Bildungsentwicklungen im Übergang immer auch eine Folge nicht gelingender Kooperation und konflikthafter Beziehungen zwischen den Systemen Familie und Kita bzw. Schule sind (Lichtblau 2015).

6 Diskussion

Der Übergang von der Kita in die Grundschule ist in Deutschland in Anbetracht der statistischen und empirischen Datenlage aktuell noch nicht ausreichend an die Anforderungen des Inklusionskonzeptes ausgerichtet und eine kontinuierliche inklusive Bildungsentwicklung kann nicht gewährleistet werden. Solange diagnosebasierte Stigmatisierungen einzelner Kinder erforderlich sind, um in den Systemen Ressourcen für besondere Fördermaßnahmen zu erhalten, und solange der Übergang in die Schule von selektiven Mechanismen infolge der Entscheidung über die individuelle Schulfähigkeit des Kindes bestimmt wird, stehen Inklusion und Transition zueinander in einem widersprüchlichen Verhältnis. Auch wenn die bei der Transition ins formale Bildungssystem erlebte Diskontinuität für viele Kinder mit positiven Konsequenzen für die Entwicklung verbunden ist, muss es das Ziel sein, die Anschlussfähigkeit der Unterstützungsbedingungen in Kita und Schule zu erhöhen, um allen Kindern einen erfolgreichen Start in der Schule zu ermöglichen. Wenn die Konzeption der Transition jedoch die Heterogenität der individuellen Lernausgangslagen von Kindern unzureichend berücksichtigt, führt der Wechsel zwischen den Institutionen unweigerlich zu Brüchen in der kindlichen Bildungsbiografie, verbunden mit nachhaltigen negativen Folgen für den weiteren Schulerfolg. Zu hinterfragen ist in diesem Kontext auch, ob die Ausbildung von pädagogischen Fachkräften des Elementar- und Primarbereichs angemessen auf die Gestaltung einer inklusiven Transition eingeht. Diesbezügliche empirische Untersuchungen (Henkel & Neuß 2015; Neuß 2014) legen den Schluss nahe, dass dies leider nicht ausreichend geschieht. Abschließend wird betont, dass inklusive Förderung in der Transition immer an den individuellen Ressourcen des Kindes, seinem individuellen »Transitionskapital« (Dunlop 2007) ansetzt und dadurch eine defizitorientierte und klassifizierende Betrachtung des Kindes überwindet. Die Systeme Kita und Schule stehen somit unter inklusiver Perspektive vor der Herausforderung, ihre aktuelle Handlungspraxis einer kritischen Reflexion zu unterziehen, mit dem Ziel, jedem einzelnen Kind die bestmögliche Teilhabe an Bildungsprozessen zu ermöglichen und eine Stigmatisierung infolge der Abweichung von normativen Vorstellungen über Entwicklungscharakteristika zu vermeiden (Albers 2015).

Literatur

Albers, T (2015): Kompetent für Inklusion? Anforderungen an professionelles Handeln im Kontext von Heterogenität. In: König, L. & Weiß, H. (Hrsg.): Anerkennung und Teilhabe entwicklungsgefährdeter Kinder: Leitideen in der interdisziplinären Frühförderung. Stuttgart, S. 246–254.

Albers, T. & Lichtblau, M. (2014): Inklusion und Übergang von der Kita in die Grundschule: Kompetenzen pädagogischer Fachkräfte. Eine Expertise der Weiterbildungsinitiative Frühpädagogische Fachkräfte (WiFF) (WiFF-Expertisen, Bd. 41). München.

Albers, T. & Lichtblau, M. (2015): Transitionsprozesse im Kontext von Inklusion – Normative, theoretische und empirische Perspektiven auf die Gestaltung des Übergangs vom Elementar- in den Primarbereich. In: Zeitschrift für Inklusion, 0 (1).

Arndt, A.-K.; Rothe, A.; Urban, M. & Werning, R. (2013): Supporting and stimulating the learning of socioeconomically disadvantaged children – Perspectives of parents and educators in the transition from preschool to priamary school. In: European Early Education Research Journal (21).

Autorengruppe Bildungsberichterstattung. (2018): Bildung in Deutschland 2018. Ein indikatorengestützter Bericht mit einer Analyse zu Bildung und Migration. Bielefeld: wbv. Verfügbar unter https://www.bildungsbericht.de/de/bildungsberichte-seit-2006/bildungsbericht-2018, (Letzter Zugriff am: 12.4.2019)

Avci-Werning, M.; Dirim, I.; Lütje-Klose, B. & Willenbring, M. (2006): Supporting Language Development for Pluri-/Multilingual Cildren at School Entry. In: Hancock, A.; Hermeling, S.; Landon, J. & Young, A. (Hrsg.): Building on Language Diversity with Young Children. Teacher Education for the Support of Second Language Acquisition. Berlin. S. 127–166.

Beelmann, W. (2006): Normative Übergänge im Kindesalter. Anpassungsprozesse beim Eintritt in den Kindergarten, in die Grundschule und in die weiterführende Schule. Hamburg.

Bertelsmann-Stiftung (2017): Ländermonitor frühkindliche Bildungssysteme. Zugriff am 11.07.2017. Verfügbar unter https://www.laendermonitor.de/laendermonitor/aktuell/index.html, (Letzter Zugriff am: 12.4.2019)

Betz, T.; Bischoff, S. & Eunicke, N. (2017): Partner auf Augenhöhe? Forschungsbefunde zur Zusammenarbeit von Familien, Kitas und Schulen mit Blick auf Bildungschancen. Gütersloh.

Bierman, K.; Derousie, R.; Heinrichs, B.; Domitrovich, C.; Greenberg, M. & Gill, S. (2013): Sustaining High Quality Teaching and Evidence-based Curricula. Follow-up Assessment of Teachers in the REDI Project. In: Early Education Development, 24 (8), 1194–1213.

Boyle, T.; Grieshaber, S. & Petriwskyj, A. (2018): An integrative review of transitions to school literature. In: Educational Research Review, 24.

Bronfenbrenner, U. (1993): Die Ökologie der menschlichen Entwicklung. Natürliche und geplante Experimente. Ungekürzte Ausgabe. Frankfurt am Main.

Cairns, A. & Harsh, J. (2014): Change in Sleep Duration, Timing, and Quality as Children Transition to Kindergarten. In: Behavioral Sleep Medicine, 12, S. 1–10.

Carle, U. & Samuel, A. (2006): Frühes Lernen – Kindergarten und Grundschule kooperieren. Abschlussbericht der Wissenschaftlichen Begleitung. Bremen.

Cloos, P. & Becker-Stoll, F. (2015): Inklusion und Frühpädagogik. Inhaltliche Einführung. In: Nentwig-Gesemann, I.; Fröhlich-Gildhoff, K.; Becker-Stoll, F. & Cloos, P. (Hrsg.): Forschung in der Frühpädagogik. Schwerpunkt: Inklusion (Materialien zur Frühpädagogik). Freiburg im Breisgau: FEL Verlag Forschung – Entwicklung – Lehre. Band 18, S. 11–22.

Cloos, P.; Manning-Chlechowitz, Y. & Sitter, M. (2011): Kooperationsbemühungen im Übergang. Evaluationsergebnisse zum niedersächsischen Modellprojekt »Das letzte Kindergartenjahr als Brückenjahr zur Grundschule«. In Oehlmann, S.; Manning-Chlechowitz, Y. & Sitter, M. (Hrsg.): Frühpädagogische Übergangsforschung. Von der Kindertageseinrichtung in die Grundschule. Weinheim, S. 195–208.

Ditton, H. (2010): Selektion und Exklusion im Bildungssystem. In: Quenzel, G. & Hurrelmann, K. (Hrsg.): Bildungsverlierer. Neue soziale Ungleichheiten in der Wissensgesellschaft. Wiesbaden, S. 53–71.
Dockett, S. & Perry, B. (2004): What makes a successful transition to school? Views of Australian parents and teachers. In: International Journal of Early Years Education, 12 (3), S. 217–230.
Dockett, S. & Perry, B. (2007): Transitions to school. Perceptions, expectations, experiences. Sydney.
Dockett, S.; Perry, B.; Garpelin, A.; Einarsdóttir, J.; Peters, S. & Dunlop, A.-W. (2017): Pedagogies of Educational Transition: Current Emphases and Future Directions. In: Ballam, N.; Perry, B. & Garpelin, A. (Hrsg.): Pedagogies of Educational Transitions. European and Antipodean Research (International perspectives on early childhood education and development). Cham: Springer International Publishing. Bd. 16, S. 275–292.
Dockett, S.; Perry, B.; Kearney, E.; Hampshire, A.; Mason, J. & Schmied, V. (2011): Facilitating children's transition to school from families with complex support needs. Albury.
Dollase, R. (2000): Reif für die Schule? In: Kinderzeit (2), S. 5–8.
Dunlop, A.-W. (2002): Perspectives on children as learners in the transition to school. In: Dunlop, A-W. & Fabian, H. (Hrsg.): Transitions in the early years. Debating continuity and progression for young children in early education. London, New York, S. 98–110.
Dunlop, A.-W. (2007): Bridging research, policy and practice. In: Dunlop, A-W. & Fabian, H. (Hrsg.): Informing transition in the early years. Research, policy and practice. Berkshire, S. 152–168.
Eckerth, M. & Hanke, P. (2015): Übergänge ressourcenorientiert gestalten. Von der KiTa in die Grundschule (KinderStärken, Bd. 5). Stuttgart.
Ettrich, C. & Ettrich, K. U. (2006): Verhaltensauffällige Kinder und Jugendliche: Springer Berlin. Verfügbar unter https://books.google.de/books?id=IL4jBAAAQBAJ, (Letzter Zugriff am: 12.4.2019)
Fabian, H. (2007): Informingtransition. In: Dunlop, A-W. & Fabian, H. (Hrsg.): Informing transition in the early years. Research, policy and practice Berkshire, S. 3–17.
Fabian, H. & Dunlop, A.-W. (2002): Transitions in the early years. Debating continuity and progression for children in early education. London.
Faust, G.; Kratzmann, J. & Wehner, F. (2012): Schuleintritt als Risiko für Schulanfänger?. In: Zeitschrift für pädagogische Psychologie, 26 (3), S. 197–212.
Faust, G.; Wehner, F. & Kratzmann, J. (2011): Zum Stand der Kooperation von Kindergarten und Grundschule. Maßnahmen und Einstellungen der Beteiligten. In: Journal of Educational Research Online, 3 (2), S. 38–61.
Füssel, H.-P. & Kretschmann, R. (1993): Gemeinsamer Unterricht für behinderte und nichtbehinderte Kinder. Bonn.
Galindo, C. & Sheldon, S. (2012): School and home connections and children's kindergarten achievement gains. The mediating role of family involvement. In: Early Childhood Research Quarterly, 27 (1), S. 90–103.
Geiling, U. & Liebers, K. (2014): Übergänge von der Kita in die Grundschule inklusiv gestalten. Gemeinsame diagnostische Sichtweisen entwickeln. In: Peters, S. & Widmer-Rockstroh, U. (Hrsg.): Gemeinsam unterwegs zur inklusiven Schule (Beiträge zur Reform der Grundschule). Frankfurt am Main, S. 73–86.

Grotz, T. (2005): Die Bewältigung des Übergangs vom Kindergarten zur Grundschule. Zur Bedeutung kindbezogener, familienbezogener und institutionsbezogener Schutz- und Risikofaktoren im Übergangsprozess. Hamburg.

Hartmann, M. & Lichtblau, M. (2017): Keine Inklusion ohne Kooperation. Kooperative Gestaltung des Übergangs von Familienzentren und Schulen der Stadt Hannover im Kontext des Early-Excellence-Ansatzes. In: Lütje-Klose, B.; Boger, M.-A.; Hopmann, B. & Neumann, P. (Hrsg.): Leistung inklusive? Inklusion in der Leistungsgesellschaft). Bad Heilbrunn, S. 178–186.

Heimlich, U. (2013): Kinder mit Behinderung. Anforderungen an eine inklusive Frühpädagogik; eine Expertise der Weiterbildungsinitiative Frühpädagogische Fachkräfte (WiFF) (Inklusion, Bd. 33). München.

Henkel, J. & Neuß, N. (2015): Die Verankerung der Transitionsthematik in Studium und Ausbildung. In: Frühe Bildung, 4 (1), S. 25–32.

Honig, M.-S. & Kreid, B. (2008): Kooperation als Unvereinbarkeitsmanagement. Wie ponte Unmögliches möglich zu machen versuchte. In: Ramseger, J. & Hoffsommer, J. (Hrsg.): Ponte. Kindergärten und Grundschulen auf neuen Wegen. Erfahrungen und Ergebnisse aus einem Entwicklungsprogramm. Weimar, S. 128–134.

Iorio, J. M. & Parnell, W. (2015): Rethinking readiness in early childhood education. Implications for policy and practice. New York.

Jones, D. E.; Greenberg, M. & Crowley, M. (2015): Early Social-Emotional Functioning and Public Health: The Relationship Between Kindergarten Social Competence and Future Wellness. In: American journal of public health, 105 (11), S. 2283–2290.

Kienig, A. (2006): The importance of social adjustment for future success. In Fabian, H. & Dunlop, A-W. (Hrsg.): Transitions in the Early Years. Debating continuity and progression for children in early education. 3. Auflage. London, S. 23–37.

König, A. (2014): Ganzheitliches Bildungsverständnis als Schlüssel zur Inklusion. Chancen des Elementarbereichs als Ort gemeinsamen Lebens. In: Gemeinsam leben (4), S. 196–205.

König, L. & Weiß, H. (Hrsg.) (2015): Anerkennung und Teilhabe entwicklungsgefährdeter Kinder: Leitideen in der interdisziplinären Frühförderung. Stuttgart.

Kron, M. (2009): Übergänge von der inklusiven Kindertageseinrichtung zur Schule – Übergänge in disparaten Landschaften der Erziehung und Bildung. In: Heimlich, U. & Behr, I. (Hrsg.): Inklusive Qualität in der frühen Kindheit – Internationale Perspektiven Münster, S. 215–222.

Kron, M. (2012): Barrierefreie Passagen in inklusiver Erziehung und Bildung. Der Übergang von der Kindertageseinrichtung zur Schule. In: Moser, V. & Deppe-Wolfinger, H. (Hrsg.): Die inklusive Schule. Standards für die Umsetzung. Stuttgart: Kohlhammer. Schulpädagogik, S. 101–113.

Kron, M. (2013): Kooperation – unumgänglich zur Inklusion. Zur Zusammenarbeit von sozialpädagogischen Fachkräften und Lehrer/innen im Übergang von der Kindertageseinrichtung zur Grundschule. In: Gemeinsam leben, 21 (4), S. 213–223.

Lenkungsgruppe TransKiGs (2009): Übergang Kita – Schule zwischen Kontinuität und Herausforderung. Materialien, Instrumente und Ergebnisse des TransKiGs-Verbundprojekts. Ludwigsfelde.

Lichtblau, M. (2014): Familiäre Unterstützung der kindlichen Interessenentwicklung in der Transition vom Kindergarten zur Schule. In: Frühe Bildung, 3 (2), S. 93–103.

Lichtblau, M. (2015): »Zuhause liegt der Kern des ganzen Problems!«. Nicht gelingende Kooperation zwischen Familie und Bildungseinrichtung und deren negativer Einfluss auf die kindliche Entwicklung. 3. Verfügbar unter: <http://www.inklusion-online.net/index.php/inklusion-online/article/view/302/266>, (Letzter Zugriff am: 12.4.2019).

Lichtblau, M. (2018a): Inklusive und Integrative Bildung. In: Schmidt, T. & Smidt, W. (Hrsg.): Handbuch empirische Forschung in der Pädagogik der frühen Kindheit Münster, S. 159–173.

Lichtblau, M. (2018b): Integrative Kindertageseinrichtung – inklusive Kindertageseinrichtung – eine Bestandsaufnahme im Jahr 2017. In: Rißmann, M. (Hrsg.): Didaktik der Kindheitspädagogik. Köln, S. 66–90.

Lichtblau, M. & Hartmann, M. (2017): Implementation eines inklusiven und interessenbasierten Übergangskonzeptes Kita-Schule im Kontext des Early-Excellence-Ansatzes. In: Schmitt, A.; Sterdt, E. & Fischer, L. (Hrsg.): Empirisches Arbeiten in der Frühpädagogik im Kontext eines evidenzbasierten Ansatzes. Ein Tagungsbericht. Kronach, S. 33–46.

Lichtblau, M.; Thoms, S. & Werning, R. (2013): Kooperation zwischen Kindergarten und Schule zur Förderung der kindlichen Interessenentwicklung. In: Werning, R. & Arndt, A.-K. (Hrsg.): Inklusion. Kooperation und Unterricht entwickeln. Bad Heilbrunn, S. 200–220.

LoCasale-Crouch, J.; Moritz Rudasill, K.; Sweeney, B. D.; Chattrabhuti, C.; Patton, C. & Pianta, R. (2012): The Transition to Kindergarten. Fostering Connections for Early School Success. In: Karabenick, S. & Urdan, T. (Hrsg.): Transitions Across Schools and Cultures. Advances in Motivation and Achievement. Bingley. Bd. 17, S. 1–26.

Lotte, J. (2013): Schärfer gestellt – Erfassung von Kindern mit Behinderungen in Kindertageseinrichtungen. In: KomDat Jugendhilfe (1), S. 9–12.

Margetts, K. (2003): Does adjustment at preschool predict adjustment in the first year of schooling? In: Journal for Australian Research in Early Childhood Education, 10 (2), S. 13–25.

Mullis, I.; Martin, M.; Foy, P. & Arora, A. (2012): TIMSS 2011 international results in mathematics. TIMMS & PIRLS International Study Center, Boston College. Chestnut Hill, MA.

Neuß, N. (2014): Übergang Kita-Grundschule auf dem Prüfstand. Bestandsaufnahme der Qualifikation pädagogischer Fachkräfte in Deutschland. Wiesbaden.

NICHD Early Child Care Research Network. (2005): Child care and child development: results from the NICHD Study of Early Child Care and Youth Development. New York.

Niklas, F.; Cohrssen, C.; Vidmar, M.; Segerer, R.; Schmiedeler, S.; Galpin, R. et al. (2018): Early childhood professionals' perceptions of children's school readiness characteristics in six countries. In: International Journal of Educational Research, 90, S. 144–159.

Nutbrown, C.; Clough, P. & Atherton, F. (2013): Inclusion in the early years (2nd Ed.). London.

O'Farrelly, C. & Hennessy, E. (2014): Watching transitions unfold. A mixed-method study of transitions within early childhood care and education settings. In: Early Years, 34 (4), S. 329–347.

O'Kane, M. & Hayes, N. (2006): The Transition to School in Ireland. Views of Preschool and Primary School Teachers. In: International Journal of Transitions in Childhood, 2, S. 4–16.

OECD. (2001): Bildung auf einen Blick 2001. Paris.
Perry, B.; Dockett, S. & Petriwskyj, A. (2014): Transitions to school – international research, policy and practice. Dordrecht.
Petriwskyj, A. (2010): Kindergarten transitions and linkages to primary school-readiness reconceptualised. In: Peterson, P., Baker, E. & McGaw, G. (Hrsg.): International Encyclopedia of Education. Oxford, S. 120–125.
Petriwskyj, A. (2014): Critical Theory and Inclusive Transitions to School. In: Perry, B.; Dockett, S. & Petriwskyj, A. (Hrsg.): Transition to School. International Research, Policy and Practise New York: Springer, S. 201–219.
Potter, C.; Walker, G. & Keen, B. (2013): ›I am reading to her and she loves it‹. Benefits of engaging fathers from disadvantaged areas in their children's early learning transitions. In: Early Years: An International Research Journal, 33 (1), 74–89.
Prengel, A. (1993): Pädagogik der Vielfalt. Verschiedenheit und Gleichberechtigung in Interkultureller, Feministischer und Integrativer Pädagogik. Wiesbaden.
Prengel, A. (2016): Bildungsteilhabe und Partizipation in Kindertageseinrichtungen. Eine Expertise der Weiterbildungsinitiative Frühpädagogische Fachkräfte (WiFF) (WiFF-Expertisen, Band 47). München.
Ramseger, J. & Hoffsommer, J. (2008): Ponte. Kindergärten und Grundschulen auf neuen Wegen. Erfahrungen und Ergebnisse aus einem Entwicklungsprogramm. Weimar.
Rimm-Kaufmann, S. & Pianta, R. (2000): An ecological perspective on the transition to kindergarten. A theoretical framework to guide empirical research. In: Journal of Applied Developmental Psychology, 21 (5), S. 491–511.
Rothe, A. (2013): Professionelle Herausforderungen im Umgang mit Heterogenität am Schulanfang. In: Werning, R. & Arndt, A.-K. (Hrsg.): Inklusion. Kooperation und Unterricht entwickeln. Bad Heilbrunn: Klinkhardt, S. 221–244.
Rothe, A.; Urban, M. & Werning, R. (2014): Inclusive transition processes – considering socio-economically disadvantaged parents' views and actions for their child's successful school start. In: Early Years, 34 (4), S. 364–376.
Smythe-Leistico, K.; Young, C.; Mulvey, L.; McCall, R.; Petruska, M.; Barone-Martin, C. et al. (2012): Blending theory with practice. Implementing kindergarten transition using the interactive systems framework. In: American Journal of Community Psychology, 50 (3–4), S. 357–369.
Spies, A. (2015): Die Transition vom Kindergarten zur Grundschule – Der Zeitpunkt der Weichenstellung zum Einstieg in den Anfangsunterricht oder mystifizierter Übergang im Bildungssystem? In: Wetzel, K. (Hrsg.): Öffentliche Erziehung im Strukturwandel. Umbrüche, Krisenzonen, Reformoptionen Wiesbaden, S. 33–52.
Strätz, R.; Solbach, R. & Holst-Solbach, F. (2009): Bildungshäuser für Kinder von drei bis zehn Jahren. Expertise im Auftrag des Bundesministeriums für Bildung und Forschung. Berlin.
Vereinte Nationen. (2006): Übereinkommen der Vereinten Nationen über die Rechte von Menschen mit Behinderung. UN-BK, Vereinte Nationen. Verfügbar unter: https://www.behindertenbeauftragter.de/SharedDocs/Publikationen/DE/Broschuere_UNKonvention_KK.pdf?__blob=publicationFile, (Letzter Zugriff am: 29.11.2016).
Wadepohl, H. & Mackowiak, K. (2016): Beziehungsgestaltung und deren Bedeutung für die Unterstützung von kindlichen Lernprozessen im Freispiel. Frühe Bildung, 5 (1), S. 22–30.

Werning, R. & Avci-Werning, M. (2015): Herausforderung Inklusion in Schule und Unterricht. Grundlagen, Erfahrungen, Handlungsperspektiven (Unterrichtsentwicklung und Unterrichtsqualität Praxisband, 1. Aufl.). Seelze.

Wildenger, L. & McIntyre, L. (2011): Family Concerns and Involvement During Kindergarten Transition. In: Journal of Child and Family Studies, 20 (4), S. 387–396.

Wilder, J. & Lillvist, A. (2017): Collaboration in Transitions from Preschool: Young Children with Intellectual Disabilities. In: Ballam, N., Perry, B. & Garpelin, A. (Hrsg.): Pedagogies of Educational Transitions. European and Antipodean Research (International perspectives on early childhood education and development) Cham: Springer International Publishing. Bd. 16, S. 59–74.

Wildgruber, A. & Griebel, W. (2016): Erfolgreicher Übergang vom Elementar- in den Primarbereich. Empirische und curriculare Analysen (WiFF-Expertisen, Bd. 44). München: Deutsches Jugendinstitut. Verfügbar unter: http://www.weiterbildungsinitiative.de/uploads/media/Exp_Wildgruber_Griebel_web.pdf, (Letzter Zugriff am: 12.4.2019).

Bildungsteilhabe und Vorurteilsbewusste Bildung und Erziehung

Petra Wagner

Vorbemerkung

Die Anfang 2000 veröffentlichten Ergebnisse der ersten PISA-Studie heben hervor, dass in Deutschland die soziale Herkunft von Schüler*innen in hohem Maße ihren Bildungserfolg beeinflusst. Diese Befunde hatten auch mittelbaren Einfluss auf die frühe Bildung. Im Anschluss daran wurden die Investitionen in diesem Bereich verstärkt. Der Diskurs um Kita-Qualität ist seither mit dem Diskurs um Bildungsgerechtigkeit verknüpft. Mit der UN-Konvention für die Rechte der Menschen mit Behinderungen, die in Deutschland 2009 unterzeichnet wurde, hat dieser Diskurs in Verbindung mit Inklusion neuen Schwung bekommen.

Auch in der Weiterbildungsinitiative Frühpädagogische Fachkräfte (WiFF) sind diese Entwicklungen erkennbar: Um die Elementarpädagogik als »Basis des Bildungssystems« zu stärken, hierzu die Qualität der pädagogischen Arbeit weiter zu entwickeln und dafür die Fachkräfte zu professionalisieren, sind einige der ersten Expertisen dem Thema Inklusion gewidmet (Prengel 2010/2014, Sulzer & Wagner 2011). Sie nehmen Bezug auf die UN-Konvention für die Rechte der Menschen mit Behinderungen und auch auf weitere UN-Erklärungen und entfalten das darin angelegte Inklusionsverständnis für die Frühe Bildung, auf das weitere Publikationen der WiFF aufbauen.

1 Inklusion als Ansatz für Bildungsgerechtigkeit

Das Verständnis von *Inklusion als Ansatz für Bildungsgerechtigkeit* wird mit folgenden Merkmalen charakterisiert:

- *Inklusion zielt nicht nur auf die gemeinsame Bildung und Erziehung von Kindern mit und ohne Behinderungen, sondern umfassend auch Bildungsgerechtigkeit im Sinne von Teilhabe an Bildung*: »Unabhängig von Geschlecht, Religion, ethnischer Zugehörigkeit, besonderen Lernbedürfnissen, sozialen und ökonomischen Voraussetzungen etc. müssen allen Menschen die gleichen Möglichkeiten offen stehen, an qualitativ hochwertiger Bildung teilzuhaben und ihre Potenziale zu entwickeln« (DUK Deutsche UNESCO Kommission 2009, in Sulzer & Wagner 2011, S. 9).
- *Inklusion basiert auf den Menschenrechten*: Das Recht auf Bildung ist ein Menschenrecht und gilt für alle Kinder (vgl. Heimlich 2013, S. 10–12), genauso wie das Recht auf Schutz vor Diskriminierung. Da Kinder gleichzeitig unterschiedlich sind und in unterschiedlichen Lebensverhältnissen leben, spricht Annedore Prengel von der »egalitären Differenz«: Der Kern der Menschenrechtsidee sei »die gleiche Freiheit, die allen Menschen zukomme« (Prengel 2010, S. 6). Dabei gehe es gerade nicht darum, »Menschen auf eine Identität festzulegen, beispielsweise als behindert, als Ausländer, als Migrant, als Mädchen oder als Junge. Es geht vielmehr um das Ideal, jedem Kind die Möglichkeit zuzugestehen, einen eigenen Lernweg sowie einen eigenen Lebensentwurf zu suchen« (Prengel ebd.).
- *Inklusion erfordert das Anerkennen und Nutzen der vorhandenen Heterogenität bei Kindern und Familien für Bildungsprozesse*: »Verschieden, ohne einander

untergeordnet zu sein« (Prengel 2014, S. 20), in Bezug auf Lebensweisen und weitere Differenzlinien wie »Alter/Generationen, Schicht/Milieu, Gender, Kultur/Ethnie, Disability Ability, Sexuelle Orientierung, Region, Religion und andere« (Prengel 2014, S. 21). Mit Heterogenität sind nicht nur Differenzlinien zwischen Kindern gemeint, sondern auch die Mehrfachzugehörigkeiten jedes einzelnen Kindes zu unterschiedlichen Differenzaspekten: »Im Sinne vielfältiger Heterogenitätsdimensionen kann (...) davon ausgegangen werden, dass alle Kinder mehreren unterschiedlichen Gruppen angehören (z. B. Alter, Geschlecht, Migration, Behinderung). Eine Reduzierung auf das Merkmal Behinderung ist von daher mit den Grundsätzen inklusiver Bildung nicht mehr vereinbar« (Heimlich & Ueffing 2018, S. 12).[1]

- *Inklusion erfordert eine machtkritische Perspektive*: Annedore Prengel spricht hier von »Vertikalität« im Sinne von »Oben-Unten-Unterscheidung, also Rangfolgen in hierarchisch konstruierten Ordnungen«.[2] Die Tatsache sozialer Ungleichheit übersetzt sich für Kinder als Bevorzugung und Benachteiligung auch entlang von Differenzlinien. Für Inklusion bedarf es der Aufmerksamkeit auf die »Vulnerabilität« der Kinder, die »von Marginalisierung und Benachteiligung betroffen oder bedroht sind« (UNESCO 2005, S. 16).

- *Inklusion meint den Abbau von Barrieren beim Zugang von Kindern in Einrichtungen wie auch innerhalb der Einrichtungen*: »Im Hinblick auf Bildung bezieht sich Inklusion auf ein pädagogisches Modell, das die Aufnahme aller Kinder in eine Einrichtung sowie uneingeschränkte Teilhabe und Gemeinsamkeit auch innerhalb der Einrichtung vorsieht« (Prengel 2014, S. 18). Laut DUK sind daher »ein besonderes Augenmerk auf den Ausgleich früher Benachteiligungen zu legen und Ressourcen für Kindertageseinrichtungen entsprechend bereit zu stellen« (DUK 2009)

---

1 Vgl. Intersektionalität: »Unter Intersektionalität wird dabei verstanden, dass soziale Kategorien wie Gender, Ethnizität, Nation oder Klasse nicht isoliert voneinander konzeptualisiert werden können, sondern in ihren ›Verwobenheiten‹ oder ›Überkreuzungen‹ (intersections) analysiert werden müssen. Additive Perspektiven sollen überwunden werden, indem der Fokus auf das gleichzeitige Zusammenwirken von sozialen Ungleichheiten gelegt wird. Es geht demnach nicht allein um die Berücksichtigung mehrerer sozialer Kategorien, sondern ebenfalls um die Analyse ihrer Wechselwirkungen.« In: http://portal-intersektionalitaet.de/theoriebildung/ueberblickstexte/walgenbach-einfuehrung/ Ein Beispiel für eine intersektionale Analyse ist die Wiff-Expertise zu »Behinderung und Migration« (Amirpur 2013)

2 Im Unterschied zu »Horizontalität«: »Horizontalität veranschaulicht Differenzierungen, die ›auf Augenhöhe‹ nebeneinanderstehen, also Beziehungen in heterogen konstruierten Annäherungen und Abgrenzungen« (Prengel 2014, 20).

- *Inklusion erfordert Veränderungen auf allen Ebenen des Bildungssystems:* »Das so umrissene komplexe Theorem der Inklusion bezieht sich auf integrative Prozesse auf allen Ebenen, von der Mikroebene intrapersoneller und interpersoneller Verhältnisse bis hin zur Makroebene gesellschaftlicher Entwicklungen« (Prengel 2014, S. 19).[3] Ein inklusives Bildungssystem, auf das sich die Vertragsstaaten der UN-Konvention für die Rechte der Menschen mit Behinderungen verpflichtet haben, erfordert tiefgreifende strukturelle Änderungen zur Gliederung und Finanzierung des Bildungssystems und der Jugendhilfe. Auf der Mesoebene braucht es inklusive Einrichtungen und auf der Mikroebene die Gestaltung von inklusiver Alltagspraxis durch qualifizierte pädagogische Fachkräfte (Sulzer & Wagner 2011, S. 11).

Die fachliche Einigung auf diese Prämissen als Grundorientierung für die Qualitätsentwicklung in Kitas ist ein großes Verdienst der WiFF: Die Prämissen sind in den Arbeitspapieren, Expertisen, Studien und in den »Wegweisern Weiterbildung« erkennbar und erlauben ausgehend von dem breiten, menschenrechtsbasierten Inklusionsbegriff jeweils Ausdifferenzierungen und Konkretisierungen für den Bereich der frühen Bildung.[4] Dazu gehört es auch, auf Begrenzungen, Spannungsfelder und Dilemmata hinzuweisen, zum Beispiel auf die »Differenz zwischen normativen Ansprüchen und Realisierungsgrad« (Prengel 2010/2014, S. 45).

Inklusion im beschriebenen Sinne ist eine mit Langzeitperspektive zu verfolgende Vision, die Strukturen im Bildungssystem und pädagogische Routinen und Vorstellungen herausfordert. Der geforderte Paradigmenwechsel, auf binäres Denken zu verzichten, das nach »Normalität« und »Abweichung« unterscheidet, ist außerordentlich schwierig angesichts der Tatsache, dass Binarität von Individuen verinnerlicht und ins Bildungssystem eingebaut ist. Der Blickwechsel, weg vom Lernenden, der sich an ein bestehendes Bildungssystem anzupassen habe, hin zum Bildungssystem selbst, das an die Bedürfnisse aller Lernenden angepasst werden müsse[5], stellt die üblichen Förder-Szenarien auf den Kopf und damit Zuordnungsprozeduren,

---

3 Der Index für Inklusion (Booth u. a. 2010) als Arbeitshilfe für die Analyse von Einrichtungen im Hinblick auf Inklusion unterscheidet nach Strukturen, Kulturen, Praxis.
4 Zum Beispiel mit den »Wegweisern Weiterbildung« zu Kultureller Heterogenität, Armutslagen, Behinderung, Sprachliche Bildung, jeweils in Verbindung mit Inklusion
5 »Looking at education through an inclusive lens implies a shift from seeing the child as a problem to seeing the education system as a problem« (UNESCO 2005, S. 27).

Spezialisierungen der Fachkräfte, eine regelrechte Industrie von Maßnahmen und Materialien in Frage. Die Vorstellung, man müsse das einzelne Kind »behandeln«, das als »abweichend« identifiziert wurde, bis seine »Abweichung« geringer geworden ist und es wieder der »Regelgruppe« zugeführt werden kann, erscheint so selbstverständlich, dass es ohne das Aufzeigen einer realisierbaren oder realisierten Alternative nicht gelingen kann, davon Abstand zu nehmen. Um aus Unsicherheit nicht auf vertraute Routinen und Denkgewohnheiten zurückzugreifen, bedarf es konkreter Beispiele inklusiver Praxis, die alternative Handlungsabläufe zeigen und damit die Vorstellungswelt pädagogischer Gestaltung erweitern.

Sollen Praxisansätze dargestellt werden, so wird auch in den WiFF-Publikationen häufig auf den Ansatz der Vorurteilsbewussten Bildung und Erziehung verwiesen bzw. auf die Kinderwelten-Projekte oder die Fachstelle Kinderwelten für Vorurteilsbewusste Bildung und Erziehung, wo der Ansatz im Berliner »Institut für den Situationsansatz« seit fast 20 Jahren entwickelt und verbreitet wird. Der Verweis erfolgt sicherlich auch, weil es nicht viele Ansätze für die pädagogische Praxis gibt, die die oben genannten Inklusions-Prämissen teilen. Was kennzeichnet den Ansatz der Vorurteilsbewussten Bildung und Erziehung?

2 Der Ansatz »Vorurteilsbewusster Bildung und Erziehung«

Machtkritik und das Erkennen und Abbauen von Einseitigkeiten und Ausgrenzung sind wesentlich im Ansatz der Vorurteilsbewussten Bildung und Erziehung. Er entstand vor etwa 20 Jahren mit der Adaptierung des kalifornischen »Anti-Bias-Approach«, eines Ansatzes gegen Einseitigkeiten und Diskriminierung für Kinder ab zwei Jahren (vgl. Wagner 2017, S. 22f). Der Ansatz verortet pädagogische Praxis in den Widersprüchen und Belastungen, die gesellschaftliche Ungleichheit schafft und die von handelnden Personen mitgetragen werden, auch in Kitas. Kitas sind keine diskriminierungsfreien Schonräume. Auch hier zeigen sich die Muster gesellschaftlicher Privilegien und Benachteiligungen, auch hier werden Ein- und Ausschlüsse vorgenommen, mit denen sich gesellschaftliche Hierarchien verfestigen. Sie betreffen Kinder und Erwachsene.[6]

---

6 Beispiele in ISTA 2016a, alle 4 Bände

Es wird davon ausgegangen, dass Kinder bereits in jungen Jahren von diskriminierenden Verhältnissen beeinflusst sind. Diskriminierung setzt voraus, dass Menschen kategorisiert werden, indem ihnen bestimmte Gruppenzugehörigkeiten zugeschrieben werden. Gesellschaftlich relevante Kategorien sind derzeit in Deutschland: Lebensalter, Geschlecht, sexuelle Identität, Hautfarbe, ethnische Herkunft, sozio-ökonomischer Status, Behinderung, Familienkonstellation, Körperform, Religion, Sprache(n), Nationalität/Staatsangehörigkeit. Die Kategorien spielen bei der Identitätsentwicklung von Menschen eine wichtige Rolle, das Selbstbild wird konstruiert aus Selbstzuordnungen zu den Kategorien und zu einem großen Teil aus dem, wie man von anderen gesehen und eingeordnet wird.

Doch die Kategorien dienen nicht einfach der Einteilung von Menschen. Innerhalb jeder Kategorie gibt es Hierarchisierungen, die festlegen, welche Untergruppe innerhalb der Kategorie wertvoller oder besser ist als die andere. Diese Bewertungen stimmen mit gesellschaftlichen Machtunterschieden überein und werden weitergegeben als diskriminierende Ideologien. Es sind wirkmächtige Überzeugungen, die jeweils die Höherbewertung einer gesellschaftlichen Gruppe vor einer anderen behaupten, wie Sexismus, Rassismus, Linguizismus, Adultismus, Heteronormativität, Klassismus etc. Es wird jeweils eine Gruppe aufgewertet (Männer, Weiße, Deutschsprechende, Erwachsene, Heterosexuelle, Mittel-/Oberschicht) und eine Gruppe abgewertet (Frauen, Schwarze, Kinder, LGBTQ[7], arme Menschen/Arbeiter*innen). Ihre Funktion ist, die Schlechterstellung von benachteiligten und marginalisierten Gruppen zu rechtfertigen und als »normal« oder »akzeptabel« erscheinen zu lassen.

Diskriminierend sind abwertende Ungleichbehandlungen in jeglicher Form, mit denen auf diese Kategorien und Ideologien Bezug genommen wird. Sie sind mit erheblichen Einschränkungen und Nachteilen für die Betroffenen verbunden, zum Beispiel beim Zugang zu Bildungseinrichtungen, Wohnungen, Arbeit, Beteiligungsrechten. Menschen können in einem Aspekt ihrer Identität diskriminiert werden und in einem anderen privilegiert sein. Und Menschen können von mehreren Ungleichbehandlungen betroffen sein.

Dies beginnt früh im Leben: Kinder werden bestimmten Kategorien zugeordnet und erleben zunehmend, wie ihre Familie bewertet wird. Viel-

---

7 Sammelbezeichnung für Personen, die nicht heterosexuell sind oder deren Geschlechtsidentität nicht dem binären Modell von männlich und weiblich entspricht. Entlehnung der englischen Abkürzung LGBTQ (Lesbian, Gay, Bisexual, Transgender and Queer)

fältigen Informationen und Beobachtungen entnehmen Kinder, wie weitere Gruppen von Menschen bewertet werden. Ihre Schlussfolgerungen zeigen sich als Vor-Vorurteile, mit denen sie erproben, wie weit sie mit bewertenden Äußerungen über andere kommen.

> *Meike will nicht neben Joshua sitzen und sagt: »Der ist schwarz!«*
> *Timo und Haldun finden, Frauen können keine Piraten sein, und werfen die Frauen-Figuren vom Spiel-Piratenschiff.*
> *Jasmin und Lennart lassen Mariam nicht mithüpfen: »Iiii, du bist fett!«*
> *Laura verteilt Geburtstagseinladungen und sagt: »Ein behindertes Kind lade ich nicht zum Geburtstag ein.«*

Vor-Vorurteile sind deshalb relevant für Bildungsprozesse, weil sie gesellschaftliche Diskriminierungsstrukturen festigen, die für Kinder und ihre Familien mit Privilegien oder Benachteiligungen verbunden sind. Wie die erwachsenen Bezugspersonen darauf reagieren, ist für Kinder relevant: Lassen sie abwertende Äußerungen und Verhaltensweisen zu, so bestätigen sie, dass diese akzeptabel sind und niemand Schutz davor zu erwarten hat. Empören sie sich über die Maßen und beschämen das Kind, so ist es verunsichert, lernt daraus aber in der Sache ebenfalls wenig. Nötig ist eine ruhige und sachliche Rückmeldung, mit der deutlich wird, dass niemand mit Verweis auf ein Merkmal seiner Identität ausgegrenzt oder bevorzugt werden darf (vgl. ISTA 2016a, Band 3, Kap. 7).

Die Besonderheit des Ansatzes Vorurteilsbewusster Bildung und Erziehung ist, dass er intersektional angelegt ist: Alle Aspekte von Vielfalt gehören dazu wie auch jede Form von Diskriminierung. Es gilt, die Unterschiede zwischen Menschen zu erkennen, sachlich korrekt und respektvoll zu benennen, sie als gleichwürdig anzuerkennen. Gleichzeitig gilt es, sich ungerechten und diskriminierenden Handlungen und Äußerungen zu widersetzen und auf die Beendigung von Ausgrenzung und Diskriminierung hinzuwirken. Damit stimmt der Ansatz mit zentralen Bestimmungen von Inklusion und auch mit den Anforderungen an die Qualifikationen der Fachkräfte überein.

> *»Die zentrale Qualifikationsanforderung an pädagogische Fachkräfte besteht darin, fachliches Analysieren, Handeln, Reflektieren sowohl differenzbewusst als auch diskriminierungskritisch zu fokussieren«* (Sulzer & Wagner 2011, S. 58).

Beides ist im Ansatz der Vorurteilsbewussten Bildung und Erziehung untrennbar miteinander verbunden.

3 Differenzbewusstsein und Diskriminierungskritik als zentrale fachliche Kompetenzen

Louise Derman-Sparks, die Mitbegründerin des Anti-Bias Approach, führt aus, dass es darum gehe, »die Spannung zwischen dem Respektieren von Unterschieden und dem Nicht-Akzeptieren von Vorstellungen und Handlungen, die unfair sind, kreativ auszutragen« (1989, S. X).

Diese Handlungsaufforderung ist komplex: Es wird davon ausgegangen, dass immer wieder das Respektieren von Unterschieden und das Nicht-Akzeptieren von Unrecht in Spannung zueinander geraten. Immer wieder ist dann zu fragen, wie ein »kreatives Austragen« dieser Spannung aussehen kann. Prüffragen sind: Ist diese Verhaltensweise zu respektieren als eine Variation menschlichen Handelns, für die die Person gute Gründe hat? Ist eine Intervention vonnöten, weil damit das Recht einer anderen Person eingeschränkt wird, die Würde verletzt ist, sie diskriminiert und ausgegrenzt wird oder werden könnte?

Dies kann nicht »am grünen Tisch« entwickelt werden, und es kann kein Rezept dafür geben. Im Einzelfall und mit den betreffenden Personen ist ein Weg zu finden. Dies mag zunächst abstrakt erscheinen und ist doch sehr praxisrelevant für den Alltag in der Kita, denn solche Spannungen sind allgegenwärtig, häufig rund um Routinen der Verteilung und des Zugangs zu Ressourcen:

- S. und F. (4 Jahre) sind Zwillinge. An ihrem Geburtstag bringen die Eltern für die Geburtstagsfeier Kuchen in die Kita. Und ein Geschenk für F. »Weil er ein Junge ist«, sagt der Vater. Als er das sagt, schaut S. in eine andere Richtung. Sie bekommt kein Geschenk.
- Die Gruppe hat Freikarten fürs Theater. Leider ist es nicht barrierefrei. M. kann wieder einmal nicht mitkommen.
- P. hat sich fünf Kekse genommen, obwohl für jedes Kind nur zwei vorgesehen waren.
- Frau K. beschwert sich, weil die Kita »immer so viel für die Ausländer« macht, neuerdings gibt es sogar einen Gesprächskreis auf Arabisch.
- Die beiden Mütter von G. melden sich in der Kita an. Der Bogen, den sie ausfüllen sollen, enthält ein Kästchen für »Vater«, eines für »Mutter«.

Das »kreative Aushandeln« erfordert, die Zentriertheit auf den eigenen, gewohnten Standpunkt zu hinterfragen. Im Hinblick auf den Respekt für Unterschiede geht es darum, Menschen zuzugestehen, dass sie sich anders verhalten, anders aussehen, anders leben als man selbst – und dies so sein kann, sofern niemand dadurch zu Schaden kommt. Im Hinblick auf das Nichtakzeptieren von Unrecht und Ausgrenzung geht es darum, um soziale Ungleichheit zu wissen und Menschen zuzugestehen, dass Benachteiligungen mit leidvollen Erfahrungen verbunden sind. Beides ist besonders schwierig, wenn man selbst der gesellschaftlich dominanten Gruppe angehört und sich und die eigenen Lebensverhältnisse für »normal« hält und daher geneigt ist, Ausgrenzungs- und Diskriminierungserfahrungen nicht wahrzunehmen oder in Abrede zu stellen.

Im Ansatz Vorurteilsbewusster Bildung und Erziehung sind die Handlungsaufforderungen in ein Motto gefasst: »Vielfalt respektieren, Ausgrenzung widerstehen.« Damit sind zwei Handlungsstränge benannt, die sowohl bei der Gestaltung der pädagogischen Praxis wie auch bei der Qualifizierung der pädagogischen Fachkräfte verfolgt werden.

- »Vielfalt respektieren« impliziert, Menschen aktiv zu begegnen und dabei die Unterschiede nach Aussehen, Lebensverhältnissen und Lebensweisen wahrzunehmen, sachlich korrekt zu benennen und respektvoll zum Thema zu machen. »Fallen« sind das Leugnen von Unterschieden wie auch das Überbetonen der Unterschiede (ISTA 2016a, Bd. 3, S. 94).
- »Ausgrenzung widerstehen« impliziert die Auseinandersetzung mit Ungerechtigkeit wie auch mit Ausgrenzung, Diskriminierung und Vorurteilen in der Gesellschaft, im Bildungssystem und in der Einrichtung, um für Gerechtigkeit einzustehen. Eine wichtige Erkenntnis ist die Tatsache institutioneller Diskriminierung: Dass Diskriminierung eingelassen ist in das Funktionieren von Abläufen und Routinen in den Erziehungs- und Bildungseinrichtungen und so auch ohne diskriminierende Motivation einzelner Menschen wirkt (vgl. Gomolla 2008). »Fallen« sind Rechtfertigungen, mit denen die Diskriminierungserfahrungen relativiert oder abgeschwächt werden, sowie Schuldzuweisungen an die Ausgegrenzten.

Der Ansatz Vorurteilsbewusster Bildung und Erziehung als inklusives Praxiskonzept liefert Prinzipien und Methoden für eine systematische Praxisentwicklung (ISTA 2016b). Er bezieht alle Vielfaltsaspekte ein, die im Leben von Kindern bedeutsam sind, und fokussiert auf vier Ziele (vgl. Derman-Sparks & Olsen 2010). Die Ziele bauen aufeinander auf und orientieren die jeweilige Gestaltung der Praxis. Die Ziele für Kinder korrespondieren jeweils mit Zielen für die Kompetenzerweiterung der pädagogischen Fachkräfte:

- *Ziel 1* beginnt bei der Bestärkung jedes einzelnen Kindes und jedes Erwachsenen in seiner Ich- und Bezugsgruppen-Identität. Die Anerkennung der jeweiligen Familienkultur ist hier besonders bedeutsam. Pädagogische Fachkräfte kennen ihren eigenen kulturellen Hintergrund und wissen, welchen Einfluss er auf ihr berufliches Handeln hat.
- *Ziel 2* bringt in Begegnung mit Menschen, die sich von den Kindern und Erwachsenen unterscheiden. Sie erlernen den kompetenten Umgang mit Unterschiedlichkeit, wozu Empathie und Perspektivenübernahme gehören. Pädagogische Fachkräfte erweitern ihre eigenen Kompetenzen im Umgang mit unterschiedlichen Menschen, indem sie die unterschiedlichen Familienkulturen der Kinder in ihrer Einrichtung kennen lernen wie auch die unterschiedlichen Vorstellungen der Eltern über Erziehung und Lernen.
- *Ziel 3* fordert Kinder und Erwachsene auf, Vorgänge und Äußerungen in ihrem Umfeld kritisch auf Einseitigkeiten, Diskriminierung und Ungerechtigkeiten hin zu hinterfragen. Pädagogische Fachkräfte haben ein kritisches Bewusstsein in Bezug auf gesellschaftliche Ungleichheit, Benachteiligung und Diskriminierung, deren Auswirkungen im Bildungsbereich und in ihren Einrichtungen.
- *Ziel 4* ermutigt Kinder und Erwachsene, sich gegen Einseitigkeiten, Diskriminierung und Ungerechtigkeiten zu wehren, die gegen sie selbst und andere gerichtet sind. Pädagogische Fachkräfte haben ein Interventionskonzept, um bei Diskriminierung und Vorurteilen verlässlich einzugreifen. Dazu gehört, Fehlinformationen zu hinterfragen, Widersprüche sichtbar zu machen, Abwertungen nicht zu akzeptieren, sachlich richtige Informationen und prosoziales Handeln zu bekräftigen.

Die Ziele gelten bei der vorurteilsbewussten Gestaltung der Lernumgebung, der Interaktion mit Kindern, der Zusammenarbeit im Team und bei der Zusammenarbeit mit Eltern (Beispiele in ISTA 2016a, Bände 1–4). Für einen Implementierungsprozess sollte ein Kita-Team als Ganzes votieren und sich mindestens zwei Jahre dazu verpflichten. In-House-Fortbildungstage zu den Grundlagen und den vier Zielen wechseln sich ab mit Praxisphasen, in denen die Teams idealerweise fachlich begleitet werden, um bei der konkreten Veränderung pädagogischer Praxis unterstützt zu werden. Die Qualifizierung bezieht sich auf Wissenserweiterung und die Fähigkeit zur systematischen Selbst- und Praxisreflexion (vgl. Methodenhandbuch: ISTA 2018b).

Die Teammitglieder beginnen ihre Lernprozesse an jeweils unterschiedlichen Ausgangspunkten, je nach ihren unterschiedlichen Erfahrungen und Vorkenntnissen. Die gemeinsame Fokussierung von Vielfalt und Antidiskriminierung trägt zur Verbesserung der Verständigung bei, dafür sorgen geteilte Begriffe und eine Aufmerksamkeit auf die Verwendung einer inklusiven Sprache. Die Kita-Leitungen haben eine wichtige Funktion bei der Unterstützung der Teams und brauchen ihrerseits den fachlichen Austausch und Weiterbildung, um ihre Kita vorurteilsbewusst zu leiten (vgl. ISTA 2018a). Auf der Meso-Ebene des Kita-Trägers bedarf es eines Transfers der Prinzipien und Ziele Vorurteilsbewusster Bildung und Erziehung in das Trägerhandeln, um mit der Entwicklung inklusiver Trägerqualität die Qualitätsentwicklung auf pädagogischer Ebene zu flankieren.

Was sich in Kita-Teams daraus ergibt, ist Handlungssicherheit im Umgang mit unterschiedlichen Menschen und bei Interventionen gegen Ausschlüsse, Diskriminierung und Einseitigkeit. Damit verbunden ist die Veränderung der institutionellen Kultur der Einrichtung. Dies entspricht der pro-aktiven Ausrichtung des Ansatzes:

»Verändern Sie die Kitakultur von einer monokulturellen zu einer Kultur der Vielfalt und Gleichwürdigkeit. Die Prämissen, Organisationsstrukturen und Alltagspraktiken in traditionellen Kitas sind tendenziell monokulturell ausgerichtet. Diese Ausrichtung entspricht üblicherweise der Weltsicht von gesellschaftlich dominanten Gruppen. Werden diese Vorstellungen und Ansätze gedankenlos übernommen, so kann es sein, dass Kitas selbst zu einer Quelle von Einseitigkeiten und Ungerechtigkeit werden, sofern sie Erziehungspraktiken der Familien, die sich von ihren unterscheiden, als falsch oder ungenügend abtun. Dies fordert uns auf, unsere Kitas daraufhin zu untersuchen, ob ihre Richtlinien, Abläufe und Alltagspraktiken einige soziale Gruppen bevorzugen und andere benachteiligen« (Derman-Sparks 2014, S. 9).

Mit dieser Brille immer wieder die Kita-Praxis zu analysieren, Veränderungsbedarfe zu ermitteln und dann Veränderungen umzusetzen, geschieht im Rahmen einer kontinuierliche Qualitätsentwicklung.[8] Daher sind die auf Inklusion gerichteten Lern- und Veränderungsprozesse in Einrichtungen der frühen Bildung mit dem Ansatz der Vorurteilsbewussten Bildung und Erziehung

- *langwierig*, weil sowohl das individuelle als auch das institutionelle Lernen rund um Inklusion/Exklusion lange dauert und ohne Qualitätseinbußen nicht zu beschleunigen ist,
- *kooperativ*, denn zu Einsichten und Erkenntnissen kommt man nicht für sich alleine, sondern bedarf eines Teams als Lerngemeinschaft, das seine eigene Praxis kritisch beforscht,

---

8 Das »Qualitätshandbuch für Vorurteilbewusste Bildung und Erziehung in Kitas« liefert Verfahren und Instrumente für die interne Evaluation. (ISTA 2016b)

- *anspruchsvoll*, weil es keine Rezepte gibt, sondern Ziele und Prinzipien systematisch auf den eigenen Kontext bezogen werden müssen,
- *aufwändig*, weil notwendigerweise mehrere Verantwortungsebenen einzubinden sind,
- *mit Kosten verbunden*, denn neben inklusiven Strukturen im Bildungssystem braucht es Investitionen in Fortbildung und fachliche Begleitung und damit in die Ermöglichung kontinuierlicher Selbst- und Praxisreflexion der pädagogischen Fachkräfte.

Natürlich gibt es Differenzen zwischen Ansprüchen und Realisierung. Sie verweisen nicht nur auf unzureichende Ressourcen und andere strukturelle Einschränkungen, sondern auch auf Einseitigkeiten und Verkürzungen im Fachdiskurs, auf mangelnden Theorie-Praxis-Transfer und auf erhebliche Forschungsdesiderata.

4 Vorurteilsbewusste Bildung und Erziehung: Verkürzungen, Lücken und Impulse

Pädagogische Fachkräfte, die in ihren Einrichtungen den Ansatz der Vorurteilsbewussten Bildung und Erziehung implementieren, beobachten und schildern, dass sich die Bildungsteilhabe von Kindern in ihren Gruppen tatsächlich verbessert: Insbesondere Kinder, die sonst am Rande des Gruppengeschehens waren, seien aktiver und beteiligten sich engagierter an den Aktivitäten und Gesprächen. Insgesamt sprechen die Fachkräfte von einer Verbesserung des Lernklimas und dass die Kinder sich vermehrt gegen ungerechte Handlungsweisen zur Wehr setzten oder sich dafür Hilfe holten. Es sind dies ermutigende Beispiele[9]. Allerdings wurde bisher nicht systematisch untersucht, wie es sich auf die Bildungsteilhabe von Kindern auswirkt, wenn in ihren Kitas nach dem Ansatz gearbeitet wird. Es fehlte bisher an Forschungsinteresse und -mitteln, wie auch an geeigneten Forschungsdesigns und -methoden.

Letztere müssten zentrale Prämissen und Theoriebezüge berücksichtigen, die im Ansatz relevant sind. Eine grundlegende ist, dass in Bildungseinrichtungen wie Kitas die gesellschaftlich vorfindliche soziale Ungleichheit auch über pädagogische Praxen reproduziert wird. Erst neuerdings

---

9 Diverse Beispiele beschrieben in ISTA 2016 (4 Bände)

wird untersucht, wie dies geschieht (Uni Bielefeld 2019). In der Projektbeschreibung heißt es:

> »Während nämlich quantitative Befunde zur ungleichen Bildungsbeteiligung (insbesondere in der Schule) relativ umfänglich vorliegen, mangelt es an qualitativen Analysen, welche den pädagogischen Alltag der Erziehungsorganisationen untersuchen. Er lässt sich mit Blick auf die Genese von Bildungsungleichheit noch immer als black box bezeichnen, denn in welcher Weise Alltags-, sprich: Unterscheidungspraktiken von Professionellen in unterschiedlichen Bildungsorganisationen ihre Herstellung vorantreiben, wie sie sich in der Bildungslaufbahn manifestieren und wie dies dann von den betroffenen Kindern subjektiv erfahren wird, ist bislang kaum untersucht« (Uni Bielefeld 2019).

Zu erwartende Ergebnisse, die Aufschluss darüber geben, wie Bildungsbenachteiligung in Kitas hergestellt wird, sind wichtige Grundlagen, um den Einfluss von vorurteilsbewusster pädagogischer Praxis auf die Bildungsteilhabe von jungen Kindern untersuchen zu können.

Weitere Prämissen und Theoriebezüge, die bisher im Fachdiskurs und in wissenschaftlichen Zugängen der Frühen Bildung kaum aufgegriffen werden, seien hier genannt:

4.1 Personale und soziale Identitätsentwicklung

Im Ansatz der Vorurteilsbewussten Bildung und Erziehung ist die Frage bedeutsam, wie junge Kinder Vorurteile entwickeln und welche Einflüsse diskriminierende gesellschaftliche Verhältnisse auf ihre Identitätsentwicklung haben. Im amerikanischen Anti-Bias Approach wird hierbei Bezug genommen auf Cross (1991) und seine Schlussfolgerung aus der Analyse von Studien zu Identitätsentwicklungen von Afro-Amerikaner*innen, wonach Selbstkonzepte immer auch eine gesellschaftliche Komponente haben. Er unterscheidet zwei Aspekte des Selbstkonzepts, die »personale Identität« einerseits und die »soziale Bezugsgruppenorientierung« andererseits. Louise Derman-Sparks spricht von »sozialen Gruppenidentitäten« und greift diese Unterscheidung auf:

> »Üblicherweise wird darauf fokussiert, Kinder in ihrer Individualität zu stärken. Die Bestärkung von Kindern in ihren sozialen Gruppenidentitäten ist genauso wichtig. Jeder Mensch bildet mehrere soziale Identitäten aus. Sie setzen sich zusammen aus ethnischer Identität[10], Geschlecht, Religion, Sprachen, sozio-ökonomischen Verhält-

---

10 Im Original »ethnic and racial identity«, im Deutschen am ehesten mit »rassialisierte Identität« zu übersetzen, um deutlich zu machen, dass es sich bei »Rasse« um eine soziale Konstruktion handelt.

nissen, Familienstruktur, sexueller Orientierung und Fähigkeiten, wie sie von der jeweiligen Gesellschaft definiert sind, in der die Menschen leben. Soziale Identitäten verbinden Menschen mit größeren Gruppen, die über die Familien hinausgehen. Soziale Identitäten sind historisch, politisch und oft juristisch definiert. Jede soziale Gruppenidentität ist mit gesellschaftlich definierten Vorteilen und Nachteilen verbunden. Und sie ist mit gesellschaftlich verbreiteten und oft rechtlich gebilligten Stereotypen, Vorurteilen und Diskriminierungen verbunden« (Derman-Sparks 2014, S. 2).

Das Konzept von sozialer Gruppenidentität erlaubt es, die Vorurteilsentwicklung bei jungen Kindern in ihren Auswirkungen dahingehend zu unterscheiden, ob sie Vorurteile über andere ausbilden oder ob sie verarbeiten müssen, dass die Vorurteile ihnen selbst und ihren Bezugsgruppen gelten. Diese Differenzierung ist wichtig, weil die Konsequenzen für die Ausbildung der Selbstkonzepte von Kindern so unterschiedlich sind, je nachdem, ob die Bewertungen mit Überlegenheit oder Unterlegenheit verbunden sind.

Dass Kinder früh ein Hierarchiebewusstsein ausbilden, das sie aus bewertenden Informationen über Menschen und Gruppen von Menschen konstruieren und in eine Vorstellung von Machtunterschieden einbauen, wird in neueren Arbeiten eingeräumt: »Kinder sind Race-, Gender- und Powerconscious«, so Maisha Eggers (2012, o. S.):

»Kinder bringen bereits mit ca. vier Jahren in ihren eigenen Spielkonstruktionen, narrativen Inhalten und in ihrem interaktiven Verhalten Differenz, evaluative Urteile und komplementäre hierarchische Positionierungen hervor. (...) Die vermittelten Differenzkonstruktionen sind mit Bedeutungen und – viel gravierender – mit Bewertungen aufgeladen. Kinder nehmen also wahr, dass die verschiedenen Positionierungen unterschiedlich mit Macht und Prestige ausgestattet sind. Differenzbotschaften wirken insofern als Machtbotschaften« (Eggers 2012, o. S.).

Welche Folgen es für Bildungsprozesse junger Kinder hat, wenn die Differenzbotschaften der Art sind, dass sie ihnen und ihrer Familie eine unterlegene Position zuweisen, wird bislang kaum fokussiert. Im Sinne der Berücksichtigung von Vulnerabilität, womit im Inklusionsdiskurs die Kinder gemeint sind, die ein höheres Risiko haben, ausgegrenzt und diskriminiert zu werden, wäre diese Unterscheidung jedoch erheblich, gerade im Hinblick auf Bildungsteilhabe. Das Konzept der sozialen Gruppenidentitäten könnte ein Schlüssel dafür sein.

In Deutschland findet es jedoch bisher kaum Widerhall in der Theorie und Praxis früher Bildung, auch nicht in neueren Arbeiten zur Entwicklungspsychologie (vgl. Kasten 2014). Die Ich-Identität junger Kinder wird unter Bezugnahme auf Erikson thematisiert (z. B. Diepold 1989), der die Identitätsentwicklung als eine Spezifik der Adoleszenz fasst, in der im Konflikt »Identität vs. Identitätsdiffusion« die Ich-Identität gefestigt werde. Soziale Gruppenidentitäten als Aspekte des Selbstkonzepts von Kindern, in das ihre Zugehörigkeiten zu sozialen Gruppen aufgenommen werden, wie auch die ihnen von außen zugeschriebenen Zugehörigkeiten, sind hier nicht mitgedacht.

Wie junge Kinder Vorurteile entwickeln, war lange Jahre ebenfalls kaum erforscht, in den Darstellungen wurden Ergebnisse oder Metastudien aus dem englischsprachigen Raum rezipiert (z. B. Mac Naughton 2006). Inzwischen gibt es einige ethnographisch angelegte qualitative Studien, mit denen erforscht und belegt wird, dass und wie junge Kinder sich bereits im Kindergarten auf gesellschaftlich vorhandene Differenzkonstruktionen beziehen und aktiv und eigensinnig Differenzkonstruktionen selbst hervorbringen (Machold 2015; Joyce-Finnern 2017; Seele 2010). Die Ergebnisse gilt es für pädagogische Praxis aufzubereiten und verfügbar zu machen.

4.2 Der Begriff der Familienkultur gegen die Praxis des »Othering«

In Abgrenzung von zuschreibenden nationalkulturellen Kategorisierungen hat sich im Ansatz der Vorurteilsbewussten Bildung und Erziehung der Begriff der »Familienkulturen« bewährt: Er wird definiert als das Ensemble von Werten, Traditionen, Deutungsmustern, Gewohnheiten und Alltagsroutinen einer je spezifischen Familie, in das auch die gesellschaftliche Position der Familie, ihre Familiengeschichte, Erfahrungen mit Privilegierung und Benachteiligung, mit Migration oder Verfolgung, ihre Orientierungen in Bezug auf Gender, sexuelle Orientierung, Alter, Behinderung, Sprache(n), Religion, Leistungsfähigkeit und Erholung einfließen (ISTA 2016a, Bd. 1, S. 13).

Auf der Ebene pädagogischer Praxis hilft der Begriff, jeder Familie ihre Familienkultur zuzugestehen, die für sie jeweils sinnvoll ist. Dies gilt für die Familien der Kita-Kinder wie auch für die Familien der Fachkräfte. Der Begriff der Familienkultur hat damit das Potential, die Zentrierung auf eigene Normalitätsvorstellungen zu überwinden und Differenzen anzuerkennen. Dies gelingt am besten, wenn Familienkulturen in ihrer Bedeutung für junge Kinder verstanden werden:

> »Die Familienkultur ist der primäre kulturelle Bezugsrahmen eines Kindes: Was es hier erfährt, bildet für seine ersten Lebensjahre den Horizont seines Denkens, Fühlens und Handelns. Es ist das, was ihm selbstverständlich und »normal« erscheint. Auch in der existenziellen Angewiesenheit auf seine Familie liegt seine Identifikation mit ihr als erste soziale Bezugsgruppe begründet. Ein junges Kind kann nicht anders, als seiner Familie zugehörig und verbunden zu sein. Aus diesem Grund ist es in einer nächsten Lernumgebung wie der Kindertageseinrichtung so wichtig, dass es hier als

Mitglied seiner Bezugsgruppe Familie willkommen ist und positive Resonanz erfährt« (Wagner 2014, S. 21).

Es können Einseitigkeiten der institutionellen Kultur der Kita aufgedeckt werden, die sich darin zeigen, dass sie sich an bestimmten Familienkulturen eher orientiert als an anderen. Damit ist die Aufforderung verbunden, Kindern nicht nur als Individuen mit Wertschätzung und Interesse zu begegnen, sondern diese auch ihren Familien und ihren Familienkulturen entgegenzubringen. Eine inklusive Lernumgebung ist allerdings nur möglich, wenn dies glaubhaft wird und der Tendenz des »Othering« widerstanden wird. Gemeint sind mit »Othering« die Konstruktionsprozesse, die Menschen zu »Anderen« machen. Es geschieht durch die Entgegensetzung von »wir« und »sie«, womit die jeweiligen Gruppen als jeweils homogen erscheinen. Im zweiten Schritt geschieht eine Unterscheidung: »sie« sind »anders« als »wir«. Indem »wir« der Bezugspunkt sind, von dem aus das Anderssein definiert wird, geht damit die Bewertung einher, dass »wir« über die dominante und »normale« Perspektive verfügen. Insofern ist »Othering« auch eine Machtstrategie zur Behauptung von Überlegenheit. Ein Beispiel:

> »Aufgabe der Fachkraft ist es auch, die unterschiedlichen Erziehungs- und Bildungsvorstellungen von Familien mit anderen kulturellen Wurzeln zu berücksichtigen und sie über unser Erziehungs- und Bildungswesen zu informieren« (DJI 2011, S. 43).

Die Darstellung unterscheidet zwischen »Familien mit anderen kulturellen Wurzeln« und »uns«, bzw. »unser Erziehungs- und Bildungswesen«, über das »wir« die Familien informieren sollen. Es gibt eine einseitige Richtung, wer was zu lernen hat, wer sendet/handelt und wer empfängt. Die Darstellung vergrößert den Unterschied zwischen den konstruierten Seiten.

Im Fachdiskurs der Frühpädagogik sind beide Begriffe, die Familienkulturen und das »Othering«, noch nicht geläufig. Sie einzuführen und als Analyse-Begriffe zu gebrauchen, wäre ein wichtiger Impuls für die Entwicklung einer inklusiven Praxis mit Familien. Wo »Othering« dennoch geschieht, wie im Beispiel, muss es problematisiert werden.

4.3 Individuelles und organisationales Lernen zusammendenken

Das individuelle Lernen einer Fachkraft führt nicht automatisch zu Veränderung der pädagogischen Praxis in einer Kita. Ein Grund ist die Schwierigkeit des Praxistransfers von Weiterbildungen. In einer Studie der WiFF zur Bedeutung von Weiterbildung für das Arbeitsfeld Kindertageseinrichtung wird resümiert, dass dem Transfer von Weiterbildungsinhalten in die Kita-

Praxis noch mehr Aufmerksamkeit zukommen müsse (Buschle & Gruber 2018, S. 75). Gute Voraussetzungen für den Transfer werden darin gesehen, In-House-Fortbildungen durchzuführen, an denen das ganze Team einer Einrichtung beteiligt ist (ebd. S. 35), und wenn Weiterbildungen mehrere Tage umfassen, zwischen denen Praxisphasen in der Einrichtung stattfinden (ebd. S. 69).

Solche Formate existieren und erweisen sich auch für den Ansatz der Vorurteilsbewussten Bildung und Erziehung als fruchtbar, weil über die Einbindung des gesamten Teams, der Leitung und idealerweise des Kita-Trägers eine wirkliche Veränderung der Kita-Kultur in Richtung Inklusion möglich ist. Für die Thematisierung von Einseitigkeiten und Vorurteilen, die Analyse der institutionellen Kultur im Hinblick darauf, inwiefern sie die unterschiedlichen Familienkulturen der Kinder mit einbindet, die Entscheidung für Praxisveränderungen und deren Durchführung sind die einzelnen Teamkolleg*innen auf einen kollektiven Lernprozess angewiesen, in dem das Team als »kritische Lerngemeinschaft« (ISTA 2018a, S. 66, S. 76) fungiert. Wegen der notwendigerweise begrenzten Perspektive, die jedes einzelne Teammitglied im Hinblick auf Diversität und Diskriminierung hat, ist es für dieses Lernen unabdingbar, dass es andere Menschen als kritischen Resonanzraum gibt, die helfen, die Perspektiven zu erweitern. Dies geschieht über die gemeinsame Selbst- und Praxisreflexion, die mit dem Ziel erfolgt, Einseitigkeiten in der Praxis und die jeweiligen individuellen Anteile daran aufzudecken und Alternativen zu entwickeln.

Louise Derman-Sparks spricht von einem »Kulturwandel«, von einer monokulturellen, in der Dominanzkultur verhafteten Ausrichtung einer Einrichtung, hin zu einer mehrkulturellen Ausrichtung, zu »kultureller Demokratie« (Derman-Sparks, LeeKeenan, Nimmo 2015, S. 11). Sie beruft sich dabei auf Erkenntnisse über Lernwege Erwachsener hin zu einem diskriminierungskritischen Bewusstsein, die von verschiedenen Etappen gekennzeichnet sind, die sich darin unterscheiden, ob Teammitglieder selbst von Diskriminierung betroffen sind oder nicht (vgl. ISTA 2018a, S. 36f).

Für den hiesigen Kontext stehen Untersuchungen solcher Erkenntniswege aus. Sie könnten auch Einblicke geben in die Dynamiken von Lernprozessen im Team im Themenfeld Diversität/Antidiskriminierung und damit zur Beantwortung der Frage beitragen, wie durch Impulse aus Weiterbildungen tatsächlich Praxisveränderungen geschehen. Hierzu fehlt es auch an Untersuchungen, wie mehrtägige In-House-Weiterbildungen und Praxisphasen ineinandergreifen und wie die Praxisphasen zu gestalten und fachlich zu begleiten sind, damit sie von den pädagogischen Fachkräften als unterstützend für die Praxisveränderungen erlebt werden.

Nicht nur Fachberatung ist auf solche Erkenntnisse angewiesen, auch Kita-Leitungen brauchen Hinweise, welche Rolle ihnen in Veränderungsprozessen zukommt, die auf Inklusion zielen. Für die Verbindung von individuellem und organisationalen Lernen ist schließlich die Trägerebene bedeutsam: Hier fehlt es an dokumentierten Beispielen, wie Kita-Träger als Organisationen den Prozess der inklusiven Qualitätsentwicklung gestalten, der alle Verantwortungsebenen des Trägers einbezieht. Es gibt Kita-Träger, die dieses versuchen. Und neuerdings gibt es Anregungen und Arbeitshilfen zur diversitätsorientierten Organisationsentwicklung (RAA 2017; Tanyilmaz & Greve 2018), deren Adaptierung für die Kita noch aussteht.

Gleichzeitig gibt es im Fachdiskurs um Inklusion sehr stark die Bezugnahme auf »Haltung«. Von »vorurteilbewusster Haltung« ist die Rede, auch in Texten der WiFF (z. B. DJI 2014b, S. 167). Wird dabei nicht erläutert, was gemeint ist und geschieht die Verwendung in Abkoppelung von den Prozessen der Implementierung Vorurteilsbewusster Bildung und Erziehung, so besteht die Gefahr der Verkürzung auf »Haltung« als individuelle »Eigenschaft« der Fachkräfte. Eine »vorurteilsbewusste Haltung« wird eventuell wortwörtlich verstanden als Bemühen, sich seiner Vorurteile irgendwie bewusst zu sein.[11] Wie dies geschehen soll, bleibt den Fachkräften überlassen. Die Gefahr: Werden »Haltungen« im Sinne von »handlungsleitenden (ethisch-moralischen) Wertorientierungen, Normen, Deutungsmustern und Einstellungen« (Nentwig-Gesemann et al. 2011, S. 10) als etwas gesehen, was Fachkräfte mitzubringen haben, sind Investitionen in Strukturen und Team-Lernprozesse nicht erforderlich. In dieser Verkürzung wird auch die »inklusive oder vorurteilsbewusste Haltung« zum Sparprogramm.

---

11 Die Abkoppelung des Begriffs »vorurteilsbewusst« vom Ansatz der Vorurteilsbewussten Bildung und Erziehung ist schon seit einiger Zeit festzustellen: Tagungen, Texte, Fortbildungsangebote führen »vorurteilsbewusst« im Titel, ohne auf den Ansatz oder den Arbeitszusammenhang der Fachstelle Kinderwelten Bezug zu nehmen. Möglicherweise ist es das Phänomen, dass mit steigendem Bekanntheitsgrad und der Verbreitung eines neuen Ansatzes auch Vereinfachungen und Reduzierungen kursieren. Die Reduzierung geschieht über die »Erfolgsgeschichte« von Bezeichnungen/Namen, die im Fachdiskurs ankommen und losgelöst von ihrer Entstehung zirkulieren. (Dies gilt z. B. auch für »Situationsansatz«.) Problematisch an der Entscheidung vor 20 Jahren, den »Anti Bias Approach« als »Ansatz Vorurteilsbewusster Bildung und Erziehung« zu übersetzen, ist im Nachhinein die Wortschöpfung »vorurteilsbewusst«, die einerseits eingängig ist, aber zu einer Verharmlosung beiträgt, insofern es bei der Arbeit für Bildungsgerechtigkeit nicht nur um Vorurteile geht, sondern vor allem um das Eintreten gegen Diskriminierung und Ausgrenzung.

5 Hindernisse und Stolpersteine

Der Ansatz Vorurteilsbewusster Bildung und Erziehung als inklusives Praxiskonzept für Kitas hat das Potential, einen Kulturwandel in Kitas anzuregen, der sich dadurch auszeichnet, dass Respekt für Vielfalt erfahrbar ist wie auch das verlässliche Eintreten für Bildungsgerechtigkeit und gegen Ausschlüsse und Diskriminierung. Das Format, in dem die Lernprozesse der beteiligten Fachkräfte stattfinden, entspricht dem, was für effektive Weiterbildungen favorisiert wird, die in tatsächliche Qualitätsverbesserungen münden: In-House-Fortbildungen mit dem gesamten Team, mehrtägig über einen längeren Zeitraum, dazwischen begleitete Praxisphasen. Begleitforschung könnte dazu beitragen, Erkenntnisse über die Lernwege der beteiligten Fachkräfte, Eltern, Kinder, Trägervertretungen zu gewinnen.

Bisher gibt es dafür keine Ressourcen, wie sich überhaupt der Mangel an zeitlichen und personellen Ressourcen als behindernd für diese Prozesse erweist. In den Kitas ist es die fehlende Zeit für die Reflexions- und Austauschprozesse, für Planung und Auswertung, die eine kontinuierliche Selbst- und Praxisreflexion und das gemeinsame Weiterlernen behindert. Daneben fehlt es an Ressourcen für die konzeptionelle Entwicklung und Unterfütterung, wozu die Aufbereitung und das Verfügbarmachen von wissenschaftlichen Erkenntnissen gehört, der Transfer internationaler Praxiserfahrungen, auch in die Ausbildung von pädagogischen Fachkräften, die Initiierung von Forschungsvorhaben zu den Bereichen, wo Forschungsdesiderata offensichtlich werden. Es ist die Schnittstelle zwischen Praxis, Wissenschaft, Fachpolitik, an der auch die Fachstelle Kinderwelten für Vorurteilsbewusste Bildung und Erziehung operiert. Dass sie selbst finanziell unabgesichert und immer wieder mit dem Kampf um Mittel und gegen prekäre Arbeitsverhältnisse beschäftigt ist, steht in scharfem Kontrast zur Nachfrage nach fundierten Konzepten zur Implementierung von Inklusion, sowohl in der Kita-Praxis wie auch in der Weiterbildung.

Dabei sind die Aufgaben dringend und gewaltig: Das gegenwärtige gesellschaftliche Klima, in dem menschenverachtende Äußerungen im öffentlichen Raum an Akzeptanz gewinnen, teilweise mit Verweis auf vermeintliche Meinungsfreiheit, erreicht auch Kitas und verunsichert Fachkräfte.[12]

---

12 Als ein Beispiel sei die mediale Empörung zu Fasching 2019 über die Broschüre der Fachstelle Kinderwelten »Fasching vorurteilsbewusst feiern« genannt, als eine Hamburger Kita die Eltern bat, auf stereotype Verkleidungen zu verzichten (vgl. Stellungnahme https://www.situationsansatz.de/aktuelles.html). Vgl. auch Verleum-

Nötig ist fachliche Versicherung und Qualifizierung, damit Kitas an ihrem Bildungsauftrag kompetent festhalten und das Recht aller Kinder auf Bildung und auf Schutz vor Diskriminierung verteidigen und überzeugend vertreten.

Dafür ist der Bereich der Frühen Bildung bei Weitem nicht konsistent aufgestellt. Tradierte pädagogische Routinen und Begründungsmuster haben ein großes Beharrungsvermögen, mit dem umfassende Veränderungen abgewehrt werden. Dazu gehören inklusionsabwehrende Argumentationsmuster oder -strukturen, die bei gleichzeitigen Bekenntnissen zu Diversität und Inklusion unangetastet bleiben. Ein Beispiel sind Ausbildungsordnungen und Curricula für die Frühe Bildung, die sich aller Diversitäts-Rhetorik zum Trotz an einer »gesunden Normalentwicklung« von Kindern orientieren (Haude & Volk 2015, S. 69–83). Prägen solche kontraproduktiven Orientierungen die Generation von Fachkräften, deren Ausbildung derzeit im Spannungsverhältnis »Diversität in der Kindheit – Normierung in der Ausbildung« (ebd.) stattfindet, so sind Bedingungen am Praxisort Kita umso relevanter, die es möglich machen, im Team die Auseinandersetzung um die Vielfältigkeit kindlicher Entwicklungswege und Lebensverhältnisse zu führen und sie mit einer entsprechenden Gestaltung des Lernorts Kita – diversitätsbewusst und diskriminierungskritisch – zu beantworten.

Literatur

Amadeo Antonio Stiftung (2018): »Ene, mene, muh – und raus bist du! Ungleichwertigkeit und frühkindliche Pädagogik« https://www.amadeu-antonio-stiftung.de/w/files/pdfs/kita_internet_2018.pdf (Zugriff: 4.2.2019).

Amirpur, Donja (2013): Behinderung und Migration – eine intersektionale Analyse im Kontext inklusiver Frühpädagogik. WIFF Expertisen Nr. 36, herausgegeben vom Deutschen Jugendinstitut. München.

Booth, Tony; Ainscow, Mel & Kingston, Denise (2010): Index für Inklusion. Lernen, Partizipation und Spiel in der inklusiven Kindertageseinrichtung entwickeln. 3. Auflage. Frankfurt am Main (Deutsche Fassung hrsg. durch GEW).

Buschle, Christina & Gruber, Veronika (2018): Die Bedeutung von Weiterbildung für das Arbeitsfeld Kindertageseinrichtung. Weiterbildungsinitiative Frühpädagogische Fachkräfte, WiFF Studien, Band 30. München.

---

dungskampagne zur Broschüre der Amadeu Antonio Stiftung (2018) zum Umgang mit rechtspopulistischen Eltern in der Kita.

Cross, W. E., Jr. (1991): Shades of black: Diversity in African-American identity. Philadelphia.
Derman-Sparks, L.; LeeKeenan, D. & Nimmo, J. (2015): Leading Anti-Bias Early Childhood Education Programs: A Guide for Change. Teachers College Press/USA.
Derman-Sparks, L. & Olsen Edwards, J. (2010): Anti-Bias Education for Young Children and Ourselves. Washington DC.
Derman-Sparks, Louise (2014): Soziale Bezugsgruppen in der kindlichen Identitätsentwicklung und ihre Bedeutung für eine Pädagogik der Inklusion. Vortrag 4. Baustelle Inklusion. https://baustelle2014.kinderwelten.net/content/vortraege/pdf/1-Louise_Derman-Sparks.pdf (Zugriff 3.1.2019).
Derman-Sparks, Louise and the A.B.C. Task Force (1989): Anti-Bias-Curriculum. Tools for Empowering Young Children. Washington.
Deutsche UNESCO Kommission (DUK) (2009): Frühkindliche Bildung inklusiv gestalten: Chancengleichheit und Qualität sichern. Resolution der 69. Hauptversammlung. Brühl: UNESCO https://www.unesco.de/bildung/inklusive-bildung/fruehkindliche-bildung-inklusiv-gestalten-chancengleichheit-und-qualitaet (Zugriff 3.1.2019).
Deutsches Jugendinstitut/Weiterbildungsinitiative Frühpädagogische Fachkräfte (Hrsg.) (2011): Zusammenarbeit mit Eltern. Grundlagen für die kompetenzorientierte Weiterbildung. WiFF Wegweiser Weiterbildung, Band 3. München.
Deutsches Jugendinstitut/Weiterbildungsinitiative Frühpädagogische Fachkräfte (Hrsg.) (2014b): Inklusion – Kinder und Familien in Armutslagen. Grundlagen für die kompetenzorientierte Weiterbildung. WiFF Wegweiser Weiterbildung, Band 9. München.
Diepold, Barbara (1989): Ich-Identität bei Kindern und Jugendlichen In: Praxis der Kinderpsychologie und Kinderpsychiatrie 39 (1990), Heft 6, 214–221 http://www.diepold.de/barbara/ich_identitaet.pdf (Zugriff 3.1.2019).
Eggers, Maisha (2012): Gleichheit und Differenz in der frühkindlichen Bildung – Was kann Diversität leisten? https://heimatkunde.boell.de/2012/08/01/gleichheit-und-differenz-der-fruehkindlichen-bildung-was-kann-diversitaet-leisten (Zugriff 3.1.2019).
Gomolla, Mechtild (2008): Institutionelle Diskriminierung im Bildungs- und Erziehungssystem: Theorie, Forschungsergebnisse und Handlungsperspektiven. In: https://heimatkunde.boell.de/2008/02/18/institutionelle-diskriminierung-im-bildungs-und-erziehungssystem-theorie (Zugriff: 3.1.2019).
Haude, Christin & Volk, Sabrina (2015): Diversität in der Kindheit – Normierung in der Ausbildung. In: König, Anke; Leu, Hans Rudolf & Vienickel, Susanne (Hrsg): Forschungsperspektiven auf Professionalisierung in der Frühpädagogik. Empirische Befunde der AWiFF-Förderlinie. Weinheim, Basel.
Heimlich, Ulrich (2013): Kinder mit Behinderung – Anforderungen an eine inklusive Frühpädagogik. WiFF Expertisen, Band 33. München.
Heimlich, Ulrich & Ueffing, Claudia M. (2018): Leitfaden für inklusive Kindertageseinrichtungen. Bestandsaufnahme und Entwicklung. WiFF Expertisen, Band 51. München.
ISTA Institut für den Situationsansatz/Fachstelle Kinderwelten (Hrsg.) (2018a): Inklusion in der Praxis: Die Kita vorurteilsbewusst leiten. Berlin.
ISTA Institut für den Situationsansatz/Fachstelle Kinderwelten (Hrsg.) (2018b): Inklusion in der Fortbildungspraxis. Lernprozesse zur Vorurteilsbewussten Bildung und Erziehung begleiten. Ein Methodenhandbuch. Berlin.

ISTA Institut für den Situationsansatz/Fachstelle Kinderwelten (Hrsg.) (2016a): Inklusion in der Kitapraxis. 4 Bände. (Band 1: Die Zusammenarbeit mit Eltern vorurteilsbewusst gestalten, Band 2: Die Lernumgebung vorurteilsbewusst gestalten, Band 3: Die Interaktion mit Kindern vorurteilsbewusst gestalten, Band 4: Die Zusammenarbeit im Team vorurteilsbewusst gestalten). Berlin.

ISTA/Institut für den Situationsansatz/Fachstelle Kinderwelten (Hrsg.) (2016b): Qualitätshandbuch für Vorurteilsbewusste Bildung und Erziehung in Kitas. Verfahren und Instrumente für die interne Evaluation zur Weiterentwicklung inklusiver pädagogischer Praxis. Zu beziehen über: www.situationsansatz.de

Joyce-Finnen, Nina-Kathrin (2017): Vielfalt aus Kinderperspektive. Verschiedenheit und Gleichheit im Kindergarten. Bad Heilbrunn.

Kasten, H. (2014): Entwicklungspsychologische Grundlagen der frühen Kindheit und frühpädagogische Konsequenzen. Verfügbar unter: https://www.kita-fachtexte.de/texte-finden/detail/data/entwicklungspsychologische-grundlagen-der-fruehen-kindheit-und-fruehpaedagogische-konsequenzen/ Zugriff (3.1.2019).

Mac Naughton & Glenda M. (2006): Respect for diversity. An international overview. Bernard van Leer Foundation: Den Haag (Working Papers in Early Childhood Development, Nr. 40), www.bernardvanleer.org

Machold, Claudia (2015): Kinder und Differenz. Eine ethnographische Studie im elementarpädagogischen Kontext. Wiesbaden.

Nentwig-Gesemann, Iris; Fröhlich-Gildhoff, Klaus; Harms, Henriette & Richter, Sandra (2011): Professionelle Haltung – Identität der Fachkraft für die Arbeit mit Kindern in den ersten drei Lebensjahren. Wiff Expertisen 24, 2011, 10.

Prengel, Annedore (2010): Inklusion in der Frühpädagogik. Bildungstheoretische, empirische und pädagogische Grundlagen. Weiterbildungsinitiative Frühpädagogische Fachkräfte. WiFF Expertisen, Band 5 (2., überarbeitete Auflage in 2014). München.

Prengel, Annedore (2010): Wie viel Unterschiedlichkeit passt in eine Kita? Theoretische Grundlagen einer inklusiven Praxis in der Frühpädagogik. WiFF Fachforum 29.06.2010 München: Von einer Ausländerpädagogik zur inklusiven Frühpädagogik – Neue Anforderungen an frühpädagogische Fachkräfte. https://www.weiterbildungsinitiative.de/fileadmin/_migrated/content_uploads/WiFF_Fachforum_Inklusion_Impulsreferat_Prof_Dr_Prengel.pdf

RAA Berlin (2017): Diversitätsorientierte Organisationsentwicklung. Grundsätze und Qualitätskriterien. Berlin. http://raa-berlin.de/wp-content/uploads/2017/07/DO-GRUNDSAETZE-RAA-BERLIN.pdf (Zugriff: 3.1.2019).

Seele, Claudia (2010): Ethnizität und frühe Kindheit. Eine ethnographische Forschung in einer Berliner Kita. Magisterarbeit im Fach Ethnologie der FU Berlin. Unveröffentlicht.

Sulzer, Annika & Wagner, Petra (2011): Inklusion in Kindertageseinrichtungen. Qualifikationsanforderungen an die Fachkräfte. Weiterbildungsinitiative Frühpädagogische Fachkräfte. WiFF Expertisen, Band 15. München.

Tanyilmaz, Tugba & Greve, Edwin (2018): Vielfalt intersektional verstehen. Ein Wegweiser für diversitätsorientierte Organisationsentwicklung. Berlin. https://www.deutschplus.de/wp-content/uploads/2018/01/vielfalt-intersektional-verstehen-barrierefrei.pdf (Zugriff 4.2.2019).

UNESCO (2005): Guidelines for Inklusion. Ensuring Access to education for All. Paris. https://unesdoc.unesco.org/ark:/48223/pf0000140224 (Zugriff: 26.1.2019).

Uni Bielefeld (2019): Ethnische Heterogenität und die Genese von Ungleichheit in Bildungseinrichtungen der (frühen) Kindheit, Teilprojekt B1 im Sonderforschungsbereich »Von Heterogenitäten zu Ungleichheiten«, Leitung: Isabell Diehm und Claudia Machold, seit 2011. https://sfb882.uni-bielefeld.de/de/projects/b1.html (Zugriff 3.1.2019).

Wagner, Petra (2014): Was Kita-Kinder stark macht: Gemeinsam Vielfalt und Fairness erleben. Berlin.

Wagner, Petra (Hrsg.) (2017): Handbuch Inklusion. Grundlagen vorurteilsbewusster Bildung und Erziehung. Freiburg (überarbeitete Neuausgabe).

Von der Theorie zu guter pädagogischer Praxis. Der Leitfaden für inklusive Kindertageseinrichtungen – Bestandsaufnahme und Entwicklung

Ulrich Heimlich & Claudia Ueffing

Vorbemerkung

Der Leitfaden für inklusive Kindertageseinrichtungen ist aus einer Zusammenarbeit der Ludwig-Maximilians-Universität (Prof. Dr. Ulrich Heimlich) und der Hochschule für angewandte Wissenschaften (Prof. Dr. Claudia Ueffing) entstanden und richtet sich an alle Kindertageseinrichtungen, also sowohl Kinderkrippen und Kindergärten als auch Kinderhorte (Kitas) und soll dazu beitragen, dass Entwicklungsprozesse in Einrichtungsteams angestoßen werden, die eine gemeinsame Arbeit an dem Leitbild Inklusion ermöglichen. Der »Leitfaden für inklusive Kindertageseinrichtungen« versteht sich ausdrücklich als Ergänzung zu den Materialien des Projektes WiFF und hat ebenfalls die frühpädagogischen Fachkräfte in Schlüsselfunktionen als Zielgruppe im Blick. Dabei teilt der Leitfaden das weite Verständnis von Inklusion, wie es auch im Projekt WiFF zum Ausdruck kommt, in dem nicht nur die Dimension Behinderung thematisiert wird, sondern ebenso die weitere Heterogenitätsdimension der kulturellen Vielfalt (vgl. DJI 2013a; 2013b; Prengel 1995). Der Leitfaden stellt für inklusive Kitas ein Instrument zur Qualitätsentwicklung für den Theorie-Praxis-Transfer dar. Im Mittelpunkt stehen Qualitätsstandards und Leitfragen für inklusive Kitas. Sie sollen Arbeitsgrundlage und Anregungen für die konkrete Entwicklung in den jeweiligen Kitas sein.

Eingeleitet wird der Leitfaden durch eine kurze Verständigung über das Leitbild der Inklusion, wie es die UN-Konvention über die Rechte der Kinder und die UN-Behindertenrechtskonvention enthalten (vgl. Vereinte Nationen 1989; 2009). Sodann werden Qualitätsstandards erläutert und das Mehrebenenmodell der inklusiven Kindertageseinrichtung vorgestellt. Abgerundet wird der Leitfaden durch konkrete Anregungen zur Arbeit mit den Qualitätsstandards und den Leitfragen. Im Serviceteil sind Literatur- und Materialempfehlungen für die praktische Arbeit in den Kindertageseinrichtungen enthalten. Der Anhang bietet ferner eine Kurzfassung des Leitfadens und eine Vorlage für die Erstellung von eigenen Qualitätsstandards. Außerdem sind aus der Erprobungsphase des Leitfadens einige Materialien für die praktische Arbeit in inklusiven Kitas enthalten. Im Folgenden wird auf die einzelnen Bestandteile des Leitfadens für inklusive Kindertageseinrichtungen eingegangen.

1 Inklusion als neues Leitbild der Frühpädagogik

Mit dem Inkrafttreten der UN-Konventionen in Deutschland – 1992 die der Rechte der Kinder und 2009 die der Menschen mit Behinderung – ist die Entwicklung der gesellschaftlichen Teilhabe von Kindern generell und mit Behinderung und/oder Migrationshintergrund in ein neues Entwicklungsstadium eingetreten. Deutschland hat sich insbesondere mit der Ratifizierung der UN-Behindertenrechtskonvention auf die Schaffung eines inklusiven Bildungssystems auf allen Ebenen verpflichtet. Die UN-Konventionen sind verbindliches Völkerrecht und müssen in einer »völkerrechtsfreundlichen« Weise umgesetzt werden.

Für die Kitas kann davon ausgegangen werden, dass das Leitbild der Inklusion im Sinne einer umfassenden und selbstbestimmten Teilhabe nicht mehr prinzipiell infrage gestellt wird (vgl. Heimlich & Behr 2009; Kron u. a. 2010; Albers 2011; Kreuzer & Ytterhus 2011; Sarimski 2011; König & Friederich 2014). Dies belegen die Bildungspläne der Bundesländer auf eindrückliche Weise. Es geht folglich nicht mehr um die Frage, ob Inklusion in Kitas sinnvoll ist, sondern vielmehr um die Frage, wie die Inklusion in Kitas in einer möglichst qualitätsvollen Weise in die Praxis umgesetzt werden kann. Kindertageseinrichtungen als Teil eines inklusiven Bildungssystems, wie es die UN-Konvention fordert, stehen überdies vor der Aufgabe, Inklusion als Regelangebot für alle Kinder zu begreifen und ein flächendeckendes Angebot zur Verfügung zu stellen.

Aktuelle gesellschafts- und bildungspolitische Herausforderungen zeigen sich hinsichtlich der Heterogenitätsdimension »Behinderung« dahingehend, dass Eltern es als selbstverständlich begreifen, ihr Kind in Regelkitas anzumelden und einzuschreiben. Zudem steht Deutschland angesichts einer stetig steigenden Zahl von Zuwanderern und Asylsuchenden – unter ihnen auch viele Kinder – in der Notwendigkeit, nicht nur für die Heterogenitätsdimension »Behinderung« Lösungen im Kitawesen weiterzuentwickeln, sondern auch die Entwicklung und Implementierung von Handlungsansätzen und deren Evaluation für die Dimension »Migration« hat an Aktualität gewonnen.

Ausgehend von der »Erklärung der Menschenrechte« der Vereinten Nationen von 1948, in der in Artikel 26 bereits das Recht auf Bildung für alle verankert wurde (Vereinte Nationen 1948), hat die UNESCO im Jahre 1990 in ihrer »World Declaration On Education For All« diesen Grundsatz noch einmal bekräftigt. Dabei werden die grundlegenden Lernbedürfnisse (basic learning needs) aller Personen als Bezugspunkt einer Bildung für alle in den Mittelpunkt gestellt. Bereits die UN-Kinderrechtskonvention von 1989 hat sich in Artikel 23 mit der »Förderung behinderter Kinder« befasst und die Zielsetzung einer »möglichst vollständigen sozialen Integration« proklamiert. Aber erst auf der UNESCO-Konferenz von Salamanca wurde eine Erklärung verabschiedet, die sich ausschließlich auf Kinder und Jugendliche mit besonderen Bedürfnissen bezieht und die Vertragsstaaten auffordert, inklusive Schulen zu entwickeln. Damit wird der Begriff »Inklusion« in den internationalen Bildungsdiskurs eingeführt, auch wenn dies in Deutschland durch die Übersetzung von inclusion mit »Integration« zunächst nicht wahrgenommen wird (Österreichische UNESCO-Kommission 1994).

Die »International Conference on Education« (ICE) in Genf im Jahre 2008 unter der Thematik »Inclusive Education: The Way of the Future« stellt schließlich in ihrer Abschlusserklärung die inklusive Bildung in den Mittelpunkt der Aktionsplans »Bildung für alle«. Bildung für alle kann demnach nur erreicht werden, wenn ein breiteres Konzept von inklusiver Bildung zugrunde gelegt wird. Inklusive Bildung hängt von daher eng mit der Qualität pädagogischer Angebote zusammen, die von einer Achtung der Vielfalt und der Unterschiedlichkeit von Bedürfnissen und Fähigkeiten ausgeht sowie alle Formen von Diskriminierung verhindert. Die Frühpädagogik wird in diesem Zusammenhang ebenfalls ausdrücklich einbezogen und ein Ausbau entsprechender inklusiver Programme gefordert. Die Deutsche UNESCO-Kommission hat daraufhin in einer Erklärung von 2009 auf die Bedeutung einer inklusiven frühkindlichen Bildung hingewiesen und damit die inklusive Bildung explizit auf den Elementarbereich ausgedehnt. Darauf wird in den »Leitlinien für die Bildungspolitik« zur Inklusion der UNESCO-Kommission erneut Bezug genommen (Deutsche UNESCO-Kommission 2010).

Die »Inklusion durch frühkindliche Bildung« ist somit eines der Hauptanliegen und Handlungsfelder der UNESCO als federführender Organisation einer inklusionsorientierten Bildungspolitik im globalen Maßstab. Auch die Europäische Kommission hat das Thema »Inclusion and Diversity« auf ihrer Agenda priorisiert und insbesondere angesichts steigender Flüchtlingsströme und der schockierenden Todesfälle im Mittelmeer Koordinierungsrunden und Netzwerke wie z.B. Sirius implementiert, in denen mit den Mitgliedern der Länder das Thema für Europa weiterentwickelt und Lösungen generiert werden sollen.

In Artikel 24 der UN-Behindertenrechtskonvention werden die Grundsätze inklusiver Bildung ausgeführt. Zunächst ist dabei die Gültigkeit des Rechts auf Bildung aller Menschen – auch mit Behinderung – herausgestellt. Daraus folgt, dass sie dieses Recht ohne Diskriminierung – z.B. auf Grund ihrer Herkunft, Religion oder Hautfarbe – und über die Herstellung von Chancengleichheit wahrnehmen können. Inklusive Bildung soll es allen ermöglichen, ihre Fähigkeiten und ihr Selbstwertgefühl zur vollen Entfaltung zu bringen. Letztlich zielen alle Maßnahmen und Angebote inklusiver Bildung auf die gesellschaftliche Teilhabe von Menschen mit Behinderung und/oder Migrationshintergrund und auf ein selbstbestimmtes Leben in Freiheit. Inklusive Bildung gewinnt dadurch eine lebenslaufbegleitende Funktion im Sinne des lifelong learning jedes Individuums.

Dies entspricht auch den vorausgegangenen Verlautbarungen der UNESCO zur »Bildung für alle« und zur inklusiven Bildung. In den »Leitlinien für die Bildungspolitik« der UNESCO zur Inklusion wird das bildungspolitische Programm konkretisiert, das die UN-Konvention fordert. In der Gesamtperspektive der politischen Umsetzung ist dabei zunächst der Akzent auf »systemweite« und »multisektorale« Entwicklungen gelegt (UNESCO 2010, S.14).

In den Empfehlungen zur Entwicklung eines inklusiven Bildungssystems werden in den Leitlinien die frühen Lern- und Entwicklungsprozesse besonders herausgestellt (ebd.). Auch die frühkindliche Förderung weit vor dem Schuleintritt gilt als wichtige Voraussetzung für eine inklusive Gesellschaft. Auf dieser Ebene des Bildungssystems wird gleichermaßen auf das zentrale Prinzip eines inklusiven Bildungssystems Bezug genommen: Nicht an das Kind ist die Forderung der Inklusion oder Integration heranzutragen, sondern die Bildungseinrichtung als System muss sich wandeln, denn:

> »Inklusive Bildung von hoher Qualität ist das beste Mittel, um zukünftigen Lerndefiziten unter Jugendlichen und Erwachsenen vorzubeugen« (ebd.).

Bei der Gestaltung eines inklusiven Bildungssystems sind außerdem die »angemessenen Vorkehrungen« für Kinder und Jugendliche mit Behinderung zu berücksichtigen, wie sie schon in Artikel 2 der UN-Konvention definiert werden. Es handelt sich dabei um »notwendige und geeignete Änderungen und Anpassungen, die keine unverhältnismäßige oder unbillige Belastung darstellen und die, wenn sie in einem bestimmten Fall erforderlich sind, vorgenommen werden, um zu gewährleisten, dass Menschen mit Behinderungen gleichberechtigt mit anderen alle Menschenrechte und Grundfreiheiten genießen oder ausüben können« (Artikel 2, UN-Behindertenrechtskonvention). Auch in Artikel 24 zum inklusiven Bildungssystem wird erneut auf die angemessenen Vorkehrungen hingewiesen, wobei die je individuelle Konkretisierung offenbleibt.

Auf nationaler Ebene hat das Bundesministerium für Arbeit und Soziales (BMAS) in Kooperation mit dem bzw. der Behindertenbeauftragten der Bundesregierung die Federführung für die Umsetzung der UN-Konvention in Deutschland übernommen. Der Nationale Aktionsplan (NAP) der Bundesregierung zur Umsetzung der UN-Konvention erkennt ebenfalls die Bedeutung von Kitas für die Entwicklung eines inklusiven Bildungssystems an (BMAS 2011) und weist in diesem Zusammenhang besonders auf den Ausbau der Angebote für Kinder unter drei Jahren hin, der selbstverständlich auch für Kinder mit Behinderung gelten soll (Heimlich & Behr 2008; Seitz & Korff 2008).

Desgleichen wurde ein Nationaler Aktionsplan zum Thema Migration und Integration entwickelt. Insbesondere werden darin Ziele zur Integration durch Bildung dargelegt und die Bedeutung der frühkindlichen Bildung mit dem Schwerpunkt sprachliche Bildung als Schlüssel zur Integration hervorgehoben (Nationaler Integrationsplan 2007, vgl. Presse- und Informationsamt der Bundesregierung 2007). Um die Ziele auch zu erreichen, wurde der Aktionsplan mit einer Vielzahl an Maßnahmen unterfüttert. Insbesondere die Bundesprogramme »Frühe Chancen« und »Schwerpunkt-Kitas Sprache & Integration« sind hier anzuführen.

2 Entwicklung inklusiver Kindertageseinrichtungen

Aus den bisher vorliegenden Erfahrungen in inklusiven Kitas lässt sich ableiten, dass es nicht nur darum geht, eine individuelle Förderung für das einzelne Kind zu ermöglichen, sondern auch um Veränderungen bezogen auf die unterschiedlichen Organisationsebenen der Kindertageseinrichtung und ihre kontextuelle und gesellschaftliche Einbettung. Die pädagogische Qualität in inklusiven Kitas gilt dabei als entscheidender Prüfstein erfolgreicher Inklusionsentwicklung und damit das Wohl des einzelnen Kindes und die Ermöglichung individueller Bildungs- und Lernprozesse. Diese Entwicklungsarbeit, die vom Team der frühpädagogischen Fachkräfte, den Eltern bzw. Familien und den Kindern gemeinsam geleistet wird, bleibt dabei jedoch zugleich an die einzelne Kita gebunden. Insofern wird die Inklusionsentwicklung im Elementarbereich am ehesten als Bottom-Up-Prozess wahrgenommen, ist jedoch ohne die entsprechende Ausrichtung des Trägers – unter anderem mittels einer entsprechenden Ausrichtung des Leitbildes an den Menschenrechten – und eine bildungspolitische Verankerung und Finanzierung nicht nachhaltig implementierbar.

Um das Ziel der Entwicklung einer inklusiven Kindertageseinrichtung zu erreichen, sollten alle Beteiligten (Kinder, Eltern, pädagogische Fachkräfte, Träger usw.) in einen gemeinsamen Veränderungsprozess der Kindertageseinrichtung als System eintreten. Entsprechend der gegebenen Einbettung von Kitas in das Gemeinwesen müssen einrichtungsspezifische Entwicklungsprozesse hin zu inklusiven Kitas angestoßen werden, mit denen ein standortbezogenes Profil einer inklusiven Frühpädagogik angestrebt wird. Den Ausgangspunkt bilden hier die Aufnahme der Kinder und ihre individuellen Bedürfnisse. Darauf aufbauend wird beim Veränderungsprozess die Kindertageseinrichtung als System verstanden (Dippelhofer-Stiem 1997). Die Entwicklung von inklusiven Kitas ist bezogen auf die jeweilige Einrichtung als Veränderungsprozess auf mehreren Ebenen zu verstehen. Anschaulich für die praktische Umsetzung wird dieses komplexe Wirkgefüge anhand eines ökologischen Mehrebenenmodell der Inklusionsentwicklung (Bronfenbrenner 1989; Heimlich 2003, 2013). Selbstverständlich ist diese Entwicklung kein Selbstläufer, sondern muss vielmehr von allen Beteiligten aktiv getragen und vorangetrieben werden. Für den hier vorliegenden Ansatz werden fünf Ebenen unterschieden:

1. die Kinder und ihre individuellen Bedürfnisse,
2. die gemeinsamen inklusiven Spiel- und Lernsituationen in der Gruppe,
3. das Team und die professionelle Performanz der Fachkräfte,
4. die Kindertageseinrichtung als Ganzes und ihre Einrichtungskonzeption,
5. die Vernetzung der Kindertageseinrichtung.

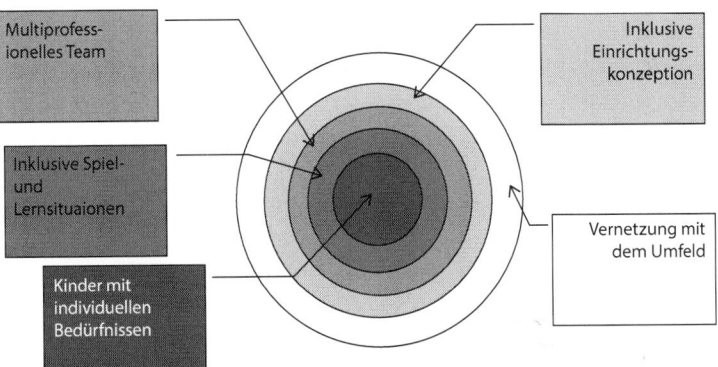

Abb. 1: Ökologisches Mehrebenenmodell der Inklusionsentwicklung in Kitas (Heimlich 2003, 2017)

Zudem ist das Mikrosystem Kindertageseinrichtung eingebettet in einen gesamtgesellschaftlichen und bildungspolitischen Kontext, der in Abbildung 1 durch den Rahmen dargestellt ist. Die Akteursgruppen wie zum Beispiel die Eltern, die Kinder und die frühpädagogischen Fachkräfte sind auf allen Ebenen implizit präsent, weil das tragende Element der Inklusionsentwicklung in Kitas die Interaktionen der Beteiligten ist. Dies geschieht, um ihrer Relevanz auf den verschiedenen Ebenen gerecht zu werden, und spiegelt sich in den einzelnen Fragestellungen des hier vorgestellten Leitfadens. Mit dem »Leitfaden für inklusive Kindertageseinrichtungen« ist die Absicht verbunden, ein praxisnahes Entwicklungsinstrument für Kitas zur Verfügung zu stellen. Im Folgenden werden die fünf Entwicklungsebenen vorgestellt und diesen Qualitätsstandards zugeordnet und mit Fragen zur Umsetzung versehen. Der Leitfaden soll ein möglichst schlankes Entwicklungsinstrument darstellen, das überschaubare und handhabbare Entwicklungsaufgaben beschreibt.

2.1 Ebene der Kinder mit individuellen Bedürfnissen

Im Mittelpunkt des inklusiven Entwicklungsprozesses stehen zunächst einmal die Kinder. Auf der *Ebene der Kinder mit individuellen Bedürfnissen* geht es unter inklusivem Aspekt darum, sich von der Zwei-Gruppen-Theorie (Behinderte – Nichtbehinderte oder Migranten – Einheimische) zu lösen. Im Sinne vielfältiger Heterogenitätsdimensionen kann im Gegensatz dazu davon ausgegangen werden, dass alle Kinder mehreren unterschiedlichen Gruppen angehören (Alter, Geschlecht, Migration, Behinderung usw.). Eine Reduzierung auf ein oder auch zwei Merkmale ist von daher mit den Grundsätzen inklusiver Bildung nicht mehr vereinbar. Gleichwohl gilt es, auch im Rahmen inklusiver Kitas sicherzustellen, dass die individuellen Bedürfnisse aller Kinder wahrgenommen und darauf bezogene Angebote sowie angemessene Vorkehrungen im pädagogischen Sinne vorgehalten werden. Intensive Gespräche mit den Eltern, aber auch eine individuelle Kind-Umfeld-Diagnostik sowie darauf aufbauende individuelle Förderangebote werden in inklusiven Kitas unverzichtbar sein. Sie beziehen sich allerdings nicht mehr nur auf Kinder mit Behinderung oder/und Migrationshintergrund, sondern auf alle Kinder. Unter dem Aspekt der Umfeldorientierung ist sicherzustellen, dass die jeweilige Lebenslage der Kinder im Entwicklungsprozess Berücksichtigung findet (Bezug zum Wegweiser Weiterbildung des DJI, 2013a: Handlungsfelder Kind, S. 82–94 und Eltern, S. 103–108).

2.2 Ebene der inklusiven Spiel- und Lernsituationen

Im Spiel begegnen sich Kinder mit ihren unterschiedlichen Interessen, Bedürfnissen und Fähigkeiten und konstruieren aus diesen heterogenen Voraussetzungen gemeinsame Spieltätigkeiten. Auf der *Ebene der inklusiven Spiel- und Lernsituationen* müssen pädagogische Fachkräfte geeignete Rahmenbedingungen (Spielmaterial, Raumgestaltung usw.) zur Verfügung stellen, um das gemeinsame Spiel zu fördern und zu intensivieren (Heimlich 1995, 2017; Ueffing 2007; Casey 2005). Dabei begeben sich frühpädagogische Fachkräfte durchaus als Mitspielerinnen und Mitspieler in die Spielsituation hinein. Insgesamt werden hier hohe Anforderungen an die pädagogische Performanz gestellt wie die Fähigkeit zur Spielbeobachtung und zur flexiblen Gestaltung spielpädagogischer Angebote (Heimlich 2015). Darüber hinaus ist durch geeignete Screeninginstrumente zum Beispiel zur Sprachentwicklung sicherzustellen, dass Entwicklungsrisiken und Lernprobleme rechtzeitig erkannt werden und somit Anschlussmöglichkeiten für vertiefende diagnostische und therapeutische Angebote entstehen. Frühpädagogische Fachkräfte sollten in Ergänzung zur Arbeit in der inklusiven Gruppe oder Kindertageseinrichtung die Möglichkeit haben, gegebenenfalls fachliche Unterstützung zu akquirieren (Bezug zum Wegweiser Weiterbildung des DJI, 2013a: Handlungsfeld Kind, Gruppe, Eltern, S. 82–108).

2.3   Ebene des multiprofessionellen Teams

Die Entwicklung von inklusiven Kitas erfordert die enge Zusammenarbeit aller Beteiligten. Das gilt insbesondere für die frühpädagogischen Fachkräfte. Auf der *Ebene der interdisziplinären Teamkooperation* sorgen sie für eine regelmäßige Reflexion bezogen auf die Arbeit in Kitas und bezogen auf die gruppeninterne oder gruppenübergreifende Koordination. Die gemeinsame Planung von inklusiven pädagogischen Angeboten und die Fallbesprechung sowie die Besprechung von Dilemmata als alltägliche Herausforderungen sind Beispiele für eine solche intensivierte Form der Teamkooperation, in die auch Fachkräfte anderer Professionen wie Heilpädagogik, Frühförderung, Psychologie sowie medizinische und therapeutische Spezialistinnen und Spezialisten einbezogen werden sollten (Heimlich & Jacobs 2007) (Bezug zum Wegweiser Weiterbildung des DJI, 2013a: Handlungsfeld Team, S. 109–114).

2.4   Ebene der inklusiven Einrichtungskonzeption

Inklusive Kitas werden erfahrungsgemäß über kurz oder lang ihr gesamtes pädagogisches Konzept unter das Leitbild der Inklusion stellen. Erst dann wird der entscheidende Schritt hin zu einer wirklich inklusiven Einrichtung vollzogen. Auf der *Ebene der inklusiven Einrichtungskonzeption* ist ein kontinuierlicher Prozess der Konzeptionsentwicklung in der Praxis unabdingbar. Bei jährlichen Klausurtagen des gesamten Teams der Einrichtung z. B. wird das pädagogische Konzept jeweils neu auf den Prüfstand gestellt und weiterentwickelt. Eine besondere Bedeutung kommt dabei den Leitungen von Kitas zu, die diesen Entwicklungsprozess immer wieder anregen sollten und auch nach außen gegenüber Eltern und Trägern vertreten. In inklusiven Kitas nehmen alle Beteiligten an diesem Prozess teil (Heimlich & Behr 2008, 2005) (Bezug zum Wegweiser Weiterbildung des DJI, 2013a: Handlungsfeld Einrichtung und Träger, S. 115–119).

2.5 Ebene der Vernetzung mit dem Umfeld

Inklusive Kitas können die tägliche pädagogische Arbeit nur bewältigen, wenn sie ihre externe Kooperation intensivieren. Auf der *Ebene der Vernetzung mit dem Umfeld* werden weitere Fachkräfte in die Arbeit der Einrichtung eingebunden. Als hilfreich hat sich der Aufbau eines regionalen Netzwerkes im Sinne eines *support system* erwiesen. Gute Kitas unterhalten vielfältige Beziehungen zum unmittelbaren Umfeld auch im Sinne einer Sozialraumorientierung (Tietze 1998; Honig u. a. 2004; Hinte 2009; Kobelt-Neuhaus & Refle 2013; Tietze & Viernickel 2016). Neben der Unterstützung durch den Träger – beispielsweise über die Fachberatung, organisatorisch-administrativen Service und Weiterbildungsangebote – sind insbesondere andere Bildungseinrichtungen wie Kinderkrippen, Horte und Grundschulen zu nennen. Darüber hinaus ist ebenso an Frühförderstellen, sonderpädagogische Förderzentren (SFZ) mit mobilen bzw. ambulanten heil- und sonderpädagogischen Förderangeboten, sozialpädiatrische Zentren (SPZ), Migrationssozialdienste, Jugendämter, traumatherapeutische und psychologische Angebote sowie weitere soziale Dienste im Sinne eines *koordinierten und vernetzten Angebotes* zu denken (Bezug zum Wegweiser Weiterbildung des DJI, 2013a: Handlungsfeld Einrichtung und Träger, S. 115–119 und Sozialraum/Kommune, S. 120–128, siehe dazu auch den »Kommunalen Index für Inklusion«, Montagsstiftung 2007).

Entscheidend für die praktische Umsetzung des Leitbildes Inklusion in Kitas insgesamt ist die *pädagogische Qualität* (Heimlich 2008a, 2008b, 2009). Nach vorliegenden Erfahrungen aus der Begleitforschung zu inklusiven Kitas kann davon ausgegangen werden, dass die pädagogische Qualität dieser Einrichtungen weiter entwickelt ist als die nicht-integrativer Einrichtungen (Kronberger Kreis für Qualitätsentwicklung in Kindertageseinrichtungen 2001; Störmer 2001; Kobelt-Neuhaus 2002; Heimlich & Behr 2005, 2008; Kreuzer 2006; Institut für Kinder- und Jugendhilfe 2007; Behr 2008; Jerg u. a. 2008, 2015; TÄKS 2009). Unumgänglich ist dazu allerdings die Mühe eines einrichtungsbezogenen Entwicklungsprozesses, in dem die »Schätze« der vorhandenen Erfahrung zur inklusiven Arbeit immer wieder gemeinsam von allen Beteiligten gehoben werden (Heimlich 2011; Ueffing 2007).

3 Qualitätsstandards in inklusiven Kindertageseinrichtungen

Nach dem quantitativen Ausbau der Kindertageseinrichtungen steht in Deutschland auch im Kontext der Implementierung eines Kita-Qualitätsgesetzes der qualitative Ausbau der Kindertageseinrichtungen bildungspolitisch im Fokus. Als Beitrag zu Qualität in Kitas dient der nationale Kriterienkatalog (vgl. Tietze, Viernickel et al. 2003), der zunächst sechs Kriterien umfasste – Räumliche Bedingungen, Erzieherin-Kind-Interaktion, Planung, Nutzung und Vielfalt von Material, Individualisierung sowie Partizipation – und in der überarbeiteten Fassung (Tietze, Viernickel et al. 2016, S. 38) bereits auf zwanzig Qualitätsbereiche erweitert wurde. Während der nationale Kriterienkatalog thematisch breit angelegt ist, wird im Leitfaden für inklusive Kindertageseinrichtungen der Fokus dezidiert auf Inklusion gelegt. Er bietet eine überschaubare Anzahl von Items zur Überprüfung und Weiterentwicklung der Qualität in Kitas, um den Praxistransfer zu erleichtern, die sich sowohl auf die Struktur wie auch die Prozessqualität in Kitas beziehen (vgl. Viernickel et al. 2015, S. 34 f). Ebenso wie sich der Leitfaden für inklusive Kindertageseinrichtungen als Ergänzung zu den WiFF Publikationen (vgl. DJI 2013a, 2013b) versteht, so ergänzt er den Nationalen Kriterienkatalog, indem er das Thema Inklusion weiter herunterbricht auf die Praxis in Kitas und die Interaktionsqualität der Fachkräfte. Er dient dem Qualitätsmanagement, indem er das Fachpersonal ausgehend von einer Problemlage bei der Überprüfung der Standards, der gemeinsamen Planung der Problemlösung – zum Beispiel bei der Konzeptentwicklung – bei der Suche nach Ressourcen und bei der praktischen Implementierung innovativer Handlungsschritte unterstützt:

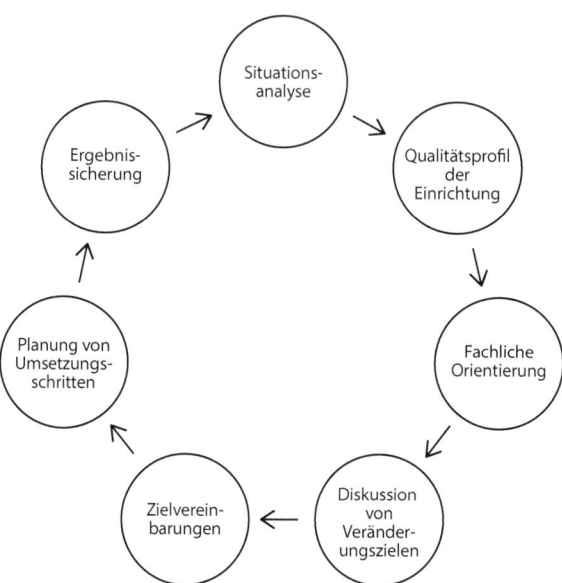

Abb. 2: Sieben-Schritte-Verfahren der Qualitätsentwicklung (vgl. Tietze, Viernickel et al. 2016, S. 50)

Dem Leitfaden für inklusiver Kindertageseinrichtungen liegt hinsichtlich der *pädagogischen Qualität* bezogen auf Kitas stets der Gedanke einer *inklusiven Qualität* zu Grunde, insofern als alle pädagogische Maßnahmen zu einem selbstbestimmten Leben in umfassender sozialer Teilhabe für alle Kinder beitragen sollen. Die inklusive Qualität bezieht sich also stets auf alle Kinder mit ihren individuellen Bedürfnissen und leitet von ihren Kompetenzen und Bedürfnissen die notwendigen Schritte in der Inklusionsentwicklung ab. Der Leitfaden hat zum Ziel, die inklusive Qualität von Kitas mit Hilfe von Qualitätsstandards zu beschreiben.

Als *Leitbild* oder Zielvorstellung der Qualitätsstandards fungiert die inklusive Kindertageseinrichtung. Der Entwicklung der Qualitätsstandards liegt folglich ein gemeinsames Verständnis von inklusiver Bildung zugrunde, wie es sich auch in der UN-Konvention über die Rechte von Menschen mit Behinderung darstellt.

> »Inklusive Bildung hängt ... eng mit der Qualität pädagogischer Angebote zusammen, die von einer Achtung vor der Vielfalt und der Unterschiedlichkeit von Bedürfnissen und Fähigkeiten ausgeht sowie alle Formen von Diskriminierung verhindert« (Heimlich 2013, S. 10).

Der Leitfaden für inklusive Kindertageseinrichtungen richtet sich allerdings nicht nur an Kinder mit Behinderung und deren Eltern, sondern zielt darüber hinaus darauf ab, dass alle Heterogenitätsdimensionen in die pädagogische Arbeit von Kitas wahrgenommen werden, also auch Migrationshintergrund, Geschlecht usf. Der Leitfaden folgt also einem weiten Inklusionsverständnis, das über die Gruppe der Kinder mit Behinderung deutlich hinausweist. Aus dem Leitbild der Inklusion folgt ebenfalls das Prinzip der Wohnortnähe pädagogischer Angebotsformen im Elementarbereich. In jedem Wohnort (bzw. Landkreis oder Stadtbezirk) von Kindern sollte eine inklusive Kindertageseinrichtung vorhanden sein. Die Erreichbarkeit der Einrichtung sollte mindestens mit öffentlichen Verkehrsmitteln gegeben sein. Auch die Einzelinklusion sollte jederzeit im Regelkindergarten möglich sein.

Eine inklusive Kindertageseinrichtung sollte auch stets eine *barrierefreie Einrichtung* sein. Alle Bereiche der Einrichtung sollten für alle Kinder ohne Hilfe zugänglich und erreichbar sein. Dies ist eine anspruchsvolle Zielsetzung, die nicht von allen Einrichtungen erfüllt werden kann, zumal bei älteren Gebäuden nicht, da Umbaumaßnahmen häufig nicht möglich sind oder nicht finanziert werden können. Im Sinne einer zukünftigen Zielvorstellung sollten jedoch alle neu errichteten Kitas das Kriterium der Barrierefreiheit erfüllen. In Bezug auf die Heterogenitätsdimension »Migration« ist Barrierefreiheit mit dem Terminus »*Niederschwelligkeit*« und »Zugangserleichterung« zu der Bildungseinrichtung »Kindertageseinrichtung« gleichzusetzen. Hierzu können zum Beispiel Informationen in der Erstsprache der Familien oder aufsuchende Tätigkeiten des Fachpersonals etwa in Asylbewerberunterkünften zählen, die einladend wirken und dem Erstkontakt zu Kindern und Familien dienen. In diesem Sinne kommt den o. g. Maßnahmen eine Schlüsselposition für den Zugang in Bildungseinrichtungen generell zu, da es sich um den ersten in einer langen Bildungsbiografie der Kinder handelt.

Inklusiven Qualitätsstandards sollte ein *gemeinsames Bild vom Kind* zugrunde liegen. Allerdings sollten diese anthropologischen und philosophischen Grundlagen der inklusiven Frühpädagogik zugleich offen für unterschiedliche Schwerpunktsetzungen in verschiedenen Einrichtungen sein. Insofern ist zunächst einmal bedeutsam wahrzunehmen, dass es unterschiedliche Vorstellungen von Kindern und Kindheit gibt. Pädagogische Fachkräfte in inklusiven Kitas oder Gruppen sollten sich ihrer je spezifischen Vorstellungen bewusst sein und diese sprachlich beschreiben können. Im Sinne einer *gemeinsamen Grundvorstellung* liegt den Standards die Annahme zugrunde, dass sich alle Kinder in aktiver Auseinandersetzung mit ihrem sozialen und kulturellen Umfeld entwickeln und dabei ihr eigenes Weltverständnis aufbauen sowie eigene Hypothesen und Muster, Handlungen, Sprache und vieles mehr in Kooperation mit anderen Kindern und Erwachsenen konstruieren.

> »Der soziale Konstruktivismus, der auf den Arbeiten Wygotskis aufbaut, teilt diese Auffassung, sieht jedoch den wesentlichen Faktor für die Konstruktion des Wissens in der sozialen Interaktion. Demnach lernen Kinder die Welt zu verstehen, indem sie sich mit anderen austauschen und Bedeutungen untereinander aushandeln. Dies impliziert auch, dass die geistige, sprachliche und soziale Entwicklung durch die soziale Interaktion mit anderen gefördert wird ...« (Fthenakis 2009, S. 6)

Dabei ist es unabdingbar, dass bei allen Kindern in Kindertageseinrichtungen auf die Erfüllung ihrer *Grundbedürfnisse* geachtet wird. Neben den physiologischen Grundbedürfnissen im Bereich Ernährung, Hygiene usf. ist hier vor allem an die Grundbedürfnisse nach sozialer Nähe, emotionaler Geborgenheit und selbstbestimmter Aktivität zu denken. Auf der Basis des Leitbildes Inklusion wird bezogen auf die folgenden Qualitätsstandards nicht mehr zwischen Kindern mit und ohne Behinderung und/oder Migrationshintergrund unterschieden, um der Gefahr der Zuschreibung, Etikettierung und Stigmatisierung mit ihren negativen Folgen von vornherein soweit wie möglich zu begegnen. Wenn also hier von Kindern mit individuellen Bedürfnissen gesprochen wird, so sind damit alle Kinder gemeint. Die inklusive Kindertageseinrichtung enthält zugleich das Prinzip, dass alle Kinder gemäß ihrer Kompetenzen und Bedürfnisse möglichst individuell gefördert werden. Damit ist keine separate Förderung außerhalb des Gruppenraumes gemeint, sondern vielmehr ein *inklusives Förderangebot*, das ebenfalls bei speziellen Schwerpunkten in den Gruppenalltag eingebunden bleibt und Separierung möglichst vollständig vermeidet (Prinzip der inklusiven Förderung). Auch Kleingruppenangebote sollten möglichst inklusiv ausgerichtet werden, d. h. Kinder mit unterschiedlichen Bedürfnissen einbeziehen (inklusive Kleingruppe). Dies trifft insbesondere auch auf die Sprachförderung zu.

Im Mittelpunkt des inklusiven Gruppengeschehens steht das *gemeinsame Spiel der Kinder*. Es zeichnet sich durch Selbstorganisation und Eigensteuerung sowie die eigene Fantasie der Kinder aus. Dabei wird die Verschiedenartigkeit der Kinder begrüßt und kreativ genutzt. Die Ziele des gemeinsamen Spiels sind so differenziert, dass alle Kinder teilhaben und etwas beitragen können. Es wird davon ausgegangen, dass Spielen und Lernen im Alter bis zum Schuleintritt noch weitgehend miteinander verbunden sind. Insofern werden intensive Lernprozesse im gemeinsamen Spiel nicht ausgeschlossen. Bildungs- und Erziehungsziele werden in inklusiven Kitas vorzugsweise über das gemeinsame Spielen und Lernen erreicht (vgl. Heimlich 1995, 2015, 2017).

Viele Kitas entwickeln derzeit *teiloffene oder vollkommen offene Strukturen*, bei denen gruppenübergreifend unterschiedliche Angebote im Tagesablauf von allen Kindern genutzt werden können. Die hier vorliegenden Qualitätsstandards beziehen sich auf inklusive Gruppen. Bei offenen und teiloffenen Einrichtungen beziehen sie sich auf die gesamte Einrichtung, da hier das inklusive Angebot nicht nur auf eine Gruppe beschränkt wird. Die Öffnung der Gruppen kann so auch eine mögliche Maßnahme auf dem Weg zur inklusiven Einrichtung sein. Durch die Öffnung der Gruppen wird das Inklusionskonzept auch in den anderen Gruppenräumen und in der gesamten Einrichtung zum festen Bestandteil.

Erfahrungen mit traumatisierten Kindern führen zu Einschätzungen, dass in der offenen Gruppenarbeit eine geringere Orientierung und zu geringe Bindungsmöglichkeiten für diese Zielgruppe bestehen. Daher sind spezielle Gruppenkonzepte stets mit Blick auf die Bedürfnisse der Kinder zu prüfen und sorgfältig vom Kita-Team abzuwägen.

Gerade in inklusiven Kitas arbeiten *Fachkräfte aus unterschiedlichen Professionen* in multiprofessionellen Teams zusammen. Wenn hier von pädagogischen Fachkräften die Rede ist, so sind damit vor allem Kindheitspädagoginnen, Erzieherinnen, Kinderpflegerinnen sowie Heil- und Sozialpädagoginnen gemeint. Pädagogische Fachkräfte verfügen also über eine entsprechende Ausbildung. Zusätzlich werden aber auch Hilfskräfte und Ehrenamtliche in inklusiven Kitas eingesetzt (z. B. Bundesfreiwilligendienst oder Vorlesepaten usf.). Darüber hinaus benötigte Kompetenzen werden in der Regel durch externe Fachkräfte etwa aus dem therapeutischen Bereich (z. B. Logopädinnen) in die Arbeit der Kindertageseinrichtungen eingebunden. Dies bedingt eine offene professionelle Haltung aller Mitglieder eines Kita-Teams. Diese entsprechende Haltung auf der individuellen, auf Team- und Leitungsebene beständig weiterzuentwickeln ist ein Prozess und eine ebensolche Herausforderung wie die Entwicklung des Leitbildes oder der *Einrichtungskonzeption*.

Inklusive Kitas unterhalten vielfältige externe Kooperationsbeziehungen und pflegen eine *externe Vernetzung*. So können z. B. diagnostische Serviceleistungen in inklusiven Kitas erforderlich sein. Es kann sich sowohl um psychologische, kinderpsychiatrische, medizinische als auch um logopädische Diagnostik handeln. Zu nennen sind hier sowohl die Sozialpädiatrischen Zentren als auch das Diagnoseangebot der Frühförderstellen und der Kinder- und Jugendpsychiatrischen Kliniken. Migrationssozialdienste können gegebenenfalls Hilfe bei Übersetzungen beisteuern, oder auch bei der Wohnungssuche für Familien unterstützen. Als externe pädagogische Institutionen werden hier vor allem die Frühförderstellen und die mobilen sonderpädagogischen Hilfen (msH) der Sonderpädagogischen Förderzentren aufgefasst. Eine enge Kooperation ist hier unerlässlich. Vorzugsweise finden auch diese Förderangebote eingebettet in den Gruppenalltag statt und nicht als externes Angebot außerhalb des Gruppenraumes (Prinzip der inklusiven Förderung). Bei Bedarf kann auch eine Zusammenarbeit mit sozialen Diensten erforderlich sein. Hier ist vor allem an den Allgemeinen Städtischen Sozialdienst (ASD) der Jugend- und Landratsämter zu denken, die zum Beispiel den Aufenthaltsstatus eines Kindes und der Familie kennen und bei Bedarf auch familienbezogene Hilfen in Ergänzung zur Arbeit der Kindertageseinrichtung anbieten können. Mit Fachdiensten sind (z. B. Fachdienst Frühförderung) koordinierende und übergreifende Beratungsangebote gemeint, die die Unterstützung der inklusiven Kindertageseinrichtungen im Diagnose-Förderbereich regional abstimmen.

Im Überblick ergeben sich auf den vorgestellten Entwicklungsebenen die folgenden Qualitätsstandards, wie sie in der Kurzform des Leitfadens enthalten sind.

Tab. 1: Kurzform des Leitfadens (Check-Liste)

Nr.	Qualitätsstandard	☐
1. Ebene der Kinder mit individuellen Bedürfnissen		
1.1	Bei Einschreibung neuer Kinder findet für jede Familie ein Einführungsgespräch und ein Hausrundgang statt. Zudem gibt es vor der offiziellen Anmeldung einen Informationsabend für alle neuen Eltern.	
1.2	In einem Gespräch mit den Eltern, der Leitung der Kindertageseinrichtung und der heilpädagogischen bzw. sozialpädagogischen Fachkraft wird die bisherige Entwicklung der Kinder erörtert.	
1.3	Alle Kinder sind in das Gruppengeschehen mit einbezogen.	
1.4	Die inklusive Gruppe bietet individuelle Fördermöglichkeiten für alle Kinder an.	
1.5	Kindergarten und Grundschulen bzw. Horte kooperieren miteinander.	
2. Ebene der inklusiven Spiel- und Lernsituationen		
2.1	Die Spiel- und Lernsituationen sind für alle Kinder zugänglich.	
2.2	Der Tagesablauf entspricht den Grundbedürfnissen aller Kinder, ruhige und aktive Phasen wechseln sich entsprechend der Bedürfnisse aller Kinder ab.	
2.3	Die Spiel- und Lernmaterialien der inklusiven Gruppe sind für alle Kinder zugänglich.	

Tab. 1: Kurzform des Leitfadens (Check-Liste) – Fortsetzung

Nr.	Qualitätsstandard	☐
2.4	Die pädagogischen Fachkräfte der inklusiven Gruppe planen die Themen und Inhalte für die Gruppenarbeit und bieten ausreichend Zeit, Raum und Material zum gemeinsamen Spiel.	
2.5	Allen Kindern stehen entsprechend ihren individuellen Förderbedürfnissen therapeutische Angebote in der Kindertageseinrichtung zur Verfügung.	
3. Ebene des multiprofessionellen Teams		
3.1	Die inklusive Gruppe/Einrichtung verfügt zusätzlich zur Grundausstattung entsprechend der Öffnungszeit über eine heil- bzw. sozialpädagogische Fachkraft.	
3.2	Die Leitung der Kindertageseinrichtung identifiziert sich mit dem Leitbild Inklusion.	
3.3	Durch tägliche Absprachen zwischen den pädagogischen Fachkräften findet ein kontinuierlicher Austausch statt. Einmal pro Monat findet eine Mitarbeiterbesprechung für alle statt, in der die Umsetzung der Inklusion zum Thema gemacht wird.	
3.4	Das Team der inklusive Gruppe reflektiert in der wöchentlichen Teamsitzung die inklusive Gruppenarbeit und bringen ihre Fachkompetenzen sowie ihre Ressourcen ein.	
3.5	In der Einrichtung ist ausreichend Fachliteratur zu den Grundlagen inklusiver Pädagogik vorhanden. Für jede pädagogische Fachkraft ist mindestens einmal im Jahr eine Fortbildung zum Thema Inklusion möglich.	
4. Ebene der inklusiven Einrichtungskonzeption		
4.1	Die Inneneinrichtung entspricht der Regelausstattung (für 2 Gruppen: 2 Gruppenräume sowie Nebenraum). Die Einbeziehung aller Kinder ist gewährleistet.	
4.2	Die Größe des Gartens ist an die Anzahl der Kinder angepasst und bietet allen Kindern aller Gruppen vielfältige Bewegungsmöglichkeiten. Die Bepflanzung des Gartens ist so gestaltet, dass der Wechsel der Jahreszeiten zu beobachten ist.	
4.3	Alle Räume können von Kindern, Mitarbeitern/-innen und Besuchern/-innen selbstständig erreicht werden.	
4.4	Das Konzept der inklusiven Kindertageseinrichtung enthält eine Stellungnahme zum Inklusionsverständnis in der Einrichtung, Informationen zu den Rahmenbedingungen und ist ansprechend sowie leicht verständlich gestaltet.	
4.5	Die Arbeit am Leitbild Inklusion ist ein gemeinsames Anliegen der pädagogischen Fachkräfte und der Eltern.	

Tab. 1: Kurzform des Leitfadens (Check-Liste) – Fortsetzung

Nr.	Qualitätsstandard	☐
5. Ebene der Vernetzung mit dem Umfeld		
5.1	Der Einrichtung sind die zuständigen Fachberater/-innen bekannt. Bei Bedarf kann jederzeit eine Fachberatung angefordert werden.	
5.2	Der Einrichtung sind die zuständigen externen Fachdienste bekannt.	
5.3	Die Kindertageseinrichtung kennt und nutzt die Ressourcen des Gemeinwesens und ist über die örtlichen Institutionen informiert.	
5.4	Die Eltern aller Kinder können jederzeit mit den pädagogischen Fachkräften der inklusiven Gruppe Kontakt aufnehmen (z. B. in Tür- und Angelgesprächen).	
5.5	Der Träger unterstützt die Einrichtung bei der Arbeit am Leitbild Inklusion.	

Die ausführliche Version des »Leitfadens für inklusive Kindertageseinrichtungen« steht als kostenloser Download auf der Homepage der »Weiterbildungsinitiative Frühpädagogische Fachkräfte (WiFF)« zur Verfügung (URL: https://www.weiterbildungsinitiative.de/publikationen/details/data/leitfaden-fuer-inklusive-kindertageseinrichtungen/?L=0, aufgerufen am 14.02.2019).

4 Praxishilfen zur Implementierung des Leitfadens

Den konzeptionellen Rahmen für die Entwicklung der Qualitätsstandards bildet das *ökologische Mehrebenenmodell der Inklusionsentwicklung* (vgl. Heimlich 2003, 2013). Auf diesen Ebenen sollen die *Qualitätsstandards* zu ausgewählten Schwerpunkten der Inklusionsentwicklung die Beschreibung einer minimalen inklusiven Qualität liefern. Ausgehend von diesen Minimalstandards sind also weitere Entwicklungen im Bereich der inklusiven Qualität möglich. Die Qualitätsstandards und Leitfragen des Leitfadens sollen Anregungen und Orientierungshilfen für die Entwicklung inklusiver Kitas bieten. Dabei ist nicht davon auszugehen, dass alle Qualitätsstandards und alle Ebenen der Entwicklung gleichzeitig angegangen werden. Erfahrungsgemäß stehen zu Beginn der Entwicklung inklusiver Kitas die Kinder mit ihren individuellen Bedürfnissen im Mittelpunkt. Zunächst ist die Frage zu klären, inwieweit auf die spezifischen Bedürfnisse aller Kinder eingegangen werden kann und ob man diesen gerecht wird. Im Mittelpunkt der alltäglichen Arbeit stehen sodann sicher die inklusiven Spiel- und Lernsituationen in der Gruppe. Hier werden frühpädagogische Fachkräfte täglich gefordert, entsprechende Angebote bereit zu halten, die allen Kindern eine Teilhabe ermöglichen und ihre Interaktionsqualität stetig zu überprüfen. Die Teamarbeit ist erfahrungsgemäß in Kitas sehr gut entwickelt. Teamentwicklung wird darüber hinaus auch intensiv gepflegt. Inwieweit von vornherein die gesamte Einrichtung in den inklusiven Entwicklungsprozess einbezogen werden kann, wird von Einrichtung zu Einrichtung unterschiedlich beantwortet. Auch die Vernetzung mit dem Umfeld ist in Kitas unterschiedlich entwickelt. In jedem Fall gilt, dass das jeweilige Einrichtungsteam eigene Entwicklungsschwerpunkte setzen und sich selbst überschaubare Entwicklungsaufgaben stellen sollte. Der Prozess der Entwicklung von inklusiven Kitas wird in der Regel mehrere Jahre erfordern.

Um diesen Prozess weiter zu unterstützen und die Bedarfe von Kindertageseinrichtungen und die des Fachpersonals zu respektieren, wurde der Leitfaden für inklusive Kindertageseinrichtungen in zwei Durchgängen von Kindertageseinrichtungen erprobt und evaluiert. Als Ergebnis konnte festgehalten werden, dass die Zeit – insbesondere angesichts des großen Fachkräftemangels – eine durchgängige Herausforderung darstellt. Daher wurde dies im Leitfaden mittels konkreter Handreichungen für die Praxis berücksichtigt. Sie dienen als Kopiervorlagen, um eine Beteiligung aller Teammitglieder und die Dokumentation des Entwicklungsprozesses hin zur inklusiven Einrichtung zu erleichtern. Die Handreichungen umfassen die folgenden Module:

- Literaturempfehlungen und weiterführende Literatur
- ein Glossar
- eine Handreichung zum Arbeiten mit dem Leitfaden
- eine Kurzform des Leitfadens als Check-Liste
- eine Kopiervorlage »Qualitätsstandard – Ist-Stand«
- sowie die Kopiervorlagen
- »Profilentwicklung der Einrichtung«
- Kopiervorlage »Eigene Vernetzung«
- und Hinweise auf Screeninginstrumente.

5 Ausblick

Intention des Leitfadens für inklusive Kindertageseinrichtungen liegt auf der Verbesserung der Qualität inklusiver Kindertageseinrichtungen und damit im Bereich des Empowerments von Fachkräften. Dabei wendet sich die Expertise der WiFF nicht nur direkt an Leitungen und Kita-Teams, sondern adressiert gleichermaßen die Aus-, Fort- und Weiterbildung von Fachkräften (vgl Bock-Famulla & Lange 2011) und kann zum Beispiel mittels *problem based learning* oder *Fallarbeit* auch in die Ausbildung zukünftiger Fachkräfte einfließen (vgl Haude & Volk 2015). Zudem dient der Leitfaden für inklusive Kindertageseinrichtungen Trägern und Trägervertretern, Fachberatungen und Fortbildenden als Ankerpunkt und Referenz für Qualitätsinitiativen auch im Sinne der Verbesserung der Strukturqualität in Kitas. Es ist die Intention des Leitfadens für inklusive Kindertageseinrichtungen, Fachpersonal auf unterschiedlichen Ebenen dabei zu unterstützen, die Dichotomie zwischen Theorie und Praxis (vgl. Ueffing 2007) oder der Pädagogik als Wissenschaft und Handwerk zu schließen – Inklusion zu ermöglichen und (er)lebbar zu gestalten

Literatur

Albers, Timm (2011): Mittendrin statt nur dabei. Inklusion in Krippe und Kindergarten. München.

Behr, Isabel (2008): Aspekte inklusiver Qualität in Kindertageseinrichtungen aus Sicht 4- bis 6-jähriger Kinder mit und ohne besondere Bedürfnisse – eine Pilotstudie. Berlin.

Bock-Famulla, Kathrin & Lange, Jens (2011): Länderreport Frühkindliche Bildungssysteme 2011. Transparenz schaffen – Governance stärken. Gütersloh.

Bronfenbrenner, Urie (1989): Die Ökologie der menschlichen Entwicklung. Natürliche und geplante Experimente. Frankfurt am Main.

Bundesministerium für Arbeit und Soziales (BMAS) (2011b): Unser Weg in eine inklusive Gesellschaft. Der Nationale Aktionsplan der Bundesregierung zur Umsetzung der UN-Behindertenrechts-konvention. Berlin.

Bundesministerium für Familie, Senioren, Frauen und Jugend (BMFSFJ) (o.J.) Bundesprogramm »Schwerpunkt-Kitas Sprache & Integration«. URL: http://sprach-kitas.fruehe-chancen.de/programm/ueber-das-programm/rueckschau-schwerpunkt-kitas/. Zugriff: 29.08.2017.

Casey, Theresa (2005): Inclusive Play. Practical Strategies in Working with Children aged 3 to 8. London.

Deutsches Jugendinstitut e.V. (DJI) (Hrsg.) (2013a): Inklusion – Kinder mit Behinderung. Grundlagen für die kompetenzorientierte Weiterbildung. Ein Wegweiser der Weiterbildungsinitiative Frühpädagogische Fachkräfte (WiFF). München.

Deutsches Jugendinstitut e.V. (DJI) (Hrsg.) (2013b): Inklusion – Kulturelle Heterogenität in Kindertageseinrichtungen. Grundlagen für die kompetenzorientierte Weiterbildung. Ein Wegweiser der Weiterbildungsinitiative Frühpädagogische Fachkräfte (WiFF). München.

Deutsche UNESCO-Kommission (Hrsg.) (2010): Inklusion: Leitlinien für die Bildungspolitik. Bonn (URL: http://www.lebenshilfe-nds.de/wData/downloads/Anlagen-Infodienst/Infodienst-12-2010/Infodienst-12-2010-Anlage-5-UNESCO.pdf?listLink=1, letzter Aufruf: 16.08.2018).

Dippelhofer-Stiem, Barbara & Wolf, Bernhard (Hrsg.) (1997): Ökologie des Kindergartens. Weinheim/München.

Fthenakis, Vassilis (2009): Bildung neu definieren und hohe Bildungsqualität von Anfang an sichern. Ein Plädoyer für die Stärkung von prozessualer Qualität, Teil 2. in: Betrifft Kinder, Das Praxisjournal für Erzieherinnen, Eltern und Grundschullehrerinnen heute. Berlin. Verlag das Netz. Heft 3/2009 S. 6–10.

Haude, Christin & Volk, Sabrina (Hrsg.) (2015): Diversity Education in der Ausbildung frühpädagogischer Fachkräfte. Weinheim u. Basel.

Heimlich, Ulrich (1995): Behinderte und nichtbehinderte Kinder spielen gemeinsam. Konzept und Praxis integrativer Spielförderung. Bad Heilbrunn.

Heimlich, Ulrich (2003): Integrative Pädagogik. Eine Einführung. Stuttgart u. a.

Heimlich, Ulrich (2008a): Qualität. In: Lingenauber, Sabine (Hrsg.): Handlexikon der Integrationspädagogik. Bd. 1: Kindertageseinrichtungen. Bochum/Freiburg, S. 168–172.

Heimlich, Ulrich (2008b): Modellversuche. In: Lingenauber, Sabine (Hrsg.): Handlexikon der Integrationspädagogik. Bd. 1: Kindertageseinrichtungen. Bochum/Freiburg, S. 151–155.

Heimlich, Ulrich (2009): Inklusion und Qualitätsentwicklung – eine Aufgabe für alle Kindertageseinrichtungen. Studienbrief für die Fachhochschule Fulda: BA-Online-Studiengang Inklusive Frühkindliche Bildung, Modul 15 (Qualitätsentwicklung und -management). Fulda.

Heimlich, Ulrich (2011): Inklusion in Kindertageseinrichtungen – eine Frage der Qualität. In: Frühe Kindheit 14. Jg., H. 6, S. 25–27.

Heimlich, Ulrich (2013): Kinder mit Behinderung. Anforderungen an eine inklusive Frühpädagogik. WiFF Expertisen, Band 33. München (kostenloser Download unter: www.weiterbildungsinitiative.de/publikationen).

Heimlich, Ulrich (2015): Einführung in die Spielpädagogik. Eine Orientierungshilfe für sozial-, schul- und heilpädagogische Arbeitsfelder. 3. Auflage. Bad Heilbrunn.

Heimlich, Ulrich (2017): Das Spiel mit Gleichaltrigen in Kindertageseinrichtungen. Teilhabechancen für Kinder mit Behinderung. Weiterbildungsinitiative Frühpädagogische Fachkräfte. WiFF Expertisen, Band 49. München (kostenloser Download unter: www.weiterbildungsinitiative.de/publikationen).

Heimlich, Ulrich & Behr, Isabel (2005): Integrative Qualität im Dialog entwickeln. Auf dem Weg zur inklusiven Kindertageseinrichtung. Reihe: Integrative Förderung in Forschung und Praxis, Band 1, hrsg. v. Ulrich Heimlich. Münster

Heimlich, Ulrich & Behr, Isabel (2008): Qualitätsstandards in integrativen Kinderkrippen (QUINK) – Ergebnisse eines Begleitforschungsprojektes. In: Vierteljahresschrift für Heilpädagogik und ihre Nachbargebiete (VHN), 77. Jg., H. 4, S. 301–316.

Heimlich, Ulrich & Behr, Isabel (2009): Inklusion in Kindertageseinrichtungen. Internationale Perspektiven. Reihe: Integrative Förderung in Forschung und Praxis, Band 4, hrsg. v. Ulrich Heimlich. Münster.

Heimlich, Ulrich & Jacobs, Sven (2007): Kooperation. In: Bundschuh, Konrad; Heimlich, Ulrich & Krawitz, Rudi (Hrsg.): Wörterbuch Heilpädagogik. 3. Auflage. Bad Heilbrunn, S. 167–170.

Heimlich, Ulrich & Ueffing, Claudia M. (2018): Leitfaden für inklusive Kindertageseinrichtungen. WiFF-Expertisen, Band 51. München (URL: https://www.weiterbildungsinitiative.de/publikationen/details/data/leitfaden-fuer-inklusive-kindertageseinrichtungen/?L=0, aufgerufen am 14.02.2019).

Hinte, Wolfgang (2009): Eigensinn und Lebensraum – zum Stand der Diskussion um das Konzept »Sozialraumorientierung«. In: Vierteljahresschrift für Heilpädagogik und ihre Nachbargebiete (VHN), 78. Jg., H. 1, S. 20–33.

Honig, Michael-Sebastian; Joos, Magdalena & Schreiber, Norbert (2004): Was ist ein guter Kindergarten? Theoretische und empirische Analysen zum Qualitätsbegriff in der Pädagogik. Weinheim/München.

Institut für Kinder- und Jugendhilfe (Hrsg.) (2007): QUINT. Integrative Prozesse in Kitas qualitativ begleiten. Kronach (mit CD).

Jerg, Jo; Schumann, Werner & Thalheim, Stephan (2008): IQUA – Inklusion im Kindergarten: Qualität durch Qualifikation. Reutlingen.

Jerg, Jo; Schumann, Werner & Thalheim, Stephan (Hrsg.) (2015): Vielfalt gemeinsam gestalten. Inklusion in Kindertageseinrichtungen und Kommunen. Erfahrungen und Erkenntnisse aus dem Projekt IQUAnet. 2. Aufl. Reutlingen.

Kobelt Neuhaus, Daniela (2002): Gemeinsame Erziehung von Kindern mit und ohne Behinderung in Tageseinrichtungen – Qualitätsmerkmale von Einzelintegration aus Elternsicht. In: Gemeinsam leben, 10. Jg., H. 2, S. 54–61.

Kobelt Neuhaus, Daniela & Refle, Günter (2013): Inklusive Vernetzung von Kindertageseinrichtung und Sozialraum. WiFF-Expertisen, Band 37. München.

König, Anke & Friederich, Tina (Hrsg.) (2014): Inklusion durch sprachliche Bildung. Neue Herausforderungen im Bildungssystem. Weinheim/Basel.

Kreuzer, Max (2006): Pädagogische Qualität von integrativen Kindergärten. Einschätzungen und Anregungen. In: Gemeinsam leben, 14. Jg., S. 132–140.

Kreuzer, Max & Ytterhus, Borgunn (Hrsg.) (2011): »Dabeisein ist nicht alles.« Inklusion und Zusammenleben im Kindergarten. 2. Auflage. München.

Kron, Maria; Papke, Birgit & Windisch, Marcus (2010): Zusammen aufwachsen. Schritte zur frühen inklusiven Bildung und Erziehung. Bad Heilbrunn.

Kronberger Kreis für Qualitätsentwicklung in Kindertageseinrichtungen (2001): Qualität im Dialog entwickeln. Wie Kindertageseinrichtungen besser werden. 3. Auflage. Seelze.

Montag Stiftung Jugend und Gesellschaft (2007): Kommunaler Index für Inklusion. Arbeitsbuch. Hrsg. v. Montag Stiftung Jugend und Gesellschaft. Bonn.

Prengel, Annedore (1995): Pädagogik der Vielfalt. Verschiedenheit, Gleichberechtigung in Interkultureller, Feministischer und Integrativer Pädagogik. 2. Auflage. Opladen.

Presse- und Informationsamt der Bundesregierung (Hrsg.) (2007): Der Nationale Integrationsplan. Neue Wege – Neue Chancen. Berlin.

Österreichische UNESCO-Kommission (Hrsg.) (1996): Pädagogik für besondere Bedürfnisse. Die Salamanca-Erklärung und der Aktionsrahmen zur Pädagogik für besondere Bedürfnisse. Wien.

Sarimski, Klaus (2011): Behinderte Kinder in inklusiven Kindertagesstätten. Entwicklung und Bildung in der Frühen Kindheit. Stuttgart.

Seitz, Simone & Korff, Natascha (2008): Modellprojekt Förderung von Kindern mit Behinderungen unter drei Jahren in Kindertageseinrichtungen. Abschlussbericht. Bremen.

Störmer, Norbert (2001): Wann ist eine »Kindertageseinrichtung für alle Kinder« eine »gute« Einrichtung. In: Gemeinsam leben, 9. Jg., H. 4, S. 148–152.
TÄKS e. V. (Hrsg.) (2009): In der Vielfalt liegt ein Zauber. Integrationspädagogik in Krippe, Kita und Hort. Berlin.
Tietze, Wolfgang (Hrsg.) (1998): Wie gut sind unsere Kindergärten? Eine Untersuchung zur pädagogischen Qualität in deutschen Kindergärten. Neuwied u. a.
Tietze, Wolfgang & Viernickel, Susanne (Hrsg.) (2003): Pädagogische Qualität in Tageseinrichtungen für Kinder. Ein nationaler Kriterienkatalog. Weinheim u. Basel.
Tietze W. & Viernickel, S. (Hrsg.). (2016): Pädagogische Qualität in Tageseinrichtungen für Kinder. Ein Nationaler Kriterienkatalog. Pädagogische Qualität in Tageseinrichtungen für Kinder. Weimar/Berlin.
Ueffing, Claudia (2007): Pädagogik der frühen Kindheit im Kontext von Migration – Theoretische Grundlagen und erzieherische Praxis. Die Sicherung des Theorie-Praxis-Transfers dargelegt am Beispiel der kommunalen Kindertageseinrichtungen in München. Berlin.
Vereinte Nationen (UN) (2009): Übereinkommen über die Rechte von Menschen mit Behinderungen (zwischen Deutschland, Liechtenstein, Österreich und der Schweiz abgestimmte Übersetzung) (URL: https://www.behindertenrechtskonvention.info/uebereinkommen-ueber-die-rechte-von-menschen-mit-behinderungen-3101/, aufgerufen am 17.07.2018).
Vereinte Nationen (UN) (1989): Übereinkommen über die Rechte des Kindes (Convention on the Rights of the Child, CRC) (Übersetzung) (URL: https://www.kinderrechtskonvention.info/uebereinkommen-ueber-die-rechte-des-kindes-370/; aufgerufen am 17.07.2018).
Vereinte Nationen (UN) (1948): Die Allgemeine Erklärung der Menschenrechte (URL: https://www.ohchr.org/EN/UDHR/Pages/Language.aspx?LangID=ger, aufgerufen am 14.02.2019).
Viernickel, Susanne; Fuchs-Rechlin, Kirsten; Strehmel, Petra; Preissing, Christa & Bensel, Joachim et al. (2015): Qualität für alle. Wissenschaftlich begründete Standards für die Kindertagesbetreuung. Freiburg.

»Inklusive Vernetzung«. Kindertageseinrichtungen im Sozialraum

Daniela Kobelt Neuhaus

1 Einleitung

Die Grundlage für diesen Text bildet eine Publikation im Rahmen der Wiff-Expertisen, welche sich insbesondere mit der Ausgestaltung von inklusiven Sozialräumen befasste (Kobelt Neuhaus & Refle 2013).

1.1 Kindertageseinrichtung – Auftrag und Bedeutung

Kindertageseinrichtungen sind als Teil der Kinder- und Jugendhilfe den Zielen und der Grundorientierung des Kinder- und Jugendhilfegesetzes verpflichtet. (Kap. 1, SGB VIII, §§ 1 bis 10). Damit richten sie sich ausnahmslos an alle Kinder, die in Deutschland leben. Die besonderen Aufgaben der Kindertageseinrichtungen werden in den §§ 22 und 24 SGB VIII beschrieben. Zentraler Auftrag der Kindertageseinrichtung ist die Betreuung, Bildung und Erziehung der Kinder. Diese »Aufgabentrias« wird als ein Prozess verstanden, der in Zusammenarbeit mit den Familien der Kinder zu gestalten ist.

Mit dem Kinder- und Jugendhilfegesetz (SGB VIII) hat der Bund einen deutschlandweit einheitlichen gesetzlichen Rahmen für die Bildung, Betreuung und Erziehung von Kindern in Tageseinrichtungen und in Kindertagespflege geschaffen. Die Ausgestaltung und Konkretisierung erfolgt für jedes Bundesland auf länderrechtlicher Ebene. Sie ist die Basis für die Bildungsprogramme bzw. Erziehungs- oder Orientierungspläne auf Landesebene, die auf eine Weiterentwicklung der Praxis abzielen. Auch wenn diese Programme und Pläne der Länder in Umfang, Ausgestaltung und Darstellung sehr unterscheiden, sind Inklusion und Partizipation durch die verbindliche Grundlage des KJHG ein gemeinsames Thema. Die Qualität der Umsetzung ist nicht vorgegeben, aber Kindertageseinrichtungen sind verpflichtet, den pädagogischen Alltag in enger Zusammenarbeit mit den Erziehungsberechtigten und unter Berücksichtigung des Lebensumfeldes der Kinder zu gestalten. Sie sollen die Bedürfnisse *aller* Kinder in einem bestimmten Lebensalter unbesehen von Familienherkunft, -form und struktur wahrnehmen und durch familienergänzende Angebote aufgreifen. Ihr Leistungsangebot – im Rahmen ihrer Ressourcen – ist so zu gestalten, dass Familien entlastet und unterstützt sowie ihre Selbstwirksamkeit und ihr Selbstbewusstsein zum Wohle der Kinder gestärkt werden.

> Mit dem Gute-KiTa-Gesetz unterstützt der Bund seit dem 1. Januar 2019 die Länder bei der Verbesserung der Kita-Qualität. Möglich sind Maßnahmen in zehn Handlungsfeldern, beispielsweise zur Schaffung eines bedarfsgerechten Angebotes, zur Ermöglichung einer inklusiven Förderung aller Kinder, zur bedarfsgerechten Ausweitung der Öffnungszeiten und eines guten Fachkraft-Kind-Schlüssels, zur Qualifizierung von Fachkräften oder zur Stärkung von Kita-Leitungen. Neben Maßnahmen zur Weiterentwicklung der Qualität kann auch die Teilhabe durch eine Entlastung der Eltern bei den Gebühren verbessert werden. Damit das Geld dort ankommt, wo es gebraucht wird, schließen Bund und Länder individuelle Veträge, aus denen hervorgeht, mit welchen Handlungskonzepten sie für die Qualitätsverbesserung und zur Verbesserung der Teilhabe in der Kindesbetreuung eintreten wollen.

Die Autorengruppe Bildungsberichterstattung (2018, S. 4ff) stellt fest, dass die Heterogenität in Kindertageseinrichtungen zunimmt. Neben einem gesellschaftlichen Trend hin zur Höherqualifizierung nehmen Kinder und Familien die Kindertagesbetreuung zahlreicher und früher in Anspruch. Der Schwerpunkt von Inklusionsbemühungen hat sich durch die Zuwanderungswelle von Schutz- und Asylsuchenden in den Jahren 2015 und 2016 auf kultursensitive Ansätze verschoben. Die Anzahl der Kinder, die zu Hause nicht Deutsch sprechen steigt, ebenso die Zahl der Kinder, die bereits früh Eingliederungshilfe benötigen. Der Bedarf an qualifizierten Fachkräften in Kindertageseinrichtungen ist enorm gestiegen, wird aber je nach Bundesland unterschiedlich beantwortet. Würden sich alle Länder tendenziell an den fachlichen Empfehlungen orientieren, müssten bis 2025 mindestens 270.000 Fachkräfte neu eingestellt werden. Wenn das Gute-KiTa-Gesetz wirklich zur Qualitätssicherung von Kindertageseinrichtungen beitragen soll, dann wäre Inklusion ein vordringliches Thema. Die Bereitstellung von Sprachkitas und Handlungsleitfäden für vorurteilsbewusste Pädagogik oder von beitragsfreien Kindertageseinrichtungen sind nur eine Seite der dringend notwendigen Maßnahmen. Die andere Seite ist die Überwindung von Zuständigkeiten.

1.2 Inklusion

Sowohl in der Praxis der Betreuung, Bildung und Erziehung als auch bei Trägern und Politikern wird der früher verwendete Begriff Integration, vielfach ohne Haltung und Inhalt zu verändern, durch Inklusion ersetzt. Es wird ignoriert, dass Integration darauf zielt, vormals Getrenntes wieder zu vereinen, Inklusion hingegen davon ausgeht, Vielfalt von Anfang an wertzuschätzen und als Regel zu respektieren. Grundlage der Inklusion ist die Selbstverständlichkeit, dass Menschen verschieden sind an Herkunft, Haltung, Wissen, Können, Geschlecht, sozioökonomischer oder religiöser Zugehörigkeit und dass sie entsprechend ihrer Ausgangslage ein Recht auf chancengerechte Teilhabe an der Gesellschaft haben. Inklusion hat alle Menschen im Blick. Ihr Ziel ist, das es für alle Menschen angemessene Formen individueller Unterstützung gibt, die ihnen Teilhabe und Selbstwirksamkeit ermöglichen. Annedore Prengel hat bereits in ihrem Buch »Pädagogik der Vielfalt« (1995) auf die Ungleichberechtigung im Zusammenhang mit Interkulturalität, mit Genderfragen und sozioökonomischen Voraussetzungen hingewiesen. Inklusion schützt sozusagen präventiv vor Ausgrenzung und Diskriminierung. Der inklusive Gedanke, der heute die Pädagogik prägt, geht damit weit über die Teilhaberechte einzelner Gruppen von Menschen, zum Beispiel Menschen mit Behinderungen, hinaus, deren Rechte mit dem Inkrafttreten der UN-Behindertenrechts-Konvention im März 2009 (Bundesministerium für Arbeit und Soziales BMAS 2011) einklagbar wurden. Inklusion in diesem umfassenden Sinne trägt auch der Tatsache Rechnung, dass Menschen ohnehin unterschiedlichen Vielfaltsdimensionen gleichzeitig zugehören. Kinder sind Jungen oder Mädchen, von Behinderung oder Armut betroffen, bedroht oder nicht. Sie leben mit ihren sprachlichen, kulturellen oder religiösen Zugehörigkeiten in unterschiedlichen familiären Verhältnissen.

In nahezu allen Konzeptionen von Kindertageseinrichtungen wird heutzutage die Pädagogik der Vielfalt erwähnt und Teilhabegerechtigkeit versprochen. Um Inklusion umzusetzen gilt es, die Bedürfnisse und Bedarfe jedes einzelnen Kindes und seines Lebensumfeldes genau zu beschreiben und zu berücksichtigen. Die Angebote und Kompetenzen der Fachkräfte müssen sich, wie auch die finanziellen, personellen und zeitlichen Ressourcen einer Einrichtung, an diesen Bedarfen orientieren, wenn der inklusive Bildungs- und Erziehungsauftrag umgesetzt werden soll.

Eine inklusive Pädagogik gibt es nicht zum Nulltarif. Um selbstverständliche und selbstbestimmte Beteiligung sicher zu stellen braucht es passgenaue Angebote. Passgenauigkeit sagt schon aus, dass weder bei räumlichen noch sächlichen Voraussetzungen von einem einheitlichen Standard ausgegangen werden kann. In der Regel gilt auch für Fachkräfte, dass sie immer wieder vor neuen fachlichen Herausforderungen stehen und entsprechend ergänzende Kompetenzen erwerben müssen. Bereitstellung von Hilfsmitteln, Beseitigung von Barrieren sowie Übernahme von zusätzlich entstehenden Kosten führen trotz rechtlicher Grundlagen in den Bundesländern immer noch zu Zuständigkeitsunsicherheiten, leider oft auch zu Diskriminierungs- und Segregationserfahrungen von Menschen, die mehr oder andere Zuwendung benötigen als der Durchschnitt der Bevölkerung. Beispielsweise ist die Verantwortung für die passgenaue Förderung von Kindern mit Behinderung auf eine Vielzahl von Leistungssystemen gesplittet. Neben der Kinder- und Jugendhilfe sind insbesondere die Sozialhilfe, die gesetzliche Krankenversicherung und Bildungseinrichtungen zu nennen. Eigentlich müssten nach der geplanten Reform des SGB VIII alle Leistungen für alle Kinder zugänglich sein, eben für Kinder mit Behinderung, Kinder mit Fluchterfahrung, in Armut usw. (vgl. Forderungen des 12. und 13. Kinder- und Jugendhilfeberichts).

Bislang lassen allerdings weder die politische Debatte um den Ausbau von Kindertagesbetreuung noch die zunehmende Weiterentwicklung von

Kitas zu Familienzentren erkennen, dass Inklusion ein wichtiges Thema ist. Fragen nach der Qualität von Inklusion (etwa Betreuungsschlüssel, Qualifikation, Weiterbildung und Vergütung des Personals) werden gerne ignoriert, denn zunächst steht angesichts des hohen Bedarfs von Betreuung und des Fachkräftemangels die Quantität im Vordergrund.

2 Ausgangslagen für Inklusion in der Kindertagesbetreuung

Die gesellschaftliche Entwicklung der letzten Jahre ist geprägt von einer zunehmenden Selbstverständlichkeit, Vielfalt zu erwarten. Darüber hinaus sind Eltern häufiger bereit oder durch ihre eigene Lebenssituation gezwungen, Kinder bereits im ersten Lebensjahr in die öffentliche Kindertagesbetreuung zu geben.

2.1 Frühkindliche Bildung als Rechtsanspruch

Die Einführung des Rechtsanspruchs im Jahr 2013 für Kinder ab dem vollendeten ersten Lebensjahr auf einen Platz in einer öffentlich geförderten Kindertagesbetreuung hat zur Folge, dass bereits ein Drittel der 1–2jährigen Kinder eine Einrichtung für Kindertagesbetreuung (Statistisches Bundesamt 2017) besucht. Von den Kindern zwischen 3 und 6 Jahren haben im Jahr 2017 durchschnittlich 93,4 % der Kinder einen Platz in einer Kita belegt. Von den Kindern mit Migrationshintergrund waren es 84 %, während Kinder ohne Migrationshintergrund zu 98 % eine Kindertageseinrichtung besuchen. Dies bedeutet, dass nahezu alle Familien relativ unkompliziert Zugang zu einem institutionellen Bildungssystem erhalten und – insofern die Kitas Ihrem Auftrag gerecht werden – auch Zugang zu familienergänzender Unterstützung.

2.2 Kommunikation und Teilhabe als Grundlage für Partizipation

Kindertageseinrichtungen sind gemäß ihrer historischen Entwicklung Bildungs- und Betreuungsorte, in denen das spielerische und selbsttätige Lernen der Kinder im Vordergrund steht. Im Gegensatz zur Schule spielen

Leistungs- und Selektionsprinzipien hier kaum eine Rolle. Theoretisch wären das ideale Voraussetzungen für eine inklusive Pädagogik. Allerdings hat sich gezeigt, dass es weder selbstverständlich war noch ist, dass jedes Kind unbesehen seiner Fähigkeiten, Fertigkeiten oder Zugehörigkeit eine Kita nach Wahl besuchen kann. Dem stehen sowohl bauliche, strukturelle, finanzielle als auch kompetenzbezogene Begründungen entgegen, die vielfach in den Köpfen der zuständigen Träger und/oder Fachkräfte entstehen und die Suche nach Lösungen erschweren. Vom Prinzip her wären jedoch Kindertageseinrichtungen grundsätzlich für ein gemeinsames Spielen und Lernen aller Kinder geeignet. Hier könnten sie von Anfang an erfahren und wertschätzen, dass eben jeder Mensch ein bisschen anders ist als der andere und dass dies gemeinsames Tun und Lernen bereichert.

2.3 Familien im Blick

Für die meisten Kinder ist die Familie nach wie vor der zentrale Ort des Aufwachsens und ihre primäre soziale Umwelt. Für Kindertageseinrichtungen sind die Eltern ein wichtiger Schlüssel für den Kontakt mit den Kindern. Eltern spielen für die Entwicklung von Kindern eine 2–3mal größere Rolle als Fachkräfte (Mervis 2011, 952). Sie nehmen Einfluss auf die Lernmotivation von Kindern, auf ihre Selbststeuerung und auch auf das Wissens- und Handlungsspektrum der Kinder. Dass Kitas mit Eltern zusammenarbeiten sollen, ist zum einen durch das in Art. 6 Abs. 2 Grundgesetz grundgelegte Elternrecht und zum anderen durch SGB VIII, § 22,2 und §22a festgelegt: Die Kindertageseinrichtungen kooperieren mit den Eltern im Sinne einer sich ergänzenden Förderung der Kinder, d. h. die professionellen Fachkräfte erkennen Entwicklungspotentiale und Entwicklungsprobleme und stimmen die Erziehungsziele und -methoden mit den Eltern ab. Im Idealfall begreifen sich Eltern und pädagogische Fachkräfte gegenseitig als Expertinnen und Experten für das jeweilige Kind bzw. für kindliches Lernen und fühlen sich gemeinsam für die Entwicklung und das Wohl eines Kindes verantwortlich. Dieser Gedanke setzt sich mehr und mehr durch, obwohl in Deutschland Kinder nach wie vor als »Privatsache« gesehen werden.

Eine moderne Herausforderung und neue Aufgabenstellungen bringen veränderte Familienstrukturen und Lebensformen mit sich. Die klassische Kleinfamilie, in der biologische und soziale Elternschaft zusammenfallen, kann nicht mehr ohne weiteres als Norm betrachtet werden. Familientraditionen und -kulturen werden vielfältiger; es wachsen die Sprachenvielfalt und soziökonomische Unterschiede und es verändern sich gesellschaftliche

Umgangsformen und berufliche Karrieren (Walper et al. 2015). Klassische strukturelle Risikofaktoren für eine gute Entwicklung von Kindern und gesellschaftliche Teilhabe von Familien sind Einkommensarmut, niedriges Bildungsniveau der Eltern, familiärer Migrationshintergrund sowie das Aufwachsen in einem Alleinerziehenden-Haushalt. Es ist nicht unbedeutend, ob Eltern viel oder wenig Zeit für ihre Kinder haben, ob sie arm oder reich, in Arbeit oder arbeitssuchend sind. Ebenso spielt es eine Rolle, wie die Familie lebt: beengt zur Miete oder im großzügigen Eigenheim, als Groß-, Patchwork- oder Rumpffamilie. Erziehungspartnerschaft wird aktuell – ähnlich wie Inklusion – formal nahezu in jedem Konzept versprochen. In der Praxis unterscheiden sich nicht nur die Formen der Zusammenarbeit mit unterschiedlichen Eltern, sondern auch die Möglichkeiten. Sprachen, Traditionen, Erziehungsvorstellungen und Vorwissen erschweren oft die Kommunikation auf Augenhöhe. Eltern wird unterschiedlich viel zugetraut und zugemutet. Und nach wie vor werden Eltern und Kinder nach Kriterien und Indikatoren bewertet, die oft weder bewusst noch transparent sind. Familien aus bestimmten Wohnblocks haben beispielsweise ein Stigma durch ihre Adresse, andere Familien durch ihre Herkunft. Viele Kommunen haben diese Zusammenhänge als Risiko erkannt und suchen nach geeigneten Strukturen und Kooperationspartnern zur Entwicklung von Präventionsketten, in denen vor allem Frühe Hilfen und Familienzentren eine wichtige Rolle spielen (Landeskoordinierungsstelle »Kein Kind zurücklassen! Für ganz Nordrhein-Westfalen«, 2017; Landesvereinigung für Gesundheit & Akademie für Sozialmedizin Niedersachsen e. V. 2013 u. a. m.)

Dass Familien mehr in Blick kommen, hängt auch damit zusammen, dass durch den Rechtsanspruch auf einen Kitaplatz sich Erziehungs- und Sozialisationsleistungen immer schneller aus dem Bereich der Familie heraus verlagern: Mit dem Besuch einer Betreuungseinrichtung übernehmen außerfamiliäre Bezugspersonen wichtige Aufgaben für Kinder und Familien, aber auch für die Gemeinschaft derer, die die Einrichtung nutzen. Dieser Zusammenhang ist den letzten Jahren auch in der Forschung zunehmend berücksichtigt worden. Vor allem die Perry-Preschool-Studie aus den USA hat auf die Zusammenhänge von »Elternengagement« und »erfolgreichen Kindern« (Heckman 2006) aufmerksam gemacht. Für Kommunen attraktiv ist vor allem der wirtschaftliche Effekt auf öffentliche Kassen bei früher Bildungsbeteiligung und Prävention, der in der High/Scope Perry Preschool-Studie mit einen Effekt von 1:16 nachgewiesen wurde. Das heißt, dass jedem Dollar, der im Rahmen eines zwei-jährigen Vorschulprogramms eingesetzt wurde, Einsparungen in Höhe von 16 Dollar gegenüberstehen würden (vgl. Schweinhart et al. 2005).

Der Fokus zahlreicher neuerer Untersuchungen richtet sich auf die Bedeutung, die familienfreundliche Rahmenbedingungen, kindgerechte Lebenswelten und professionelle Erziehungs- und Bildungseinrichtungen für die Entwicklung von Kindern haben (BMFSFJ 2007; DJI 2019). Pädagogisches Denken und Handeln wird zunehmend als systemischer Prozess wahrgenommen, bei dem die Bedeutung des elterlichen Wohlbefindens, elterlicher Selbstbewusstheit und Zukunftsperspektive mit kindlichen Bildungschancen in Bezug gesetzt werden (Schmieder 2018). Mit der Erkenntnis, dass Pädagogik und Inklusion ohne Eltern nicht gelingen, öffnen sich immer mehr Kindertagesstätten für Familien und ihr Lebensumfeld (Betz 2010), und es werden vermehrt pädagogische Ansätze wie Erziehungspartnerschaft, Demokratiebildung und Partizipation umgesetzt.

Für viele Einrichtungen bedeutet die Umsetzung der sozialräumlichen Ausrichtung eine *Kulturveränderung*; an die Stelle der Orientierung »am Kind« in der klassischen Trias Bildung, Betreuung und Erziehung tritt eine ressourcen- und bedarfsorientierte Haltung, die im wirkungsorientierten Dialog mit dem Kind und mit seiner Familie die Selbstwirksamkeit der Einzelnen und das demokratische Zusammenleben der Verschiedenen anpeilt (vgl. Nolte 2014). Nicht nur das Kind soll in seiner Entwicklung begleitet werden. Zusätzlich werden seine Familie und sein Lebensumfeld angeregt, für das Kind eine gute Ausgangslage bereitzustellen. Das Wissen und Können dazu können Kindertageseinrichtungen nicht aus dem eigenen Team schöpfen. Sie benötigen für die Bedarfsfeststellung und die sozialräumliche Einflussnahme weitere Perspektiven, die zum Beispiel aus einem Netzwerk an Akteuren kommen, das eine direkte Verbindung zum Sozialraum und den Lebenswelten der Familien hat.

2.4 Netzwerke für Familien

Ob eine Netzwerkkooperation erfolgreich ist, hängt davon ab, wie sie in die kommunale bzw. trägerspezifische Gesamtstrategie passt. Zusammenarbeit entsprechend dem Bedarf der Zielgruppen fordert von den einzelnen Kooperationspartnern das Einbringen der eigenen vorhandenen und potentiellen Kompetenz entsprechend der gemeinsamen Zielsetzung und eine gewisse Unterordnung der eigenen Ideen unter das verbindende Ziel. Um dieses zu erreichen werden über die klassischen frühpädagogischen Kompetenzen hinaus vor allem Erwachsenenbildungskompetenz, vorurteilsbewusste Pädagogik und Inklusionskompetenz benötigt. Öffnung in den Sozialraum bedarf einer fragenden, anstatt einer Antwort gebenden Haltung.

Sie setzt auf einen Dialog, der offen ist und Schubladendenken, Bewertungen oder Vorurteile vermeidet. Und es braucht eine vertiefte fachliche Auseinandersetzung mit Themenfeldern wie »Arbeit in und mit dem Quartier«, Netzwerkmanagement, Gesundheitspädagogik, Sonderpädagogik oder Sozialarbeit. In der Regel sind Menschen mit diesen Kompetenzen in den Kommunen vorhanden, jedoch nicht zwingend vernetzt.

Die Erkenntnis, dass Inklusion die Orientierung an den Bedarfen, Vorstellungen und Ressourcen der Familien voraussetzt und Chancengerechtigkeit über Partizipation gelingt, führte in allen Bundesländern zur Entstehung von Einrichtungen, deren verbindendes Merkmal ihre Familien- und Sozialraumorientierung ist. Sie heißen Familienzentren (FZ), Mehrgenerationenhäuser (MGH), Eltern-Kind-Zentren (EKiZ), Familienstützpunkte, Mütterzentren oder Kita-Plus. Bedingt durch länderspezifische und regional sehr unterschiedliche Fördermodelle und Rahmenbedingungen sind die Schwerpunkte ihres jeweiligen Ansatzes verschieden. Verbindend ist, dass sie im sozialen Umfeld, d. h. in einem Quartier, Dorfteil oder auch für eine Region passgenaue unterstützende und bildungsförderliche Angebote für Familien bereithalten, vermitteln oder bündeln. Sie wirken, indem sie lokal einen passgenauen Mehrwert für familiäre bzw. generationenübergreifende Lebensgemeinschaften schaffen und die Familien mit in die Planung, Umsetzung und Gestaltung der Angebote einbinden.

3 Sozialraumorientierung als Arbeitsprinzip

Sozialräumliches Denken und Handeln war bereits im Zusammenhang mit Sozialarbeit und Gemeinwesenorientierung in den 1970er und 1980er Jahren des 20. Jahrhunderts ein Thema, als die wissenschaftlichen Erkenntnisse der Jugendhilfe und infolge auch der Erziehungshilfe eine Verbindung zwischen Sozialraum und gelingendem Aufwachsen herstellten. Thiersch etwa spricht von der modernen Jugendhilfe, die »lebensweltorientiert, sozialräumlich (agiert) und versucht Hilfen zur Lebensbewältigung zu geben, in dem sie belastbare und attraktive Sozialräume schafft« (Thiersch 2005,15). In der Tat werden Lebensumfeld, Lebenswelt und Sozialraum oft synonym verwendet. In der Regel verbirgt sich dahinter eine subjektive Kategorie aus der konkreten Lebenspraxis von Menschen. Ihr subjektives Erleben des eigenen Lebensumfeldes, ihre alltäglichen Bewegungen darin und ihre Bezugspunkte sind für die Entstehung der sozialräumlichen Vorstellung relevant.

Franz und Beck (2007, S. 33 ff.) beschreiben drei Bedeutungsvarianten:

1. Der Sozialraum wird als räumlich naheliegender, gesellschaftlicher und individueller Handlungsraum verstanden, in dessen Mittelpunkt Beziehungen, Interaktionen und soziale Verhältnisse formaler und informeller Art stehen. Persönliche soziale Netzwerke, Bindungen, Interaktionen, informelle Regeln des Zusammenlebens und kulturelle Prägungen machen den Raum zum vertrauten Gefüge. Die Größe des Gebiets hängt von der Flexibilität und Aufgeschlossenheit des Interpreten ab. Für manche Menschen ist der eigene Block ihr Sozialraum, für andere gehören noch weitere Blocks, das Quartier, spezifische Anlaufstellen oder Straßen dazu.
2. Der Sozialraum wird von den darin lebenden Menschen übereinstimmend als ein mehr oder weniger großes (geografisches) Gebiet beschrieben, in welchem soziale Beziehungen stattfinden und das eine bestimmte Infrastruktur (Einkaufsmöglichkeiten, Bildungseinrichtungen) aufweist. Oft werden für ein solches Gebiet die Begriffe Quartier, Stadt- bzw. Dorfteil oder Gemeinde verwendet. Es handelt sich in der Regel um einen Nahraum mit Peripherie, dessen Grenzen fußläufig erreichbar sind (Preis & Thiele 2002). Die geografischen Gebilde dienen auch der Abgrenzung von anderen Lebenswelten, zum Beispiel von einem sozialen Brennpunkt, der, obwohl direkt angrenzend, außerhalb des eigenen Quartiers wahrgenommen wird.
3. Der Sozialraum entsteht durch die Verwaltungskategorien der Regionalbehörden, die ein Gebiet in Bezirke aufteilen.

Sozialraumorientierte Handlungskonzepte knüpfen am Konzept der Lebensweltorientierung an. Es orientiert sich an den Ressourcen der Menschen im Sozialraum und fordert gleichzeitig eine Verbesserung der aktuellen gesellschaftlichen Bedingungen (Grunwald & Thiersch 2001, S. 1139 f.). Im Fokus stehen Eigeninitiative und Hilfe zur Selbsthilfe im Rahmen der vorhandenen gesellschaftlichen und infrastrukturellen Ressourcen (Hinte & Treeß 2007, S. 45 f.). Die sozialraumorientierte Arbeit gründet auf einer zielgruppen- und bereichsübergreifenden Sichtweise. Sie koordiniert möglichst effektiv die Kompetenzen unterschiedlicher Akteure, was nur möglich ist, wenn eine hohe Transparenz der Anbieter bezüglich ihrer Angebote, Voraussetzungen und Ziele besteht.

4 Kindertageseinrichtungen und inklusiver Sozialraum

Jeder Sozialraum, jedes Quartier hat eigene Herausforderungen. Die konkreten Möglichkeiten, die das Quartier als Wohnort bietet, beeinflussen die Chancen seiner Bewohnerinnen und Bewohner. Die Wohnung selber, die unmittelbare Wohnumgebung, die Ausgestaltung und Sicherheit öffentlicher Räume, Bildungsmöglichkeiten, Verkehrsanbindungen und Versorgungsstrukturen bestimmen die Lebensqualität und die Perspektiven der Einwohner. Im sozialen Nahraum treffen alltäglich gesellschaftliche und individuelle Bedürfnisse, Ansprüche und Notwendigkeiten aufeinander. Soziale Ungleichheit, Ausgrenzung, Umweltprobleme sowie gesellschaftliche Spannungen und Konflikte, Neid und Missgunst werden in Quartieren besonders deutlich. Teilhabe und Inklusion brauchen Häuser und Räume für Austausch und Begegnung. Verbindende inklusive Kräfte können beispielsweise durch sehr niederschwellige Anlaufstellen wie Kindertageseinrichtungen geschaffen werden.

Die meisten Kindertageseinrichtungen in Deutschland nehmen Kinder aus der Umgebung der Einrichtung auf. Vielfach achten Eltern darauf, dass sie ihre Kinder zu Fuß in die Einrichtung bringen können bzw. dass diese gegen Ende der Kita-Zeit selbstständig nach Hause gehen können. Diverse Befragungen von Eltern haben ergeben, dass die räumliche Nähe zur Familienwohnung bei der Auswahl der Einrichtung – falls eine solche möglich ist – eine größere Rolle spielt als pädagogische Konzepte oder der Träger (vgl. Senatsverwaltung für Bildung, Jugend und Familie 2018, S. 12). Daher treffen sich in Kindertageseinrichtungen überwiegend Familien aus der Nachbarschaft, die je nach Art des Quartiers vielfältig oder homogen sind. Zwar gibt es in Deutschland nicht die ausgeprägte Ghettoisierung wie etwa in Frankreich oder den USA, dennoch führen etwa Quartiere mit beengten, schlecht ausgestatteten und älteren Wohnungen dazu, dass sich hier Bevölkerungsgruppen ansiedeln, die in ihren sozialen und ethnischen Kontexten zu verhaften drohen, weil sie keine Entwicklungsmöglichkeiten in die Bildungssysteme, Arbeitsmärkte, gesellschaftliche Teilhabe, bestimmte kulturelle Normen erlangen oder erlangen wollen. Gerade in größeren Städten entstehen durchaus Stadtviertel, in denen Mechanismen des Wohnungsmarktes und Diskriminierungen bei der Wohnungsvergabe dazu beitragen, dass Armut und Perspektivlosigkeit dominieren (vgl. Deutsche Akademie für Städtebau und Landesplanung 2018). Insbesondere hier fangen manche Kindertageseinrichtungen Familien mit scheinbar ähnlichen Hintergründen auf. Eine inklusive Pädagogik fordert jedoch die Leitungs- und Fachkräfte gerade unter diesen Umständen heraus, die individuellen Bedarfe und Potentiale der Kinder und Familien diversitätssensibel wahrzunehmen. Auch in homogenen Quartieren unterscheiden sie sich in Bezug auf ihre Lebenslagen, ihre Kompetenzen, Bedürfnisse und ihre persönliche Geschichte. Die Unterschiedlichkeit macht es notwendig, im ressourcenorientierten Handeln mit ihnen auf eine Vielfalt von spezifischem Wissen und Können zurückzugreifen, etwa auf Erkenntnisse zum Umgang mit kultureller Vielfalt, Mehrsprachigkeit, Sinnesbehinderung oder Familienarmut. Hier wird das Spannungsfeld deutlich, in dem inklusiv arbeitende Einrichtungen stehen: Einerseits müssen sie die Unterschiedlichkeit der Ressourcen und Bedürfnisse der Kinder und Familien wahrnehmen. Sie sollen jedem einzelnen Kind die bestmöglichen Lern- und Entwicklungsprozesse in Gruppen und Einzelsituationen ermöglichen und können daher die Unterschiedlichkeit nicht ausblenden. Andererseits birgt die Wahrnehmung der Unterschiedlichkeit von Menschen immer auch die Gefahr, dass sie Gruppen zugeordnet werden, von denen die eine als »normal«, die andere als »nicht normal« bzw. »abweichend« wahrgenommen oder gar etikettiert wird (Warnecke 2014).

Die Perspektive jedes Kindes einzunehmen bedeutet, dass eine Lernumgebung geschaffen werden muss, die selbstverständlich auch unter erschwerten Bedingungen zu Selbstständigkeit verhilft und entsprechende Unterstützungsmaßnahmen bereithält. Dazu gehören neben der inklusiven pädagogischen Haltung der Fachkräfte eine angemessen unterstützende und allenfalls über die Krankenkassen finanzierte Versorgung mit Hilfsmitteln, die Teilhabe und Entwicklung ermöglichen, wie auch Maßnahmen, die Erziehungsberechtigten bei der Bewältigung ihres je eigenen erzieherischen und beruflichen Alltags helfen. Dazu gehören Ernährungs- und Gesundheitsfragen ebenso wie die Erledigung des Haushalts, Sicherheit in der Kindererziehung oder die Orientierung im deutschen Bildungssystem und in der Arbeitswelt. Durch die Berücksichtigung des elterlichen Expertentums und der familiären Bedarfe entsteht in einer konsequent partizipativen und inklusiven Kindertageseinrichtung ein Mikrokosmos, welcher unter einem Dach den Makrokosmos Sozialraum abbildet (vgl. Bronfenbrenner 1981). Solche vorbildhaften Entwicklungen sind vor allem das Ergebnis konsequenter und kreativer Umsetzung von pädagogischen Ansätzen wie etwa dem Situationsansatz, der Early Excellence-Pädagogik oder der Leitlinie »Ganzheitliche Bildung im Sozialraum«, die alle die »Lebensweltorientierung« (Preissing & Heller 2009, S. 42) und die Öffnung der Kindertageseinrichtungen für die wirklichen Themen der Kinder und Familien fordern.

4.1 Inklusiver Auftrag Partizipation

Der Begriff »inklusive Vernetzung« weist darauf hin, dass ganzheitliche Angebote zum Wohle von Kindern und Familien zwar unter einem Dach, aber in der Regel nicht nur durch eine einzelne Einrichtung erbracht werden können. Vielfach sind es die Kindertageseinrichtungen, die in der Vernetzung unterschiedlicher Akteure eine Schlüsselposition einnehmen. Wenn es um sozialräumliche Bindungen und Beziehungen für Familien mit Kindern geht, sind zwei Wirkrichtungen zu unterscheiden.

- Das Konzept der Kindertageseinrichtung, ihre inklusive Ausrichtung und Öffnung legen eine Grundlage für sozialräumliche Begegnungen der Bewohnerinnen und Bewohner im Einzugsgebiet. Der pädagogische Ansatz wirkt in die Familien hinein. Die Kontakte zu den anderen pädagogischen und psychosozialen Diensten im Umfeld und Kooperationen bestimmen die Tragfähigkeit des sozialen Netzwerks im Quartier wesentlich mit. Je intensiver auch die Familien der Kinder angesprochen werden, desto größer ist der Einfluss der Einrichtung auf Teilhabe und Partizipation.
- Andererseits beeinflussen die Familienkulturen und -traditionen durch die tätige Mitwirkung von Eltern und Kindern die Vorgaben von Politik und Trägern. Die Interessen und Bedarfe der Familien geben Tempo und Entwicklungsrichtung für die Angebotsvielfalt in der Einrichtung und im Umfeld vor.

Auch wenn das afrikanische Sprichwort »Es braucht ein ganzes Dorf, um ein Kind zu erziehen« längst in vielen Kontexten verwendet wird, macht es doch deutlich, dass es letztlich um ein sozialräumliches Beziehungsnetz geht, welches dialogisch auslotet, ob die Bildungs-, Gesundheits- Wohlbefindens- oder Arbeitsbedingungen im Sozialraum für alle stimmen.

Partizipation ist bei der inklusiven Vernetzung ein zentraler Begriff. Der Sachverständigenrat deutscher Stiftungen hat in seinem Integrationsbarometer 2016 erhoben, dass das Dazugehörigkeitsgefühl vor allem dann entsteht, wenn Menschen das Gefühl haben, es durch eigenes Zutun zu erreichen, d. h. wenn sie teilhaben und teilnehmen an dem, was um sie herum wichtig ist. Daher ist für die inklusive Vernetzung ein wichtiges Kriterium, dass die Akteure im Sozialraum, also auch die Kita, gemeinsam und synergetisch wirken, um intersubjektive Anerkennung und Partizipation zu sichern. Die unterschiedlichen Seiten von Partizipation sind Teilhabe, Teilgabe und Teilsein (Heimlich 2014). Teilgabe verdeutlicht mehr den aktiven

Teil der Mitbestimmung und Beteiligung, während Teilhabe eher als »passives« Geschenk daherkommt und Teilsein auf die Gleichwertigkeit hinweist, die entsteht, wenn Barrieren aus dem Weg geräumt sind. Heimlich weist darauf hin, dass alle Menschen geben können und nicht nur nehmen wollen: Voraussetzung für die Teilgabe in inklusiven Settings ist, dass die Professionellen die Interessen und Fähigkeiten der Kinder sowie der zugehörigen Familien erkennen müssen. Das Umfeld muss Gelegenheiten schaffen, damit alle Kinder und Familien ihre Fähigkeiten einbringen können. Es geht also darum, Barrieren zu beseitigen und förderliche passgenaue Unterstützung nicht nur in der Kita, sondern auch darüber hinaus sicherzustellen.

Die Idee der Inklusion ist gesellschaftlich gesehen bisher am häufigsten in der Elementarpädagogik verankert. Ein Grund dafür ist, dass Kinder in der Frühpädagogik selten durch Leistungsanforderungen oder Normalitätsforderungen ausgegrenzt werden und dass Prävention und Partizipation als Qualitätsprinzipien gelten. Beim Übergang zur Schule ist durch die Forderung zielgleichen Lernens die Gemeinsamkeit oft zu Ende. Die weiterführenden Schulen und auch viele Privatschulen sind geradezu Ausdruck von Selektion, da sie ihre Existenz der Desintegration verdanken.

4.2 Inklusive Bildungs- und Sozialplanung

Sozialplanung, die sich am Leitbild Inklusion ausrichtet, berücksichtigt entsprechend den oben genannten Prinzipien Selbstbestimmung, Teilhabe und Beteiligung aller Kinder und Familien. Ziele sind der soziale Zusammenhalt, Barrierefreiheit, Sozialraumorientierung und transparente Kommunikation. Sie beziehen die Ressourcen des Sozialraums und seiner Bewohnerinnen und Bewohner mit ein. Zentrale Elemente sind Betroffenenaktivierung, Kooperation und Vernetzung. Es geht darum, ein Netzwerk aufzubauen,

- bei dem die Ermöglichung von Selbstwirksamkeit, Selbstbestimmung und die Schaffung von Teilhabemöglichkeiten für alle Menschen, insbesondere auch für Menschen mit Behinderungen, handlungsleitend sind und
- dieses Netzwerk für alle Lebensbereiche einer Familie – Bildung, Arbeit, Wohnen, Konsum, Freizeit oder Mobilität – anzuwenden (vgl. SGB IX; UN-Behindertenrechtskonvention).

Kindertageseinrichtungen sind zunächst nicht dem Sozialraum verpflichtet. Immer häufiger kommt jedoch die Idee auf, zur Verstetigung der Teilhabeplanung die Aktivitäten der unterschiedlichen Akteure eines lokalen Gemeinwesens in einem »Teilhabezentrum« zu bündeln, das zum einen die am Lebenslauf orientierte individuelle Hilfeplanung unterstützt und zum anderen über alle Generationen und Bedürftigkeit von Menschen hinweg inklusiv wirkt. Es wird aber durchaus kontrovers diskutiert, ob Kindertageseinrichtungen, die sich zum Familienzentrum oder Mehrgenerationenhaus weiterentwickeln, die Anforderung eines Knotenpunktes für ganzheitliche Entwicklung leisten können.

Die Orientierung am biographischen Lebenslauf wird in modellhaften kommunalen Präventions- bzw. Bildungsketten für 0–10jährige Kinder ausprobiert (Niedersächsische Koordinierungsstelle Gesundheitliche Chancengleichheit 2013; Landeskoordinierungsstelle »Kein Kind zurücklassen! für ganz Nordrhein-Westfalen« 2017). Kindertageseinrichtungen wirken in den Sozialraum hinein, indem sie als Teil der Bildungskette ab dem ersten Lebensjahr die Kontinuität des Erziehungs- und Bildungsprozesses unterstützen und Übergänge in Zusammenarbeit mit den Eltern bzw. Personensorgeberechtigten und in Kooperation mit anderen Fachkräften (§ 22a SGB VIII Abs. 2) optimal zu gestalten versuchen. Eine Kernaufgabe ist dabei die effiziente Koordinierung sowie die Kooperation von Akteuren mit der Einwohnerschaft in den Stadtteilen. Bildungsketten unterstützen nicht nur die Entwicklungsschritte von Kindern, sondern auch der Familien. Eltern »wachsen« sozusagen mit den Anforderungen ihrer Kinder und können in der Zusammenarbeit mit unterschiedlichen Fachkräften sukzessive dazu lernen. Allerdings ist das Angebot von Elterngruppen, Selbsthilfegruppen und die Unterstützung von Einrichtungen der Kinder- und Jugendhilfe bei der Umsetzung der Zielsetzung Inklusion noch lückenhaft. Aufgrund der fehlenden Refinanzierungsmöglichkeiten sind diese Angebote vielfach im Bereich des Ehrenamtes angesiedelt oder finden gar nicht statt (vgl. auch Wissel & Rohrmann, 2010b, S. 15).

Die Entwicklung von Kinder- und Familienzentren oder von Mehrgenerationenhäusern folgt grundsätzlich der Idee von Bildungsketten. Als generationenübergreifende Anlaufstellen im Sinne von »one-stopp-shops« halten sie im Sozialraum benötigte Angebote vor oder füllen Lücken der Regelversorgung durch die Vermittlung zusätzlicher Bildungs- und Beratungsleistungen oder durch die Verknüpfung von vielfältigen Bildungsangeboten an weiteren Lernorten. Auch in der frühen Phase der (Bildungs-)Förderung ist der Netzwerkgedanke weiterführend, denn eine lediglich auf Kinder und Eltern zentrierte Perspektive greift zu kurz. »Es stellt sich (...) nicht nur die Frage, wie man das jeweilige Kind, sondern vor allem auch, wie man sein Umfeld fit machen kann« (Lanfranchi 2006, 128). Familienunterstützende bzw. -ergänzende Einrichtungen wie Familienbildungsstätten, Kindertagesstätten oder Familienzentren können für Kinder und ihre Eltern in schwierigen Lebenslagen eine Art »strukturelle zweite Heimat« darstellen (Lanfranchi 2006, 135). Entscheidend ist dabei »eine konsequente Orientierung (...) an den Leitideen der Inklusion und der Selbstbestimmung von Menschen (...) und ihren Familien« (Wissel & Rohrmann, 2010b, S. 15)

Die größte Herausforderung für Inklusion sind nicht fehlende Ideen oder fehlendes Engagement. Das Hauptproblem, einen inklusiven Sozialraum zu schaffen, bilden die offiziellen und inoffiziellen Zuständigkeiten, denen Bürger im Sozialraum begegnen. Alleine im Bildungssystem ist eine starke Versäulung mit zum Teil erstaunlicher Undurchlässigkeit der Strukturen zu verzeichnen. Auf Länderebene hat man es mit Ministerien, Bezirksregierungen, Schulaufsichtsbehörden usw. zu tun. In den Gebietskörperschaften kooperieren das Gesundheitswesen, die Jugendhilfe, die Schulaufsicht, das Migrationsamt und die Sozial- bzw. Städteplaner nur bedingt. Vor Ort finden wir eine hohe Trägervielfalt mit Kindertageseinrichtungen, die zum Teil nach unterschiedlichen pädagogischen Ansätzen arbeiten und die kaum miteinander Kontakt haben. Anstatt von den Kompetenzen der Familienbildung oder der Erziehungsberatung zu profitieren, werden immer noch (finanzielle) Konkurrenzen gesehen. Die Mitarbeiterinnen von Kindertageseinrichtungen sind dem Jugendamt zugeordnet, die therapeutischen Fachkräfte und medizinische Unterstützer jedoch dem Gesundheitswesen. Fragen der finanziellen Unterstützung müssen mit dem Sozialamt geklärt werden. Zusätzlich kommen noch die Krankenkassen ins Spiel, die Landeswohlfahrtsverbände und die Kirchen, die alle nicht sozialräumlich aufgestellt sind. Inklusive Sozialräume bedürfen aber all dieser Säulen und ihrer Akteure. Kein Akteur alleine kann die Säulen vereinen, sondern alle Zuständigkeitsbereiche müssen Inklusion wollen und schaffen. Der Bundesverband der Familienzentren e. V. (BVdFZ) geht davon aus, dass es durchaus denkbar ist, zu Familienzentren erweiterte Kindertageseinrichtungen als Koordinationsstellen (intermediäre Organisationen) für ein chancengerechtes und inklusives Gemeinwesen zu nutzen (Positionspapier des BVdFZ). Die Öffnung in den Sozialraum hinein und durchgängig oder zeitlich begrenzt erreichbare offene Angebote vielfältiger Akteure (unterschiedliche Beratungsstellen, Vereine, Arbeitsamt, Kinder- oder Hausarztpraxis etc.) unter einem Dach setzen eine im Vergleich zu Kindertageseinrichtungen grundsätzlich veränderte Ausstattung solcher Zentren voraus (Niedersächsisches Institut für frühkindliche Bildung und Entwicklung, 2015, S. 7).

Inklusion entsteht nur dann, wenn das ganze System sich bewegt. Isoliert in einer Kindertageseinrichtung bringt ein balancierender Dialog keine Lösung. Dort sind nach wie vor die Eltern erste und wichtige Dialogpartner. Sie sind für die kommenden Generationen Vorbilder bezüglich Inklusion und Gestaltung der Gemeinschaft im Lebensumfeld. Der neue Blick auf Inklusion muss auch das soziale Umfeld der Kindertageseinrichtungen für die veränderten Partizipationsvorstellungen sensibilisieren. Um das Recht auf Teilhabe wahrnehmen zu können, bedarf es überall einer örtlichen sozialräumlichen oder zumindest kommunalen Beteiligungsplanung. Bisher ist es vielfach beliebig und ungeklärt, wer das inklusive Zusammenwirken der Akteure in einem Lebensraum koordiniert und wer als zentraler Ansprechpartner für alle Eltern und Kinder gelten soll.

5 Auf dem Weg zur Inklusiven Vernetzung

Der Realisierung inklusiven sozialräumlichen Handelns stehen (noch immer) zahlreiche Herausforderungen im Weg. Das betrifft einerseits den Bewusstseinswandel hin zu inklusivem Denken, der auf vielen Ebenen noch nicht ausreichend vollzogen ist. Und es gibt auch strukturelle Zusammenhänge, die inklusives Planen und Handeln behindern.

In den letzten Jahren haben sich zahlreiche Kommunen, unterstützt durch private und öffentliche Gelder, auf den Weg zum inklusiven Sozialraum gemacht. Neue Gesetzgebungen auf Bundesebene haben die Vernetzung von Akteuren eingefordert und unterstützt, zum Beispiel die Umsetzung des Bundesteilhabegesetzes oder des Gesetzes zur Stärkung der Gesundheitsförderung und Prävention. Das Bund-Länder-Programm Soziale Stadt war ursprünglich als ein Ansatz der sozialen Städtebauförderung initiiert, gewinnt aber zunehmend an Bedeutung auf der Ebene der Partizipation, da es Bewohnerinnen und Bewohner der Programmgebiete in strategische Entscheidungen und Einzelprojekte einbindet und sie damit veranlasst, sich vertieft mit dem eigenen Lebensraum auseinanderzusetzen. Ebenfalls auf der Ebene der Partizipation setzt das Bundesprogramm »Demokratie leben!« des Bundesministeriums für Familie, Senioren, Frauen und Jugend an. Zu seinen Zielgruppen gehören insbesondere Kinder und Jugendliche, deren Eltern, Familienangehörige und Bezugspersonen, aber auch ehren-, neben- und hauptamtlich in der Jugendhilfe Tätige, Multiplikatorinnen und Multiplikatoren sowie staatliche und zivilgesellschaftliche Akteure. Der Erfolg dieser Inklusion und Beteiligung fördernden Ansätze ist umso wahrscheinlicher, je mehr Menschen von Anfang beteiligt sind und Möglichkeiten erkennen, ihr Leben eigenverantwortlich mit zu gestalten und Verantwortung für eigene Angelegenheiten und die anderer zu übernehmen. Partizipation steht in Wechselwirkung mit Empowerment bzw. Ermächtigung. Wissen und Kompetenzen sind eine Voraussetzung, um Eigenverantwortung zu übernehmen und sich aktiv zu beteiligen, sie sind aber auch eine Motivation, sich einzubringen.

Die paritätische Beteiligung unterschiedlicher Personen ist jedoch kein Selbstläufer. Sie muss bewusst und jederzeit immer wieder hergestellt werden, da Menschen zu- und wegziehen oder ihre Lebensumstände sich verändern. Sie ist ein Prozess, der Menschen als Expertinnen und Experten in eigener Sache einbezieht.

Inklusive Entwicklungen und Projekte vor Ort bleiben, insbesondere wenn sie als Folge befristeter Programme und Projektvorhaben entstehen, oft Solitäre und werden nicht weiter durch die politische Verwaltung gestützt und begleitet. Die guten Beispiele werden nur selten skaliert und zu Regelleistungen etabliert. Inklusion wird nach wie vor nur punktuell als Querschnittthema anerkannt und ist für die Kommunen nur ein Handlungsfeld unter vielen, das im Vergleich zu Bildung, Wirtschaft, Verkehr, Bauen, Soziales, Kultur oft weniger hohe Priorität hat. Allerdings werden parallel in teils aufwändigen Prozessen örtliche Armutsberichte und Sozialatlasse erstellt, die nach dem Modell des »runden Tisches« mit allen kommunalen Akteuren beraten werden. Sie führen aber selten dazu, dass Zuständigkeiten und damit verbundene Gelder aufgegeben oder Verantwortung abgegeben wird (Rohrmann et al. 2010, S. 11).

In einigen Bundesländern wird die Einrichtung von Kinder- und Familienzentren gefördert. Sie sollen Anlaufstellen für alle Familien in einem Sozialraum sein und die Bedarfe der Nutzer angemessen berücksichtigen und beantworten. Das ist durchaus eine lobenswerte Absicht. Vielfach sind die Erwartungen an diese Zentren extrem hoch und stehen in keinem Verhältnis zur Finanzierung des Vorhabens. Sie übernehmen, ohne wirklich dafür qualifiziert zu sein, die Funktion von One-Stopp-Shops und Schaltstellen (auch Clearingstellen) in einem Sozialraum. Sie erkunden und registrieren Bedarfe von Kindern und Familien, suchen im Haus oder mit Partnern nach Lösungen oder vermitteln an kompetente Stellen bzw. Institutionen weiter. Erzieherpersonen und Fachkräfte in solchen Einrichtungen laufen gerade Gefahr, offen oder versteckt mit Aufträgen zugeschüttet zu werden, die letztlich lange versäumte inklusive Aufgaben beinhalten.

5.1 Herausforderungen

Die Reihenfolge der nachstehenden Gedanken stellt keine Gewichtung dar.

- *Anspruchsvoller Veränderungsprozess*: Die Entwicklung hin zu einem inklusiven Sozialraum ist ein komplexer Veränderungsprozess, da er sowohl intrainstitutionelle Veränderungsprozesse bei allen beteiligten Institutionen und neue Formen der Beziehung zwischen Individuen und Institutionen erforderlich macht. Die Partner lernen sozusagen im Gehen mit- und voneinander und bilden einen lernenden Sozialraum. Das kann nur auf Augenhöhe gelingen und bedeutet, dass zum Wohle der Kinder Wege gefunden werden müssen, damit Ärzte, Lehrer, Psychologen, psychosoziale Einrichtungen und pädagogische Fachkräfte sich gegenseitig als Experten in eigener Sache anerkennen und unterstützen. Eine gute Zusammenarbeit zwischen einzelnen Einrichtungen (z. B. gemeinsame Feste und Feiern, Vertretungsregelungen oder Absprachen über die Aufnahme neuer Kinder) wird häufig bereits für Vernetzung im Sinne von Sozialraumorientierung gehalten. Das ist aber eine Verkennung der erforderlichen professionellen Kompetenzen und der strukturellen Herausforderungen des sozialräumlichen Handelns wie etwa die Erstellung einer Sozialraumanalyse, die Steuerung von Netzwerken, die Moderation von Bürgerplattformen und Mediation in schwierigen Abstimmungsprozessen zwischen den Zuständigen. Dafür ist eine klare Netzwerkorganisation notwendig.
- *Neue intermediäre Organisation:* Um die individuellen Ansprüche und Bedarfe im Sozialraum zu erkennen und mit Angeboten unterschiedlicher Akteure passgenau zu beantworten wird eine intermediäre Organisation bzw. Koordinierungsstelle benötigt. Die Gestaltung eines inklusiven Sozialraums sollte federführend in die Hand der Kommunen gelegt werden. Diese könnten beispielsweise Mehrgenerationenhäuser oder Kinder- und Familienzentren als Koordinierungsstelle beauftragen und gewährleisten, dass sie von allen Akteuren als solche anerkannt, mit einem Auftrag und Personal ausgestattet und auskömmlich finanziert würden.
- *Datenschutz und Kooperation:* Die Daten von Kindern und Familien dürfen nicht von einem Amt zum nächsten oder von einer Institution zur anderen weitergegeben werden. Dadurch sind Kinder abhängig von der Kompetenz und Bereitschaft ihrer Eltern, die richtigen Anlaufstellen zu nutzen und zu informieren. Mit der Einrichtung von Teilhabezentren bzw. von inklusiv arbeitenden Kinder- und Familienzentren würde das Arbeiten in einer gemeinsamen Datenbank über die Zuständigkeiten hinweg

das Monitoring des Zusammenwirkens von unterschiedlichen Maßnahmen, das Vermeiden von Beratungs-Doppelungen und die Klarheit der Zuständigkeiten sehr erleichtern.
- *Die Zuweisung von finanziellen Ressourcen:* Inklusives Handeln setzt voraus, dass jedes Kind jederzeit angemessen begleitet werden kann. Über die Kostenübernahme für Eingliederungshilfe entscheiden überörtliche Sozialhilfeträger aufgrund von Diagnosen und Gutachten. Landeszuschüsse oder Bundesgelder für Sprachförderung oder ein Ausgleich bei hoher Bedürftigkeit der Nutzerinnen und Nutzer von Einrichtungen sind abhängig von Nachweisen und Zahlen. Gelungene Inklusion würde für jedes Kind und jede Familie selbstverständlich aus einem Pool von Angeboten und Akteuren jene vorhalten, die passen.
- *Geographie des Sozialraums:* Die Grenzen eines Sozialraumes *können* mit denen eines Stadtteils oder Quartiers zusammenfallen, *müssen* es aber nicht. Verwaltungseinheiten und statistische Gebiete decken sich eher zufällig mit den Grenzen eines Sozialraumes, über deren Verlauf und Charakteristik die Sozialraumanalyse Aufschluss gibt. Zudem verändern sich die Sozialräume stetig. Denken in sozialräumlichen Bezügen fordert Politik und Bürger heraus, neue und ungewöhnliche Kooperationen – auch zwischen Kommunen und Ländern – zu denken.
- *Anschlussfähigkeit in der Bildungskette:* Kindertageseinrichtungen sind als Teil der Kinder- und Jugendhilfe nur ein Baustein im gesamten Bildungssystem. Der Übergang zur Schule ist nach wie vor geprägt von der Definitionsmacht des schulischen Systems, das die Anschlussfähigkeit an den Leistungen der einzelnen Kinder festmacht. Langfristig wäre es zur Sicherstellung der individuumszentrierten und ressourcenorientierten Pädagogik im Lebenswelten-Setting »Bildung« über eine gemeinsame Qualifizierung von pädagogischen Fachkräften und Lehrerinnen und Lehrern nachzudenken.
- *Partizipation:* Bei der Mitwirkung und Teilhabe an kommunalen Entscheidungen und Quartiersentwicklung werden Kinder und Jugendliche, Menschen mit Behinderung oder zugewanderte Menschen aus Nicht-EU-Ländern kaum berücksichtigt. Das Risiko, dass wichtige Informationen diese Menschen betreffend nicht bei der Verwaltung ankommen, ist groß.
- *Versäulung der Verwaltungsstrukturen:* Die Struktur der örtlichen Ämter (Jugend- und Sozialamt, Schulamt, Gesundheitsamt oder Justizbehörde usw.) ist auch nach der Dezentralisierung und Regionalisierung vorwiegend nach Ressorts gegliedert. »Sämtliche Vorhaben und Prozesse auf örtlicher Ebene müssten in Bezug auf ihre inklusionsfördernden und/ oder -hemmenden Aspekte überprüft werden. Ein solches ›Inklusions-

Mainstreaming‹ würde verhindern, dass im Nachgang bereits entwickelte Prozesse gestoppt oder revidiert werden müssen. Inklusion ist auch auf Landes- und Bundesebene als Querschnittsaufgabe zu behandeln« (Deutscher Verein 2011, S. 5).
- *Forschung:* Untersuchungen aus der Behindertenpädagogik und den Ansätzen der Gemeinwesenorientierung benennen den Sozialraum und die ihn gestaltenden Akteure als entscheidende Schlüsselgröße für die Inklusion (vgl. Beck 2016). Daher gilt es, in nächster Zeit vermehrt Forschung im Bereich »sozialräumliche präventive Inklusion« anzuregen. Es geht darum zu klären, wie die (gesetzlichen) Grundlagen, Vernetzungs- und Kooperationsstrukturen am besten geschaffen werden, um Autonomie, Solidarität und Kompetenz zusammenzuführen. Dem Gedanken der Inklusion immanent ist, dass eben nicht einer für andere die Gemeinschaft entwickeln kann. Inklusion entsteht nur dann, wenn das ganze System sich bewegt.

5.2   Chancen

Ein inklusiv »vorbereiteter Sozialraum« (in Anlehnung an Montessoris »vorbereitete Umgebung«) eröffnet Chancen auf verschiedenen Ebenen:

- Jedes *Kind* hat Zugang zu verschiedenen Angeboten, die hinsichtlich der jeweils bestmöglichen Entwicklung des Kindes ausgewählt und abgestimmt sind.
- Die *unterschiedlichen Leistungsträger* stellen sicher, dass alle für die Bürger und Bürgerinnen notwendigen Unterstützungsleistungen im Sozialraum erbracht werden können.
- Jede *Familie* hat Zugang zu den für sie notwendigen und gewünschten Unterstützungsleistungen – im Idealfall unter einem Dach.
- Familien müssen nicht von Amt zu Amt gehen. Eine einzige *Anlaufstelle* ist benannt und für Eltern und Kinder niederschwellig erreichbar. Dort werden gemeinsam mit den Betroffenen neue Wege und Maßnahmen gesucht und gemeinsam mit anderen Akteuren zur Umsetzung gebracht.
- Es gibt eine *Steuerungsgruppe* für Fragen der präventiven und nachsorgenden Begleitung von Familien mit Kindern, die alle Akteure der unterschiedlichen Zuständigkeiten zusammenführt.
- *Institutionen* öffnen sich und suchen Entlastung durch Kooperation und Austausch von Wissen und Können. Dafür wird ein neues Finanzierungs- und Berechnungssystem benötigt.

- *Mitarbeiter*innen* in Institutionen werden durch Kooperationen und Unterstützung in den eigenen Kompetenzen gestärkt und können auf kurzen Wegen auf andere Fachkräfte zurückgreifen.
- Der Sozialraum wird zu einem lebendigen Gebilde, das sich immer wieder neu ausrichtet und auf die Bedürfnisse aller anpasst. In diesem Sinne wird der Sozialraum zu einem *lernenden Sozialraum* (in Anlehnung an die lernende Organisation).

Inklusion fängt im Kopf an und kann Herzen berühren.

Literatur

Autorengruppe Bildungsberichterstattung (2018): Bildung in Deutschland kompakt 2018. Zentrale Befunde des Bildungsberichts. wbv Publikation, Bielefeld.

Bachner, Frank (2017): Auf der Suche nach dem richtigen Platz. Berliner Tagesspiegel. 24.10.2017. https://www.tagesspiegel.de/berlin/schule/inklusion-in-berliner-kitas-auf-der-suche-nach-dem-richtigen-platz/20492950.html

Beck, Iris (Hrsg.) (2016): Inklusion im Gemeinwesen (Inklusion in Schule und Gesellschaft, Band 4). Stuttgart.

Betz, Tanja (2010): Kompensation ungleicher Startchancen. Erwartungen an institutionalisierte Bildung, Betreuung und Erziehung für Kinder im Vorschulalter. In P. Cloos & B. Karner (Hrsg.), Erziehung und Bildung von Kindern als gemeinsames Projekt. Zum Verhältnis familialer Erziehung und öffentlicher Kinderbetreuung. Baltmannweiler, S. 113–134.

Bundesministerium für Arbeit und Soziales (BMAS) (Hrsg.) (2011): Übereinkommen der Vereinten Nationen über die Rechte von Menschen mit Behinderungen. Online verfügbar unter https://www.bmas.de/SharedDocs/Downloads/DE/PDF-Publikationen/a729-un-konvention.pdf?__blob=publicationFile&v=3 (letzter Zugriff am 05.01.2019).

Bundesministerium für Familie, Senioren, Frauen und Jugend (2005): 12. Kinder- und Jugendbericht der Bundesregierung. Bericht über die Lebenssituation junger Menschen und die Leistungen der Kinderund Jugendhilfe in Deutschland. https://www.bmfsfj.de/blob/112224/7376e6055bbcaf822ec30fc6ff72b287/12-kinder-und-jugendbericht-data.pdf

Bundesministerium für Familie, Senioren, Frauen und Jugend (2007): Familien brauchen Rahmenbedingungen. Deutschland wird familienfreundlicher. Monitor Familienforschung. Beiträge aus Forschung, Statistik und Familienpolitik. Ausgabe 9–12.

Bundesministerium für Familie, Senioren, Frauen und Jugend (2009): 13. Kinder- und Jugendbericht der Bundesregierung. Mehr Chancen für gesundes Aufwachsen – Gesundheitsbezogene Prävention und Gesundheitsförderung in der Kinder- und Jugendhilfe. www.bmfsfj.de/BMFSFJ/Service/Publikationen/publikationen,did=128950.html

Bundesministerium für Familie, Senioren, Frauen und Jugend (2016a): Bundesprogramm »Sprach-Kitas: Weil Sprache der Schlüssel zur Welt ist«, 2016–2020. https://sprach-kitas.fruehe-chancen.de/ (letzter Zugriff 1.1.2019).

Bundesministerium für Familie, Senioren, Frauen und Jugend (2016b): Familie und Frühe Bildung. Monitor Familienforschung. Beiträge aus Forschung, Statistik und Familienpolitik. Berlin. https://www.bmfsfj.de/blob/112458/5c2232640b25469ea1ad63711f1312d7/familie-und-fruehe-bildung–monitor-familienforschung-ausgabe-35-data.pdf

Deutsche Akademie für Städtebau und Landesplanung (2018): Migration als Alltag. Kulturelles Erbe und Wandel in der Planung. Jahrestagung 2018. Vorbereitender Bericht. Mainz. https://www.schader-stiftung.de/fileadmin/content/Vorbereitender_Bericht_2018.pdf

Deutsches Jugendinstitut DJI (2019): AID:A II – Aufwachsen in Deutschland: Alltagswelten. Integrierte DJI-Surveyforschung. Laufzeit: 01.01.2012 – 31.12.2019. Resultate der ersten Welle: https://dbk.gesis.org/dbksearch/SDesc2.asp?no=5577&ll=10&af=&nf=1&db=d&search=&search2=&notabs=1 (letzter Zugriff 19.04.2019).

Deutscher Verein (2011): Eckpunkte des Deutschen Vereins für einen inklusiven Sozialraum. Berlin. https://www.deutscher-verein.de/de/uploads/empfehlungen-stellungnahmen/2011/dv-35-11-sozialraum.pdf (letzter Zugriff 22.04.2019).

Franz, Daniel & Beck, Iris (2007): Umfeld- und Sozialraumorientierung. Empfehlungen und Handlungsansätze für Hilfeplanung und Gemeindeintegration. Hrsg.: Deutsche Heilpädagogische Gesellschaft. Hamburg/Jülich.

Grunwald, Klaus & Thiersch, Hans (Hrsg.) (2004): Praxis Lebensweltorientierter Sozialer Arbeit. Weinheim und München.

Heckman, James J. (2006): Skill Formation and the Economics of Investing in Disadvantaged Children. In: Science Vol. 312, 1900–1902. Download unter: http://tinyurl.com/k37h6c3 (letzter Zugriff 19.04.2019).

Heimlich, Ulrich (2014): Teilhabe, Teilgabe oder Teilsein? Auf der Suche nach den Grundlagen inklusiver Bildung. In: Vierteljahresschrift für Heilpädagogik und ihre Nachbargebiete. Heft 1, 1–5.

Hinte, Wolfgang (2001): Sozialraum: Fall im Feld. In: Social management, Heft 6, S. 10–13.

Hinte, Wolfgang & Treeß, Helga (2007): Sozialraumorientierung in der Jugendhilfe. Theoretische Grundlagen, Handlungsprinzipien und Praxisbeispiele einer kooperativ-integrativen Pädagogik. Weinheim/München.

Kobelt Neuhaus, Daniela (2010): Inklusion – Konsequenzen für die Praxis in Kindertageseinrichtungen. In: Frühe Kindheit. Heft 2/10.

Kobelt Neuhaus, Daniela (2011): Im Dialog mit den Eltern 0 bis 3-Jähriger. Wie Erziehungspartnerschaft gelingen kann. Berlin.

Kobelt Neuhaus, Daniela (2012): Erziehungspartnerschaft mit Eltern von Kindern mit Behinderung. In Hess, Simone: Grundwissen. Zusammenarbeit mit Eltern in Kindertageseinrichtungen und Familienzentren. Berlin, S. 84–96.

Kobelt Neuhaus, Daniela & Refle Günter (2013): Inklusive Vernetzung von Kindertageseinrichtung und Sozialraum. Wiff-Expertise 37; Deutsches Jugendinstitut. München.

Landeskoordinierungsstelle »Kein Kind zurücklassen! Für ganz Nordrhein-Westfalen« (Hrsg) (2017): Der Qualitätsrahmen zum Aufbau einer Präventionskette. Köln.

Landesvereinigung für Gesundheit & Akademie für Sozialmedizin Niedersachsen e. V. (Hrsg.) (2013): Werkbuch Präventionskette. Herausforderungen und Chancen beim Aufbau von Präventionsketten in Kommunen. Hannover.

Lanfranchi, Andrea (2006): Resilienzförderung von Kindern bei Migration und Flucht. In: Welter-Enderlin, Rosemarie & Hildenbrand, Bruno (Hrsg.): Resilienz – Gedeihen trotz widriger Umstände. Heidelberg, S. 119–138.

Mervis, Jeffrey (2011): Past Successes Shape Effort to Expand Early Intervention. In: Science, 333 S. 952.

Niedersächsische Koordinierungsstelle Gesundheitliche Chancengleichheit (Hrsg.) (2013): Gesund aufwachsen für alle Kinder. Werkbuch Präventionskette. Herausforderungen und Chancen beim Aufbau von Präventionsketten in Kommunen. Hannover.

Nolte, Johanna (2014): Sozialraum- und lebensweltorientierte Vernetzung und Kooperation. https://www.kita-fachtexte.de/uploads/media/KiTaFT_Nolte_2014.pdf. (letzter Zugriff 19.04.2019).

Preis, Wolfgang & Thiele, Gisela (2002): Sozialräumlicher Kontext Sozialer Arbeit: Eine Einführung für Studium und Praxis. Chemnitz.

Preissing, Christa & Heller, Elke (Hrsg.) (²2009): Qualität im Situationsansatz. Qualitätskriterien und Materialien für die Qualitätsentwicklung in Kindertageseinrichtungen. Berlin, Düsseldorf.

Prengel, Annedore (1995): Pädagogik der Vielfalt: Verschiedenheit und Gleichberechtigung in Interkultureller, Feministischer und Integrativer Pädagogik. Opladen.

Prengel, Annedore (2010): Inklusion in der Frühpädagogik. Bildungstheoretische, empirische und pädagogische Grundlagen. WiFF Expertise Nr. 5. Deutsches Jugendinstitut, München.

Rohrmann, Albrecht; Schädler, Johannes; Wissel, Timo & Gaida, Mareike (2010): Materialien zur örtlichen Teilhabeplanung für Menschen mit Behinderungen. ZPE-Schriftenreihe Nr. 26, Siegen.

Sachverständigenrat Deutscher Stiftungen (2017): Was wirklich wichtig ist: Einblicke in die Lebenssituation von Flüchtlingen. Kurzinformation. https://www.svr-migration.de/wp-content/uploads/2017/07/SVR-FB_Lebenslage_Fluechtlinge.pdf

Schmieder, Jeannette (2018): Jedes Verhalten macht Sinn. Herausfordernde Situationen in der Kita systemisch betrachtet. https://www.kita-fachtexte.de/uploads/media/KiTaFT_Schmieder_2018_JedesVerhaltenmachtSinn_02.pdf (letzter Zugriff am 19.04.2019).

Schweinhart, Lawrence J.; Montie, Jeanne; Xiang, Zongping; Barnett, W. Steven; Belfield, Clive R.; Nores, Milagros (2005): The High/Scope Perry Preschool Study Through Age 40, Summary, Conclusions, and Frequently Asked Questions: High/Scope Press

Senatsverwaltung für Bildung, Jugend und Familie (2018): Projekt »Kindgerechte und flexible Kindertagesbetreuung als Teil von Erziehungspartnerschaft«. Zusammenfassende Auswertung. Berlin.

SGB VIII – Gesetze und Verordnungen des deutschen Bundesrechts im Internet (https://www.buzer.de/gesetz/7514/index.htm)

SGB IX – Rehabilitation und Teilhabe behinderter Menschen. https://con.arbeitsagentur.de/prod/apok/ct/dam/download/documents/dok_ba015587.pdf

Statistisches Bundesamt (2017): Betreuungsquote. https://www.destatis.de/DE/ZahlenFakten/GesellschaftStaat/Soziales/Sozialleistungen/Kindertagesbetreuung/Tabellen/Tabellen_Betreuungsquote.html#Fussnote2 (letzter Zugriff 26.08.2018).

Sulzer, Annika & Wagner, Petra (2011): Inklusion in Kindertageseinrichtungen. Qualifikationsanforderungen an die Fachkräfte. Wiff-Expertise Nr. 15. München.

Thiersch, Hans (2005): Lebensweltorientierte Arbeit im städtischen Milieu. In: Projekt »Netzwerke im Stadtteil« (Hrsg.): Grenzen des Sozialraums. Kritik eines Konzepts – Perspektiven für Soziale Arbeit. Wiesbaden, S. 109–123.

Walper, Sabine; Bien, Walter & Rauschenbach, Thomas (Hrsg.) (2015): Aufwachsen in Deutschland heute. Erste Befunde aus dem DJI-Survey AID:A 2015; https://www.dji.de/fileadmin/user_upload/dasdji/news/2015/news_20151109_aida_broschuere.pdf

Wissel; Timo & Rohrmann, Albrecht (2010): Der ZPE-Ansatz zur Teilhabeplanung für Menschen mit Behinderung. http://www.uni-siegen.de/zpe/projekte/teilhabeplanung-wm/zpe-ansatz.html?lang=de (letzter Zugriff am 03.01.2019).

Die Autorinnen und Autoren

Dr. Timm Albers ist Professor für Inklusive Pädagogik an der Universität Paderborn. Seine Forschungsschwerpunkte liegen in den Bereichen Inklusion in Kindertageseinrichtungen und Grundschulen sowie der sprachlichen Bildung und Förderung. Aktuelle Forschungsprojekte beschäftigen sich mit der Integration von Kindern mit Fluchterfahrung, mehrsprachigen Angeboten für Kinder und Familien sowie der Professionalisierung von pädagogischen Fachkräften im Kontext von Inklusion.

Dr. Donja Amirpur ist Professorin für Migrationspädagogik an der Hochschule Niederrhein. Ihre Arbeitsschwerpunkte sind Migrationspädagogik und Rassismuskritik, Inklusion und Intersektionalität, Kindheits- und Elternschaftsforschung.

Dr. Ulrich Heimlich ist Professor für Sonderpädagogik mit dem Schwerpunkt Lernbehindertenpädagogik an der Ludwig-Maximilian-Universität München. Bis 2017 Mitglied in mehreren Expertengremien beim Deutschen Jugendinstitut (DJI) in München im Rahmen der Weiterbildungsinitiative Frühpädagogische Fachkräfte (WiFF). Forschungsschwerpunkte: Inklusion in Kindertageseinrichtungen und Schulen, inklusive Lehrerbildung, Sonderpädagogische Förderung bei gravierenden Lernschwierigkeiten, Spielförderung

Daniela Kobelt Neuhaus (Dipl. Heilpäd., lic.phil.) ist Vorstandsmitglied der Karl Kübel Stiftung für Kind und Familie und Präsidentin des Bundesverbands der Familienzentren e. V. Unter dem Oberbegriff »Ganzheitliche Bildung im Sozialraum« setzt sie sich für die bundesweite partizipative Weiterentwicklung von Kitas zu Bildungs-, Gesundheits- und Präventionszentren für Familien, für armutssensibles Handeln und kultursensitive Verständigung im Elementarbereich ein.

Dr. Anke König ist Professorin für Allgemeine Pädagogik mit Schwerpunkt Frühpädagogik an der Universität Vechta und Vorstandsmitglied des Pestalozzi-Fröbel-Verbands e. V. Bis März 2019 Leitung der Weiterbildungsinitiative Frühpädagogische Fachkräfte (WiFF) am Deutschen Jugendinstitut (DJI) in München. Forschungsschwerpunkte: Erziehung und Bildung in der Kindheit; Interaktions-, Professions- und Arbeitsfeldforschung.

Die Autorinnen und Autoren

Dr. Michael Lichtblau ist wissenschaftlicher Mitarbeiter am Institut für Sonderpädagogik der Leibniz Universität Hannover, Kinder- und Jugendlichenpsychotherapeut i.A., Sprecher des Forschungsnetzwerkes Frühkindliche Bildung und Entwicklung der Leibniz Universität Hannover, Lehrbeauftragter an der Europa Universität Flensburg im Studiengang »Kita-Master: Leitung frühkindlicher Bildungseinrichtungen«. Arbeitsschwerpunkte: Interessenentwicklung von Kindern, Inklusion in Kita und Schule, Transition Kita-Schule, Förderdiagnostik.

Dr. Argyro Panagiotopoulou ist seit 2010 Professorin für Bildung und Entwicklung in früher Kindheit an der Universität zu Köln, 2005–2010 Professorin für Grundschulpädagogik an der Universität Koblenz-Landau, seit 2016 (Gründungs-)Mitglied der »AG Inklusionsforschung« in der DGfE. Arbeitsschwerpunkte: Bildung und Heterogenität in der Kindheit; Migration und Inklusion/Exklusion; Umgang mit migrationsgesellschaftlicher Mehrsprachigkeit in Familien, Kindertagesstätten und Schulen; Ethnographische Bildungsforschung.

Dr. Annedore Prengel ist Erziehungswissenschaftlerin, Professorin i. R. der Universität Potsdam und Seniorprofessorin der Universität Frankfurt/Main. Schwerpunkte: Pädagogik der Vielfalt, Inklusion, Heterogenitätstheorien, Kinderrechte in pädagogischen Beziehungen, ethische Pädagogik sowie kulturelles Gedächtnis.

Dr. Claudia M. Ueffing ist Professorin an der Hochschule München für interkulturelle Pädagogik in Bildung und Erziehung im Kindesalter und Sozialer Arbeit. Sie studierte Philologie (MA) und Pädagogik (Dr.), wurde Erzieherin, leitete eine Kita und baute bei der Stadt München die Fachberatung Interkulturelle Pädagogik & Sprache auf. Ihre Forschungs- und Arbeitsschwerpunkte sind Vielfalt, Diversity, Migration, Inklusion und Sprachförderung sowie der Theorie-Praxis-Transfer in FFBE.

Petra Wagner ist Erziehungswissenschaftlerin, Direktorin des Instituts für den Situationsansatz, Mitbegründerin der Fachstelle Kinderwelten für Vorurteilsbewusste Bildung und Erziehung und deren Leitung im ISTA in Berlin. Schwerpunkte: Theorie und Praxis des Situationsansatzes und der Vorurteilsbewussten Bildung und Erziehung, Qualitätsentwicklung und -sicherung, vorurteilsbewusste Organisationsentwicklung, Diversität und Antidiskriminierung, Mehrsprachigkeit.

Dr. Hans Weiß ist Professor für Körperbehindertenpädagogik an der PH Ludwigsburg i. R. (bis 2012). Derzeit Mitarbeit im Vorstand der Vereinigung für interdisziplinäre Frühförderung, Landesvereinigung Bayern, und im Herausgeberteam der Zeitschrift »Sonderpädagogische Förderung *heute*«. Aktuelle Arbeitsschwerpunkte: Kinder in Armut und Benachteiligung, Frühförderung, Frühe Hilfen und frühkindliche Bildung.